Aus dem Programm Huber: Psychologie Lehrbuch

Peter Rossmann

Einführung in die Entwicklungspsychologie des Kindes- und Jugendalters

Verlag Hans Huber
Bern · Göttingen · Toronto · Seattle

Adresse des Autors:
Univ.-Doz. Dr. Peter Rossmann
Institut für Erziehungswissenschaften
der Karl-Franzens-Universität
Abteilung für Pädagogische Psychologie
Merangasse 70
A-8010 Graz

Die Deutsche Bibliothek – CIP-Einheitsaufnahme

Rossmann, Peter:
Einführung in die Entwicklungspsychologie des Kindes- und Jugendalters /
Peter Rossmann. – 1. Auflage – Bern ; Göttingen ; Toronto ; Seattle : Huber, 1996
    ISBN 3-456-82723-7

2. Nachdruck 1999 der 1. Auflage 1996
© Verlag Hans Huber, Bern 1996
Satz: Satzspiegel, Bovenden
Druck: Clausen & Bosse, Leck
Printed in Germany

Vorwort

Das vorliegende Buch entstand aus der Lehrtätigkeit des Verfassers an der Karl-Franzens-Universität in Graz. Die Grundlage bildeten Vorlesungen zur Einführung in die Entwicklungspsychologie für Studierende der Psychologie und der Pädagogik. Das mit der Erstellung dieses Textes verfolgte Ziel war, eine knapp gehaltene, verständliche, wissenschaftlich fundierte und trotz ihrer Kürze einigermaßen umfassende Einführung in die Entwicklungspsychologie des Kindes- und Jugendalters zu geben. Es wurde danach getrachtet, einerseits die wichtigsten Grundlagen und Informationen aus dem klassischen Wissensstand des Faches zu behandeln und andererseits auch auf einige neue und neueste Entwicklungen hinzuweisen. Angesichts eines so umfangreichen Gebietes, wie es die Entwicklungspsychologie heute darstellt, waren dabei natürlich gewisse Vorlieben bezüglich der Auswahl und Gewichtung der Themen nicht zu vermeiden.

Mit diesem Buch wird also ein Gerüst zur thematischen Strukturierung und ein Text zur Begleitung einer einführenden Lehrveranstaltung in das Fach Entwicklungspsychologie angeboten. Das Buch ist aber durchaus auch zum Selbststudium geeignet und darüber hinaus (so ist zu hoffen) auch eine informative Lektüre für alle, die Interesse an der Entwicklung von Kindern und Jugendlichen haben.

Inhaltlich wird nach einer allgemeinen und historischen Einführung und nach einem kurzen Blick auf einige Methoden der Entwicklungspsychologie zuerst der alten Grundfrage nach dem Einfluß von Anlage und Umwelt nachgegangen. Die weitere Darstellung folgt einer chronologischen Struktur: Pränatale Entwicklung, Geburt, erstes und zweites Lebensjahr, Vorschulalter, Schulkindzeit und Jugendalter werden jeweils in eigenen Abschnitten besprochen. Für die nachgeburtlichen Entwicklungsabschnitte werden Aspekte der körperlichen, der kognitiven und der sozial-emotionalen Entwicklung getrennt dargestellt.

Der Text enthält zu jedem behandelten Thema weiterführende Literaturhinweise. Dabei wird einerseits auf «Klassiker» der entwicklungspsychologischen Fachliteratur Bezug genommen, andererseits zur Illustration auf konkrete empirische Arbeiten eingegangen und schließlich auch auf neue Literaturübersichten und weiterführende Werke hingewiesen, deren vollständige bibliographische Angaben jeweils dem Literaturverzeichnis entnommen werden können. Eine Liste von neueren Lehrbüchern sowie ein Sachregister sollen die Leserinnen und Leser bei der Orientierung unterstützen und ihnen die Erschließung gesuchter Informationen erleichtern.

Graz, im Herbst 1995   Peter Rossmann

Inhalt

Entwicklung nach Lebensabschnitten

1. Zweck und Gegenstand der Entwicklungspsychologie

Die wissenschaftliche Psychologie bezweckt die Beschreibung, Erklärung, Vorhersage und Beeinflussung menschlichen Verhaltens und Erlebens. Die Entwicklungspsychologie ist ein Teilgebiet dieser Wissenschaft und beschäftigt sich mit Verhalten und Erleben unter einem ganz besonderen Aspekt, nämlich unter dem Aspekt seiner Veränderung über die Zeit. Dabei ist einerseits von Interesse, wie und wann psychische Funktionen und Strukturen überhaupt entstehen, und andererseits, in welcher Weise sie sich über die Lebensspanne des Menschen verändern.

Das zentrale Ziel entwicklungspsychologischer Forschung ist es, eine grundlegende Orientierung über den menschlichen Lebenslauf zu erarbeiten und dabei die typische Entwicklung und die typischen Probleme in bestimmten Lebensabschnitten kennenzulernen. Durch Erstellung von Entwicklungsnormen soll Auskunft über den normalen Entwicklungsverlauf gegeben werden und anhand genauer Beobachtungen sollen die Auswirkungen verschiedener Entwicklungsbedingungen studiert werden. Dadurch sollte es möglich werden, ihre Wirkung künftig vorherzusagen. Somit ist Entwicklungspsychologie aber nicht nur eine Grundlagenwissenschaft, sondern bekommt auch eine handfeste praktische Anwendungsrelevanz, denn durch den Vergleich mit der typischen Entwicklung können atypische Verläufe erkannt und diagnostiziert werden und auf der Basis des Wissens über die zu erwartenden Auswirkungen können konkrete Interventionen geplant, durchgeführt und evaluiert werden.

Die psychische Entwicklung kann allerdings nie für sich allein betrachtet werden, sondern ist stets auf das Engste verflochten mit anderen Einflußgrößen, zum Beispiel mit körperlichen Reifungsvorgängen und mit gesellschaftlichen Bedingungen. So ist etwa die psychische Entwicklung im Laufe des Jugendalters nur dann wirklich zu verstehen, wenn man einerseits über die körperlichen Reifungsvorgänge bei der Pubertätsentwicklung und andererseits über die gesellschaftlichen Rahmenbedingungen für Jugendliche einigermaßen im Bilde ist. Schon dieses Beispiel zeigt, daß für die Entwicklungspsychologie auch Theorien, Methoden und Erkenntnisse wichtig sind, die eigentlich weit außerhalb des klassischen Gegenstandsbereiches der Psychologie angesiedelt sind und zum Beispiel aus der Biologie, der Genetik, der Physiologie oder der Soziologie stammen.

Wohl auch angesichts dieser Situation wurde der Begriff des Entwicklungsprozesses in den letzten Jahrzehnten immer weiter definiert. Als Entwicklungsprozesse versteht man nun im Grunde «sämtliche ontogenetischen Veränderungen, die relativ überdauernd (langfristig) sind, eine irgendwie geartete Ordnung und einen inneren Zusammenhang aufweisen und mit dem Lebensalter (Zeitkontinuum) in einer mehr oder weniger engen Beziehung stehen» (Trautner, 1992).

Wie bereits angedeutet, wirken beim Zustandekommen von Entwicklungsprozessen meist mehrere Faktoren zusammen. So ist zum Beispiel das Laufenlernen eines Kleinkindes nur möglich, wenn auch die dazu nötigen körperlichen Reifungsschritte stattgefunden haben. Zur Unterscheidung verschiedener Aspekte von Entwicklungsprozessen wird eine Reihe von Begriffen verwendet, deren wichtigste, nämlich «Wachstum», «Reifung», «Differenzierung», «Lernen», «Prägung» und «Sozialisation», auch gleich an dieser Stelle vorgestellt werden sollen.

Mit dem Begriff «Wachstum» werden hauptsächlich quantitative Aspekte von Entwicklungsprozessen beschrieben. Der Begriff stammt aus der Biologie und bezeichnet dort somatische Veränderungen im Sinne einer Volumenszunahme. In diesem Sinne wachsen etwa Korallenriffe oder Tumoren. Auch in der Entwicklungspsychologie werden damit eher quantitative Aspekte des Entwicklungsgeschehens beschrieben, wie etwa die Zunahme des Wortschatzes von Kindern. «Reifung» bezieht sich dagegen auf die Entfaltung von genetisch festgelegten Strukturen und Funktionen. Reifungsvorgänge spielen naturgemäß eine wesentliche Rolle im Rahmen der körperlichen Entwicklung. Mit dem Begriff der «Differenzierung» werden Prozesse der fortschreitenden Verfeinerung, Spezialisierung und Strukturierung von Funktionen und Verhaltensweisen bezeichnet. Prozesse der Differenzierung sind ihrerseits wieder meist untrennbar verflochten mit Wachstums-, Reifungs- und Lernprozessen. Unter «Lernen» versteht man ganz allgemein Verhaltensänderungen oder Änderungen im Verhaltenspotential aufgrund von Erfahrung, Übung oder Beobachtung. Davon abzugrenzen sind Ermüdungseffekte sowie Auswirkungen von Verletzungen. Ebenfalls davon abzugrenzen ist eine spezielle Art von Verhaltensänderung, die als «Prägung» bezeichnet wird. Der Begriff stammt aus der vergleichenden Verhaltensforschung (Ethologie) und beschreibt dort die irreversible Spezialisierung eines Auslöseschemas für Instinkthandlungen. Das bekannteste Beispiel ist wohl die von Konrad Lorenz beschriebene Auslösung des Nachfolgeverhaltens bei gerade geschlüpften Graugänsen. Prägungsvorgänge müssen innerhalb eines ganz bestimmten Zeitraumes nach der Geburt, einer «kritischen Phase», stattfinden. Wird dieser Zeitraum versäumt, kann eine Prägung nicht mehr nachgeholt werden. Instinkthandlungen und damit Prägungsvorgänge dürften beim Menschen eine vergleichsweise geringe Rolle spielen, jedoch wurde von der Entwicklungspsychologie das Konzept der kritischen Phasen in abgeschwächter Form übernommen. Auch in der menschlichen Entwicklung dürfte es Zeiträume geben, in denen eine besondere Bereitschaft für bestimmte Lernerfahrungen vorhanden ist. Die Existenz solcher «sensibler Perioden» bei Kindern wird beispielsweise im Zusammenhang mit

12

der Sprachentwicklung oder der Entwicklung der sozialen Bindungsfähigkeit diskutiert. Der Begriff der «Sozialisation» schließlich bezeichnet den Einfluß soziokultureller Faktoren auf die Entwicklung eines Menschen im Sinne des Hineinwachsens in eine Gesellschaft.

2. Historische Anfänge der Entwicklungspsychologie

Die Einsicht, daß Menschen nicht in «fertigem» Zustand geboren werden und daß sie sich im Laufe ihres Lebens in vieler Hinsicht verändern, ist keineswegs neu. Bereits von den Philosophen der Antike wurde beispielsweise der Lebenslauf des Menschen in verschiedene Phasen eingeteilt. Eine systematischere «wissenschaftliche» Beschäftigung mit der Entwicklung des Menschen war aber weder im Altertum noch im Mittelalter festzustellen.

Die wissenschaftshistorisch frühesten für die Entstehung der Entwicklungspsychologie relevanten Einflüsse stammen aus dem 17. und aus dem 18. Jahrhundert. René Descartes (1596–1650) nahm etwa an, daß dem Menschen als vernunftbegabtem Wesen von Gott eine Art «Grundausstattung» von angeborenen Ideen mitgegeben wurde. Diese Ideen sind zum Beispiel Gott, aber auch die Gesetze der Logik und der Mathematik. Erkenntnis ist nach seiner Ansicht im wesentlichen als Wiedererkennen von bereits in der Seele schlummernden Vorstellungen zu verstehen. John Locke (1632–1704) wurde hingegen für seine milieuoptimistische Auffassung bekannt, der Mensch käme als «tabula rasa», als völlig unbeschriebenes Blatt, auf die Welt und werde erst durch die Erfahrungen, die er im Laufe seines Lebens mache, geformt. Jean Jacques Rousseau (1712–1778) wiederum nahm an, daß die Stufen der Entwicklung vom Neugeborenen bis zum Erwachsenen universell und von der Natur weitgehend vorgegeben seien. Mit Versuchen pädagogischer Einflußnahme könne man eher schaden als nutzen, weil die Entfaltung der guten Anlagen des Menschen damit behindert werde. Es handelt sich also eher wieder um eine milieupessimistische Auffassung in bezug auf die Determinanten der Entwicklung des Menschen. Meinungen dieser Art tauchten in der Pädagogik immer wieder auf und sind auch in neueren Ansätzen zu einer Theorie der Erziehung zu finden (z. B. Neill, 1969; von Braunmühl, 1975; von Schönebeck, 1982).

Mit dem deutschen Philosophen Dietrich Tiedemann (1748–1803) begann schließlich das auf konkrete Beobachtungen gegründete Studium der Verhaltensentwicklung kleiner Kinder. Sein bereits im Jahr 1787 erschienenes Buch «Beobachtungen über die Entwickelung der Seelenfähigkeit bei Kindern» basierte auf Tagebuchaufzeichnungen über die ersten zweieinhalb Lebensjahre seines Sohnes. Eine solche empirische Betrachtungsweise war für die damalige Zeit vollkommen neu. Weitere vergleichbare Arbeiten folgten erst im 19. und 20. Jahrhundert.

Im 19. Jahrhundert publizierte der Biologe Charles Darwin (1809–1882) seine berühmten Arbeiten über den Ursprung der Arten. Außerdem veröffentlichte er im Jahre 1877 seine Aufzeichnungen über die Entwicklung seines ersten Kindes. Der Grund für Darwins Interesse an der Kinderpsychologie war in der Annahme zu sehen, daß sich in der Entwicklung eines Individuums die Entwicklung der ganzen Art wiederhole. Aus der Erforschung der Ontogenese erhoffte er sich Aufschlüsse über die Phylogenese des Menschen. Aus denselben Motiven entstand damals auch das Interesse an Tierpsychologie und Völkerpsychologie. Entwicklungspsychologie war aus dieser Sicht bloß eine Variante der Vergleichenden Psychologie.

Ein weiterer Meilenstein in der Entstehung der Entwicklungspsychologie ist das 1882 erschienene Werk «Die Seele des Kindes» des deutschen Physiologen Wilhelm Preyer, das ebenfalls auf Beobachtungen der Entwicklung seines Sohnes beruhte. Preyer regte damit eine ganze Reihe von weiteren sogenannten «Babybiographien» an, nämlich die Aufzeichnungen von Millicent Shinn (1899), Ernst und Gertrud Scupin (1907), Clara und William Stern (1907). Die methodischen Mängel dieser Ansätze liegen allerdings auf der Hand: Relativ unsystematische Beobachtungen, basierend auf Einzelfällen und durchgeführt von stolzen Eltern, Tanten und Onkeln der Kinder, wobei eine gewisse Voreingenommenheit wohl als gegeben angenommen werden kann.

Gegen Ende des 19. Jahrhunderts bzw. zu Beginn des 20. Jahrhunderts konnte sich schließlich die Psychologie als eigenständige wissenschaftliche Disziplin an den europäischen und amerikanischen Universitäten etablieren. Die mit neuen Forschungsmethoden erarbeiteten Erkenntnisse führten schnell zu einem steilen Anstieg des Interesses an dem Fach, von dem auch die Entwicklungspsychologie profitieren konnte. Um diese Zeit wurde eine ganze Reihe von Instituten oder Lehrstühlen gegründet, zu deren Aufgaben vorwiegend kinderpsychologische und entwicklungspsychologische Forschung zählte. Der zuerst an der Johns Hopkins University in Baltimore (Berufung 1884) und dann an der Clark University in Worcester wirkende G. Stanley Hall war nicht nur der erste amerikanische Entwicklungspsychologe sondern überhaupt der erste Professor für Psychologie an einer amerikanischen Universität (der in diesem Zusammenhang auch oft genannte William James hatte einen Lehrstuhl für Philosophie). Hall konstruierte bereits vor der Jahrhundertwende Fragebogenverfahren zur Beurteilung von Kindern und schrieb außerdem ein monumentales Werk über das Jugendalter. Alfred Binet und Theodore Simon entwickelten an der Sorbonne in Paris ab 1905 die ersten Intelligenztests. Der schon erwähnte William Stern erhielt 1916 einen Lehrstuhl in Hamburg (also schon vor der bald darauf folgenden Gründung der Universität Hamburg) und der Behaviorist John B. Watson wurde 1908 an die Johns Hopkins University in Baltimore berufen. Er wurde später weltbekannt im Zusammenhang mit Konditionierungsexperimenten an Kleinkindern, beispielsweise der Studie von Watson & Rayner (1920) über die Entstehung von Angst bei «Little Albert». Jean Piaget kam 1921 an das «Institut J. J. Rousseau» an der Universität Genf und widmete sich bis zu seinem Lebensende der Kinderpsychologie und dabei besonders der Erforschung der kognitiven Entwicklung. An der Universität Wien arbeiteten Charlotte Bühler (ab 1923) und später auch Hildegard Hetzer an entwicklungspsychologischen Fragestellungen und an den ersten Entwicklungstests. Außerhalb der akademisch-psychologischen Tradition entwickelte Sigmund Freud in Wien seine psychoanalytische Theorie der psychosexuellen Entwicklung. Wichtige Anregungen kamen (allerdings schon etwas später, nämlich in den Dreißiger- und Vierzigerjahren) auch von Konrad Lorenz, der für seine Arbeiten im Rahmen der vergleichenden Verhaltensforschung den Nobelpreis erhielt.

Für den Fortschritt der Entwicklungspsychologie als empirische Wissenschaft waren auch einige in den Zwanzigerjahren in Amerika begonnene Längsschnittstudien sehr wichtig (z. B. eine bekannte und oft zitierte Studie von Terman & Oden, 1959 über die Entwicklung von Hochbegabten), die über mehrere Jahrzehnte liefen und wichtige Erkenntnisse über Entwicklungsverläufe, insbesonders Aufschlüsse über die Kontinuität bzw. Diskontinuität von Entwicklungsprozessen gaben.

Die im Laufe des letzten Jahrhunderts gesammelten Daten und Befunde ließen die Entwicklungspsychologie immer differenzierter und ihre Fragestellungen immer spezialisierter werden, sodaß heute einheitliche Theorien für das gesamte Entwicklungsgeschehen oder große theoretische Entwürfe, wie sie noch zu Freuds Zeiten möglich schienen, praktisch nicht mehr haltbar sind. Stattdessen werden jetzt Theorien «kürzerer oder mittlerer Reichweite», bezogen auf meist hochspezifische Ausschnitte des Entwicklungsgeschehens, formuliert und in bezug auf ihre praktische Bewährung empirisch überprüft.

3. Methoden der Entwicklungspsychologie

Die Entwicklungspsychologie ist, wie auch alle anderen Teildisziplinen der akademischen Psychologie, eine empirische Wissenschaft (Erfahrungswissenschaft). Das bedeutet, daß ihre Aussagen (Theorien und Hypothesen) aus der Erfahrung gewonnen werden und auch anhand von empirischen Daten intersubjektiv überprüfbar sein müssen.

Diese Grundsätze haben großen Einfluß auf die Regeln und Prinzipien für die Sammlung, Auswertung und Interpretation von Daten, kurz, auf die in der Entwicklungspsychologie verwendeten Forschungsmethoden. Die dabei anzuwendenden Prinzipien orientieren sich an den in empirischen Wissenschaften, insbesondere in den Naturwissenschaften üblichen Standards. Die Forschungsmethoden sind im übrigen Gegenstand einer anderen Teildisziplin der Psychologie, der Psychologischen Methodenlehre. Der folgende Abriß soll aus diesem Problemkreis nur einige Aspekte beleuchten, die für das Verständnis der Ergebnisse entwicklungspsychologischer Forschung unmittelbar relevant sind.

Gegenstand der Datenerhebung in der Entwicklungspsychologie ist menschliches Verhalten und Erleben, wobei der Begriff des Verhaltens sehr weit gefaßt ist. Dazu werden nämlich nicht nur motorische Aspekte (Sitzen, Stehen, Laufen) gezählt, sondern auch kognitive (das Kind erkennt ein Gesicht), verbale (es spricht einen Satz), nonverbale (es lächelt) und physiologische (z. B. Gehirnaktivität, Hormonausschüttung). Zur Erfassung und Erforschung dieser so unterschiedlichen Phänomene stehen zahlreiche Strategien und Methoden zur Verfügung, deren vollständige Aufzählung praktisch nicht mehr möglich ist. Eine Kategorisierung soll hier trotzdem nach drei Aspekten versucht werden, nämlich nach der Art der Datengewinnung, nach dem Ausmaß der Kontrolle über die Beobachtungssituation und nach der Herangehensweise an das Problem der Abbildung von Altersunterschieden oder Altersveränderungen.

3.1 Kategorisierung nach der Art der Datengewinnung

3.1.1 Systematische Beobachtung

Besonders bei Kindern ist die systematische Beobachtung eine der wichtigsten Datenquellen. Ein Forscher, der sich beispielsweise für die sozialen Fertigkeiten von Kindern interessiert, könnte etwa hinter einer Einwegscheibe sitzen und beobachten (oder mit einer Videokamera filmen), wie die Kinder einer Schulklasse ihre Pausen verbringen. Von der Beobachtung und Auswertung der Interaktionsmuster könnte er Aussagen über die «social skills», die Fertigkeiten jedes einzelnen Kindes im Umgang mit Gleichaltrigen, ableiten. Ziel solcher Beobachtungen ist die Gewinnung möglichst quantitativer Indices (im Sinne des Zählens und Messens) für die interessierenden Verhaltenskategorien. Im Beobachtungszeitraum sollte ein möglichst repräsentativer und unverzerrter Ausschnitt des in solchen Situationen zur Verfügung stehenden Sozialverhaltens eines Kindes zu sehen sein. Eine Hilfe zur Vermeidung von Beobachtungsverzerrungen stellt dabei die Methode der Zeitstichprobe (z.B.: aufgezeichnet wird das momentane Verhalten des Kindes nur zu jeder vollen Minute) oder der Ereignisstichprobe dar (z.B.: protokolliert oder gefilmt wird eine Sequenz erst ab dem Zeitpunkt, in dem das Kind in eine soziale Situation eintritt und auch nur so lange, wie es sich mit einem anderen Kind befaßt. Von jedem Kind wird als Stichprobe seines Sozialverhaltens eine bestimmte Anzahl solcher Interaktionssequenzen protokolliert oder gefilmt). Der Vorteil von Beobachtungsdaten ist, daß der Einfluß unterschiedlicher Selbstpräsentationstendenzen der Kinder minimiert wird. Jedoch können die Daten durch Beobachtungs- und Beurteilungsfehler, etwa durch bestimmte Erwartungen und Einstellungen des Beobachters oder durch seine selektive Erinnerung an das Gesehene, verzerrt werden. Man versucht, solche Datenverzerrungen durch die möglichst exakte Definition der zu erfassenden Verhaltenskategorien und durch gezieltes Training der Beobachter auf ein Mindestmaß zu reduzieren. Auch spezielle Methoden der Versuchsplanung dienen diesem Zweck, beispielsweise die Durchführung sogenannter «Blindversuche». (Beispiel: Beobachter, die die Effekte unterschiedlicher Therapiemethoden beurteilen sollen, werden nicht darüber informiert, welche der zu beobachtenden Kinder mit welcher Methode behandelt worden sind. Die Beurteiler sind damit «blind» in bezug auf die bei den Kindern angewandte Therapie. Damit soll ausgeschlossen werden, daß ihre persönlichen Erwartungen und Annahmen im Hinblick auf die Wirksamkeit der verschiedenen Behandlungsformen einen systematischen Einfluß auf ihre Beobachtungen ausüben.)

3.1.2 Befragung mittels Interview

Eine weitere wichtige Datenquelle stellt die Befragung dar. Mit Hilfe von Interviewtechniken könnten beispielsweise die Mütter, die Lehrer oder die Kinder selbst, vorausgesetzt sie sind alt genug, befragt werden, wie sie in diversen sozialen Situationen reagieren würden. Bei der Durchführung von Interviews und bei der Interpretation der daraus gewonnenen Daten muß natürlich berücksichtigt werden, daß diese durch eine soziale Interaktion zwischen Forscher und Probanden zustandegekommen sind. Grundsätzlich erhält man in Interviews nur solche Auskünfte, die die Probanden dem Interviewer gegenüber auch zu äußern gewillt sind. Außerdem erfaßt man nur die Aussagen der Probanden über ihr Verhalten oder über das Verhalten anderer und nicht das interessierende Verhalten selbst (es sei denn, man wäre explizit am Verbalverhalten der Probanden interessiert). In bezug auf das konkrete Beispiel erfaßt man also nicht, welche sozialen Fertigkeiten ein Kind im Umgang mit Gleichaltrigen tatsächlich anwendet, sondern wie es sich auf die entsprechenden Fragen selbst darstellt. Diese Aussagen können sein tatsächliches Sozialverhalten widerspiegeln, müssen dies jedoch nicht notwendigerweise tun. Eine Kombination von Selbstbeurteilungen mit Beobachtungsdaten oder wenigstens mit Fremdbeurteilungen (z. B. Angaben von Lehrern oder Mitschülern) ist deshalb meist empfehlenswert.

3.1.3 Fragebogen und Tests

Durch Fragebogen und Tests wird die Befragung (oder Testung) von Probanden bei maximaler Standardisierung der Befragungssituation und der Auswertung ermöglicht. So könnte beispielsweise mit Hilfe eines solchen Verfahrens abgefragt werden, welche sozialen Normen die Kinder kennen, welche Regeln des zwischenmenschlichen Kontakts den Kindern bewußt sind. Die Ergebnisse von Fragebogentests werden häufig mit den Resultaten der Befragung bei anderen Personen (mit Gruppennormen) verglichen. Mit Hilfe solcher Normdaten wird es möglich, ein befragtes oder getestetes Kind direkt mit der Gruppe der Gleichaltrigen zu vergleichen. Die relative Position des Probanden in seiner Bezugsgruppe wird in Form von Prozentrangwerten ausdrückbar. Dies ist insbesondere bei Leistungstests (z. B. Intelligenztests) eine wichtige Basis zur Erstellung von Prognosen und Empfehlungen (z. B. über die Schuleignung). Auch mit Fragebogenverfahren werden meist Selbstbeurteilungen der Befragten erfaßt, diesbezüglich gilt Ähnliches wie für die Interviews. Zur Vermeidung dieser Einseitigkeit werden daher oft zusätzlich Fragebogen zur Fremdbeurteilung durch Eltern oder Lehrer und Verfahren zur gegenseitigen Beurteilung von Kindern (z. B. sogenannte Peer-Nomination-Techniken) eingesetzt. Bei den Peer-Nomination-Techniken handelt sich übrigens um eine Weiterentwicklung der bereits in den Dreißigerjahren (Tryon, 1939) verwendeten «guess-who» Technik. Die Kinder einer Klasse erhalten dabei Beschreibungen wie «Er will immer im Mittelpunkt stehen», «Er läßt seine Wut oft an Schwächeren aus» und sollen angeben, auf welchen Mitschüler diese Beschreibung zutrifft. Ähnlich wie beim Soziogramm wird für jedes Kind ausgezählt, wie oft es auf bestimmte Fragen genannt wurde. Die Beurteilung der Merkmale eines Kindes, im konkreten Fall seiner sozialen Kompetenz oder Inkompetenz, erfolgt damit aufgrund der Angaben aller anderen Kinder in der Klasse, der Einfluß von Selbstpräsentationstendenzen wird praktisch ausgeschaltet.

3.1.4 Messung physiologischer Variablen

Die Erfassung somatischer und physiologischer Daten erfolgt üblicherweise im physikalisch-technischen Maßsystem (z. B. Körpergröße in cm, Körpergewicht in kg oder g, Blutdruck in mmHg, Serumkonzentration von Kortisol in μg%). Daher ist die Messung physiologischer Größen zwar oft aufwendig, aber meßtheoretisch meist vergleichsweise unproblematisch. Eher problematisch ist dagegen oft die Beantwortung der Frage nach ihrer Beziehung zu den psychologischen Variablen.

3.2 Kategorisierung nach dem Ausmaß der Kontrolle über die Beobachtungssituation

3.2.1 Fallberichte

Fallberichte stehen meist am Anfang der wissenschaftlichen Beschäftigung mit einer bestimmten Frage. Aus der genauen Beobachtung eines Einzelfalles oder einer ganzen Reihe von ähnlich gelagerten Fällen werden Annahmen (Hypothesen) über mögliche Zusammenhänge und Gesetzmäßigkeiten abgeleitet. Bei der Erforschung der Frage, was eigentlich ein Kind zu einem beliebten oder unbeliebten Klassenkameraden macht, könnte man beispielsweise aus solchen Beobachtungen die Hypothese ableiten, daß sich beliebte Kinder von unbeliebten durch eine Reihe von sozialen Fertigkeiten im Umgang mit Gleichaltrigen unterscheiden, die erstere haben und letztere nicht. Solche Hypothesen bedürfen aber noch genauerer Prüfung in dazu besser geeigneten Versuchsanordnungen.

3.2.2 Erhebungen, korrelative Studien

Eine Möglichkeit der Überprüfung von Hypothesen bietet die genau geplante Erhebung von Daten in repräsentativen Stichproben von Personen. Beispielsweise könnte man von einer größeren Anzahl von Kindern sowohl die sozialen Fertigkeiten (z. B. mittels Fragebogen) als auch das Ausmaß ihrer Beliebtheit (z. B. mittels Soziogramm) erfassen. Mit Hilfe geeigneter statistischer Verfahren, nämlich der Berechnung von Korrelationskoeffizienten, ließe sich die Frage beantworten, ob es tatsächlich einen überzufälligen Zusammenhang zwischen den beobachteten sozialen Fertigkeiten der Kinder und ihrer Beliebtheit gibt. Der Nachteil von Studien mit Versuchsanordnungen dieser Art, man nennt sie auch korrelative Studien, besteht darin, daß sie keine Information über Ursache-Wirkungs-Beziehungen zwischen den erfaßten Variablen bieten. Konkret kann selbst bei Entdeckung eines eindeutigen positiven Zusammenhangs zwischen der Beherrschung bestimmter sozialer Fertigkeiten und der Beliebtheit von Kindern nicht gesagt werden, ob die Kinder deshalb so beliebt sind, weil sie diese Fertigkeiten zur Verfügung haben, oder ob sie ihre soziale Gewandtheit gerade deshalb erwerben konnten, weil sie so beliebt sind. Es ist nicht einmal die Annahme der Wirkung einer dritten Einflußgröße (z. B. soziale Schicht, Intelligenz, körperliche Attraktivität) auszuschließen. Ein etwa aufgetretener Zusammenhang zwischen dem Beherrschen sozialer Fertigkeiten und der Beliebtheit könnte beispielsweise einfach dadurch zu erklären sein, daß Kinder aus der sozialen Mittelschicht aufgrund ihrer Herkunft sowohl beliebter sind als auch die Möglichkeit hatten, bessere «social skills» zu erlernen als die Kinder aus der sozialen Unterschicht.

3.2.3 Experimente

Die Durchführung von Experimenten stellt die einzige Möglichkeit der Vermeidung der erwähnten Schwierigkeiten dar. Ein Experiment ist eine geplante Datenerhebung unter Bedingungen, die vom Versuchsleiter weitgehend kontrolliert *und gezielt variiert* werden. Mit Hilfe von Experimenten können auch Hypothesen geprüft werden, die sich auf das Vorliegen kausaler (Ursache-Wirkungs) Beziehungen beziehen. Als Beispiel möge folgende Hypothese dienen: «Das Beherrschen bestimmter sozialer Fertigkeiten ist eine der Ursachen für die Beliebtheit von Kindern». Die Variable, die als Ursache angenommen wird, wird als «unabhängige Variable» bezeichnet und in der experimentellen Versuchsanordnung vom Versuchsleiter gezielt variiert. Die andere Variable müßte davon abhängig mitvariieren und wird deshalb auch als «abhängige Variable» bezeichnet. Für ein Experiment könnten beispielsweise die unbeliebten Kinder aus der unter 3.2.2 erwähnten korrelativen Studie nach dem Zufallsprinzip in zwei Gruppen geteilt werden. Die Kinder der einen Gruppe erhielten danach ein gezieltes Training in sozialen Fertigkeiten (Experimentalgruppe), die Kinder der anderen Gruppe erhielten kein solches Training (Kontrollgruppe). Wenn die Hypothese zuträfe, wenn das Training also wirklich im erwarteten Sinn wirkte, dann müßten die Kinder der Experimentalgruppe bei einer nochmaligen Erhebung ihrer Beliebtheit nach einer gewissen Zeit besser abschneiden als vor dem Training und außerdem besser als die Kinder der Kontrollgruppe. Die trainierten sozialen Fertigkeiten könnten in diesem Fall als eine der Ursachen für die Beliebtheit von Kindern gesehen werden. Bemerkt werden sollte noch, daß damit natürlich keineswegs die Existenz anderer Faktoren, die ebenfalls Einfluß auf die Beliebtheit von Kindern nehmen, ausgeschlossen wird.

Experimente werden in der Psychologie üblicherweise an Gruppen von Probanden durchgeführt. Unter bestimmten Voraussetzungen sind jedoch auch experimentelle Studien an Einzelfällen möglich und aussagekräftig (für einen kurzen Überblick und weiterführende Literaturhinweise siehe z. B. Rogge, 1995).

Grenzen der Anwendung experimenteller Methoden in der entwicklungspsychologischen Forschung ergeben sich durch die Tatsache, daß die Ausprägungen vieler Merkmale, die als unabhängige Variablen interessant wären, nicht experimentell variiert werden können (z. B. Alter, soziale Schicht, Intelligenz) oder aufgrund ethischer Überlegungen nicht experimentell variiert werden dürfen.

3.3 Kategorisierung nach der Vorgangsweise bei der Abbildung von Alterseffekten

3.3.1 Querschnittstudien

Eine traditionelle und einfache Strategie zur Erforschung von Alterseffekten ist die Durchführung von Erhebungen an mehreren Altersgruppen von Probanden zum gleichen Meßzeitpunkt (Querschnittstudie). Wenn man zum Beispiel am Größenwachstum von Jugendlichen interessiert ist, könnte man die Körperlänge von Gruppen von 13-jährigen, 14-jährigen, 15-jährigen, 16-jährigen und 17-jährigen messen. Bei der Auswertung der Daten erhielte man einen Eindruck vom Verlauf der Größenzunahme im Jugendalter. Die meisten (über 90 Prozent) der entwicklungspsychologischen Studien, die einen Vergleich verschiedener Altersgruppen anstreben, wurden und werden auf diese Art durchgeführt. Für die Querschnittmethode spricht ihre Ökonomie, gegen die Methode spricht die Tatsache, daß sie keine wirkliche Information über intraindividuelle Veränderungen liefert und daß außerdem die Gefahr einer Konfundierung von Alters- und Kohorteneffekten besteht (zur Erklärung siehe Abschnitt 3.3.3).

3.3.2 Längsschnittstudien

Man könnte aber auch die Körpergröße einer Stichprobe von jetzt 13-jährigen (einer Alterskohorte) messen und die Größenzunahme derselben Jugendlichen über die nächsten vier Jahre verfolgen, indem man in Jahresabständen ihre Körpergröße mißt (Längsschnittstudie). Studien dieser Art sind viel zeitaufwendiger (dauern bei entsprechender Beobachtungsdauer manchmal länger als ein Forscherleben) und haben außerdem den Nachteil, daß im Laufe der Zeit durch Ausfälle aus verschiedensten Gründen die Stichprobe immer kleiner wird, worunter ihre Repräsentativität für die gesamte Alterskohorte leiden kann. Außerdem erhebt sich die Frage, ob die Ergebnisse der Studie auch auf die zu erwartende Entwicklung einer anderen Alterskohorte, etwa der heute dreijährigen Kinder, übertragbar sind. (Wie wir aufgrund jahrzehntelanger Beobachtungen annehmen können, sind sie das nicht, weil die Menschen in Europa im Laufe des letzten Jahrhunderts im Schnitt pro Jahrzehnt um etwa einen Zentimeter größer geworden sind und außerdem die Geschlechtsreifung und der damit einhergehende Pubertätswachstumsschub immer früher erfolgt. Die Verhältnisse in einer bestimmten Generation sind also keineswegs auch für die nächste oder für die vorhergehende Generation typisch. Dies gilt natürlich nicht nur in bezug auf das Größenwachstum, sondern oft in noch viel ausgeprägterem Ausmaß im Hinblick auf psychologische Variablen.)

Manche Fragestellungen können aber überhaupt nur mit Hilfe von Längsschnittstudien sinnvoll angegangen werden. Beispielsweise bietet sich zur Beantwortung der Frage, ob Kinder, die bereits im Vorschulalter als besonders aggressiv auffallen, im Erwachsenenalter häufiger im Gefängnis landen als in dieser Hinsicht unauffällige Kinder, eine prospektive Längsschnittstudie an. Prospektiv bedeutet hier, daß die unabhängige Variable (Aggressivität) geraume Zeit vor der abhängigen Variablen (Verurteilung zu einer Haftstrafe) erhoben wird. Bei einer solchen Studie müßte also die weitere Entwicklung von aggressiven und nichtaggressiven Vorschulkindern über die folgenden Jahrzehnte verfolgt werden. Hinweise zur Beantwortung der Fragestellung könnten zwar auch durch rückblickende Befragung von Gefängnisinsassen oder von deren Verwandten (und durch den Vergleich ihrer Angaben mit den Angaben einer Kontrollgruppe) gewonnen werden. Eine solche retrospektive Forschungsstrategie mit Hilfe von Querschnittstudien birgt aber stets die Gefahr von Datenverzerrungen in sich.

3.3.3 Sequentielle Studien

Sequentielle Studien werden durchgeführt, um Alters- und Kohorteneffekte getrennt analysieren zu können. Die Vermischung (Konfundierung) von Alters- und Kohorteneffekten stellt, wie bereits erwähnt, oft ein ernstes Problem für die Interpretierbarkeit der Ergebnisse von Querschnitt- und Längsschnittstudien dar. Zur Illustration möge ein einfaches Beispiel dienen: Angenommen, ein Forscher interessiere sich für die Altersabhängigkeit von Freizeitinteressen und hätte zu diesem Zweck eine groß angelegte Querschnittstudie durchgeführt. Es wurden in Fünfjahresschritten Stichproben von 15jährigen bis zu 75jährigen bezüglich ihrer Freizeitinteressen befragt. Die Wahrscheinlichkeit ist groß, daß damit nicht nur Unterschiede abgebildet werden, die auf das verschiedene Lebensalter der Befragten zurückgehen, sondern Unterschiede, die auf die Zugehörigkeit zu unterschiedlichen Generationen (Kohorten) zurückzuführen sind. Aufgrund der Querschnittdaten kann zwischen diesen Alternativen nicht unterschieden werden, weil in den Daten Alterseffekte mit Kohorteneffekten konfundiert sind. Auch ein Längsschnittdesign brächte in diesem Fall gewisse Probleme. Hätte man beispielsweise eine Stichprobe von Personen des Geburtsjahrgangs 1920 über die letzten 70 Jahre verfolgt und regelmäßig befragt, so könnte die Entwicklung der Freizeitinteressen dieser Generation sicher nicht auf andere Generationen, etwa die um 1970 Geborenen, generalisiert werden. Derart komplizierte Verhältnisse bei der Erforschung von Entwicklungskurven liegen bei allen Variablen vor, die von Generation zu Generation einer gewissen (z. B. umweltbedingten oder modebedingten) Veränderung unterliegen. Abhilfe schafft in einem solchen Fall nur ein sequentieller Versuchsplan, der sich aus mehreren zeitversetzt parallel laufenden Längsschnittuntersuchungen zusammensetzt.

In Tabelle 1 ist ein sequentieller Stichprobenplan abgebildet, wie er zur Erforschung der Entwicklung alters- und generationabhängiger Merkmale (z. B. des Körpergewichts) hätte verwendet werden können. Die Mittelwerte der zeilenweisen Messungen ergäben die Durchschnittswerte für jede Generation, die Mittelwerte der Diagonalen den Durchschnitt für ein bestimmtes Lebensalter und die spaltenweisen Mittelwerte bildeten Effekte des jeweiligen Meßzeitpunktes ab (z. B. Not, Wohlstand, Modeideale zur Zeit der Messung). Ein sequentieller Plan dieser Art ist allerdings oft in der Lebenszeit eines Forschers nicht mehr durchführbar, sondern bedürfte der Zusammenarbeit mehrerer Generationen von Wissenschaftern. Aus diesen Gründen sind nur wenige groß angelegte sequentielle Untersuchungen in der Entwicklungspsychologie vorhanden.

Tabelle 1: Beispiel für einen sequentiellen Stichprobenplan für eine Untersuchung der Geburtsjahrgänge 1935 bis 1950 über die Altersspanne vom 10. bis zum 20. Lebensjahr in Schritten von 5 Jahren.

Geburtsjahr	Alter					
1935	10	15	20			
1940		10	15	20		
1945			10	15	20	
1950				10	15	20
Meßzeit-punkt	1945	1950	1955	1960	1965	1970

3.4 Zur ethischen Verantwortung des Forschers

Entwicklungspsychologische Forschung greift notwendigerweise in die Privatsphäre jener Menschen ein, die als Probanden beobachtet werden, an Befragungen teilnehmen oder sich als Versuchspersonen für Experimente zur Verfügung stellen. Deshalb gehört die Beachtung ethischer Grundsätze zu den Pflichten jedes Forschers und auch aller in der kinderpsychologischen Praxis Tätigen (vgl. Fisher & Tryon, 1990). Im Rahmen der Forschung laufen die ethischen Grundsätze im wesentlichen auf die Vermeidung von Schäden durch die Teilnahme an wissenschaftlichen Untersuchungen und die Wahrung der Vertraulichkeit der erhobenen Daten hinaus. Die ethischen Regeln der *Society for Research in Child Development* beziehen sich unter anderem auf folgende Punkte:

1. Es dürfen bei Untersuchungen und Experimenten grundsätzlich nur völlig unschädliche Prozeduren angewandt werden.

2. Die Einwilligung zur Mitwirkung ist auf der Basis ausreichender Information *(informed consent)* seitens der Probanden und/oder ihrer Eltern einzuholen.

3. Falls weitere Personen beteiligt sind, ist zusätzlich auch deren Einwilligung einzuholen.

4. Es dürfen keine unredlichen Anreize für die Teilnahme an Studien angeboten werden.

5. Die Versuchsteilnehmer sollen über das Ziel der Beobachtungen nicht getäuscht werden. Wenn eine vorübergehende Täuschung aus versuchsmethodischen Gründen unvermeidbar ist, so sind die Teilnehmer jedenfalls nach der Versuchsdurchführung aufzuklären.

6. Die Anonymität der Versuchsteilnehmer muß absolut gewahrt bleiben.

7. Die Versuchsteilnehmer (und/oder ihre Eltern) sind über eventuell bei den Untersuchungen entdeckte Gefährdungen zu informieren.

8. Unvorhergesehene negative Folgen der Versuchsteilnahme müssen behoben werden.

9. Die Ergebnisse der Untersuchungen sollen den Teilnehmern mitgeteilt werden.

10. Bei der öffentlichen Präsentation der Ergebnisse wissenschaftlicher Untersuchungen sollte man angemessene Vorsicht walten lassen.

4. Eine Grundfrage der Entwicklungspsychologie: Der Einfluß von Anlage und Umwelt

Seit sich Menschen über entwicklungspsychologische Fragestellungen Gedanken machen, begleitet die Frage nach der relativen Bedeutung von genetischer Anlage und von Umwelteinflüssen ihre Überlegungen. Beruht die psychische Entwicklung vorwiegend auf biologischen Reifungsprozessen, die sich naturgegeben, von innen heraus, entfalten oder sind dabei äußere Einflüsse und Anregungen, Lern- und Sozialisationsprozesse das wirklich Wichtige? Die Frage wurde oft als Entscheidungsfrage gestellt: Anlage oder Umwelt? Je nach Zeitgeist und wissenschaftlicher Mode fiel die Antwort dann auch äußerst unterschiedlich aus, von einer Position des extremen Milieuoptimismus bis zum extremen Milieupessimismus. Von einigen Wissenschaftern wurde das Problem auch schlicht als unlösbar betrachtet. Heute sind zu diesem Thema immer noch zahlreiche Probleme ungelöst. Die Frage nach Anlage und Umwelt wird aber inzwischen, angesichts der neueren Forschungsergebnisse, auf eine etwas andere Art gestellt. Die Wirkungsweisen von genetischen Einflüssen und von Einflüssen der Umwelterfahrung sind nämlich in einem früher nicht geahnten Ausmaß miteinander verwoben, sodaß das Anlage-Umwelt-Problem manchmal geradezu als akademisches Scheinproblem erscheint. Was damit gemeint ist, sei am folgenden Beispiel (siehe dazu auch Propping, 1989 und Singer, 1985) kurz dargestellt.

4.1 Zur Illustration: Hirnentwicklung und Umwelt

Es ist inzwischen eine gesicherte Erkenntnis, daß das Gehirn höherer Tiere und besonders das des Menschen seine volle Leistungsfähigkeit nur im Wechselspiel mit der Umwelt ganz entfalten kann. Ein experimenteller Nachweis dafür wurde anhand der Entwicklung des visuellen Kortex erbracht, eines Subsystems, das beim Menschen und bei höheren Tieren im wesentlichen gleich funktioniert.

Beobachtet wurde schon lange, daß die Sehfähigkeit von Menschen schwer beeinträchtigt wird, wenn sie ihren Gesichtssinn während einer kritischen Phase der frühkindlichen Entwicklung nicht ungestört gebrauchen können (z. B. durch Verletzungen, Linsentrübungen oder durch Astigmatismus). Die kritische Phase dauert beim Menschen etwa bis zum 7. Lebensjahr. Sehleistungen, die sich bis dahin nicht entwickelt haben, können später nicht mehr erworben werden. Kinder, die in der frühen Kindheit ihre Sehfähigkeit aufgrund von Verletzungen verloren haben, erhalten auch nach einer geglückten chirurgischen Behebung des Defekts ihre Sehfähigkeit nicht zurück, wenn die Operation erst nach dem Schulalter erfolgt.

Bei non-humanen Primaten dauert die entsprechende kritische Phase ein Jahr, bei der Katze drei Monate. Bei Katzen, die während der ersten drei Monate im Dunkeln aufgezogen werden, reifen in der Sehrinde des Gehirns keine normalen rezeptiven Felder aus. Auch die Tiere bleiben in ihrem Sehvermögen dauernd stark beeinträchtigt. Wenn während der kritischen Phase nur ein Auge verschlossen gehalten wird, sind die Nervenzellen der Sehrinde nur noch vom anderen Auge erregbar. Es kommt außerdem zu einer Verschlechterung der synaptischen Übertragung im Thalamus, der die Signale beider Augen zur Hirnrinde weiterleitet. Diese Effekte sind reversibel, wenn das verschlossene Auge vor Ablauf der kritischen Phase wieder geöffnet wird. Später ist der Zustand nicht mehr korrigierbar.

Diese inzwischen neurophysiologisch sehr ausführlich erforschten Phänomene haben folgende Grundlage: Die Verbindung zwischen den verschiedenen Nervenzellen des visuellen Systems ist zwar in den Grundzügen genetisch festgelegt, der «Schaltplan» ist aber relativ ungenau. Während der Ontogenese des Nervensystems werden weit mehr Nervenzellen angelegt, als später im ausgereiften System wirklich funktionieren. Ein Großteil der ursprünglich angelegten Nervenzellen stirbt wieder ab, diesem Eliminationsprozeß entkommen vorwiegend jene Zellen, die in Gebrauch stehen. Sensorische Reize aus der Umwelt wirken daher strukturierend auf diesen Prozeß ein. Das endgültige Sehsystem entwickelt sich nur unter dem Einfluß spezifischer Erfahrung.

Die beschriebenen Mechanismen dürften auch auf andere Hirnregionen bzw. zentralnervöse Leistungen generalisierbar sein. Experimentalmodelle dieser Art machen klar, daß die Frage, ob genetische oder Umweltfaktoren von größerer Wichtigkeit sind, oft am Kern des Problems vorbeigeht. Ohne genetische Baupläne gäbe es keine neurophysiologischen Rahmenbedingungen für die zentralnervösen Leistungen und ohne spezifische Umweltreize erfolgte keine adäquate Funktionsentwicklung des Systems.

4.2 Grundbegriffe der Genetik

Daß die Ausprägung bestimmter Eigenschaften von Pflanzen, Tieren und Menschen in gewissem Ausmaß erblich bedingt ist, wird von geschickten Züchtern seit Jahrhunderten in der Pflanzen- und Tierzucht ausgenützt. Durch gezielte Zuchtwahl wurden beispielsweise in der Pferdezucht die Tiere einmal auf Zugkraft, ein andermal auf Sprungkraft oder Schnelligkeit gezüchtet. Die in der

Hundezucht nach demselben Prinzip entstandenen Varietäten unterscheiden sich oft in ihrem Aussehen derart, daß man sie auf den ersten Blick schon gar nicht mehr als zur Spezies Hund gehörig identifizieren kann. Die hinter solch eindrucksvollen Effekten waltenden Wirkprinzipien blieben aber lange im Dunkeln.

Die 1865 vorgestellten Mendelschen Gesetze (Uniformitätsgesetz, Spaltungsgesetz, Unabhängigkeitsregel) boten erstmals ein Modell eines autosomalen Erbgangs, auch der Begriff «Gen» wurde schon zu Beginn unseres Jahrhunderts eingeführt (im Jahre 1909 vom dänischen Botaniker Johannsen), wirkliche Fortschritte auf dem Gebiet der Genetik wurden aber erst während der letzten vierzig Jahren erzielt, nachdem es Watson & Crick (1953) gelungen war, die biochemische Struktur der Gene zu analysieren.

4.2.1 Chromosomen und Gene

Im Kern jeder Körperzelle von Pflanzen, Tieren und Menschen befinden sich fadenförmige Gebilde, die Chromosomen. Das Erbgut eines Lebewesens ist in seinem Chromosomensatz niedergelegt. Zahl und Form der Chromosomen sind arttypisch. Beim Menschen findet man 46 Chromosomen in 23 Paaren (diploider Chromosomensatz), davon sind 22 Paare sogenannte Autosomen und ein Paar Geschlechtschromosomen, die Gonosomen.

Bei jeder Zellteilung von Körperzellen spalten sich zuerst die Chromosomen, sodaß nach erfolgter Teilung in jeder der beiden neuen Zellen wiederum der vollständige und identische diploide Chromosomensatz vorhanden ist. Keimzellen (Ei und Samenzellen) enthalten hingegen nur den einfachen Satz von 23 Chromosomen (ein Chromosom aus jedem Paar, haploider Chromosomensatz), sodaß sich erst durch Verschmelzung zweier Keimzellen wieder ein diploider Chromosomensatz ergibt. Die Hälfte der Chromosomen eines Menschen stammt damit von der Mutter, die andere Hälfte vom Vater.

Je zwei Chromosomen sind zueinander homolog, das heißt sie enthalten in identischer Anordnung die genetischen Informationen für die gleichen Merkmale, die Gene, die eigentlichen Träger der Erbinformation. Jedes Gen liegt auf einem bestimmten Ort, dem genetischen *Locus*. Die einzelnen Gene sind demnach auch paarweise vorhanden, wobei je eines von der Mutter und eines vom Vater stammt. Die menschlichen Chromosomen dürften insgesamt zwischen 50'000 und 100'000 Gene enthalten.

Biochemisch betrachtet sind die Gene Abschnitte der Riesenmoleküle der Desoxyribonukleinsäure (DNS). Diese Moleküle haben die Form einer Doppelhelix (Doppelschraube), wobei die genetische Information als sequentielle Anordnung von Paaren vier verschiedener Basen (Adenin und Thymin, Cytosin und Guanin) verschlüsselt vorliegt. Jedes einzelne Gen besteht aus einer ganz bestimmten Abfolge von Tausenden (im Schnitt 2000) solcher Basenpaare. Der entsprechende Informationscode ist für Pflanzen, Tiere und Menschen gleich.

Die meisten Gene einer Spezies sind konstant, bei einer relativ kleinen Anzahl von Genen können an bestimmten Genorten auch verschiedene Mutanten vorliegen. Solche in verschiedenen (zwei oder mehr) Varianten vorliegende Gene werden *Allele* genannt. Genetische Unterschiede zwischen den Individuen einer Spezies entstehen durch die unterschiedliche Kombination der im Genpool der Population vorkommenden Allele. Die jeweilige Kombination der beiden an homologen Orten auftretenden Allele macht den Genotyp eines Individuums aus. Befinden sich an den beiden homologen Orten gleiche Allele, so wird das Individuum in bezug auf das entsprechende Merkmal als homozygot (reinerbig) bezeichnet, bei verschiedenen Allelen als heterozygot (mischerbig). In bezug auf den entstehenden Phänotyp, also die bei einem Individuum tatsächlich zu beobachtende Merkmalsausprägung, können sich die Allele in ihrer Wirkung kodominant, dominant oder rezessiv verhalten.

Ein Gen kann für die Ausprägung eines einzigen Merkmals zuständig sein (Monogenie), ein Gen kann aber auch die Ausprägung mehrerer Merkmale gleichzeitig beeinflussen (Polyphänie), wie auch umgekehrt mehrere Gene an der Ausprägung eines einzigen Merkmals beteiligt sein können (Polygenie). Diese letztere Variante, die polygene Vererbung, trifft für die Mehrzahl der Merkmale des Menschen zu (so dürften mehr als 150 Gene die Gehirnentwicklung beim Menschen beeinflussen). Polygen gesteuerte Merkmale zeichnen sich durch eine kontinuierliche Merkmalsstreuung des Phänotyps aus (bilden im statistischen Sinn eine stetige Variable). Merkmale, die von nur einem Gen bzw. Genpaar (monogen) gesteuert werden, führen im Phänotyp hingegen meist zu diskret gestuften Merkmalsausprägungen (z. B. AB0-Blutgruppen, Auftreten oder Nichtauftreten genetisch bedingter Krankheiten oder Anomalien).

Unter den monogenen Erbleiden, die nach einem autosomal rezessiven Erbgang übertragen werden, befindet sich eine ganze Reihe von Stoffwechselstörungen; Beispiele dafür wären Phenylketonurie, Fructoseintoleranz und fast alle Formen der Mukopolysaccharidose. Ein Beispiel für eine nach autosomal dominantem Modus vererbte Krankheit ist die Chorea Huntington («Veitstanz»), eine degenerative Erkrankung des Zentralnervensystems, die meist erst im mittleren Lebensalter ausbricht, dann aber unausweichlich zum Tod führt. Unter den autosomal dominanten Erbleiden finden sich im übrigen überwiegend Anomalien der Gewebsbeschaffenheit und Fehlbildungssyndrome wie z. B. Brachydaktylie (Kurzfingrigkeit), Spalthände oder Spaltfüße.

Eine Reihe genetisch bedingter Anomalien tritt bei Knaben weit häufiger auf als bei Mädchen. Es handelt sich dabei meist um die geschlechtsgebundene Vererbung eines Merkmals, dessen bestimmende Gene auf dem X-Geschlechtschromosom lokalisiert sind (z. B. Farbenblindheit, Bluterkrankheit, einige Stoffwechselstörungen).

Die Diagnose für viele Erbleiden kann heute bereits pränatal gestellt werden. Eine humangenetische Beratung während der Schwangerschaft ist daher empfehlenswert, wenn in der Verwandtschaft oder bei einem oder beiden Elternteilen selbst ein möglicherweise genetisch bedingtes Leiden aufgetreten ist.

4.2.2 Chromosomenaberrationen

Eine weitere Kategorie genetisch bedingter Störungen entsteht nicht durch die Weitergabe ungünstiger elterlicher Gene, sondern durch Zwischenfälle bei der Bildung von Ei oder Samenzelle: Chromosomenaberrationen. Das Risiko dafür steigt mit dem Alter der Mutter. Wenn in einer an der Befruchtung beteiligten Keimzelle (z. B. durch «non-disjunction») zu wenige oder zu viele Chromosomen vorhanden sind, wird schließlich auch das befruchtete Ei zu wenig oder zu viele Chromosomen enthalten (numerische Chromosomenaberrationen). Meist können sich befruchtete Eizellen, die nicht über die korrekte Anzahl von Chromosomen verfügen, nicht weiter entwickeln, sterben ab und werden spontan abgestoßen. (Dies tritt erstaunlich häufig auf, etwa jede fünfte Zygote dürfte chromosomal abnorm sein. Bei 50 Prozent der klinisch erfaßten Spontanaborte kann eine Chromosomenaberration nachgewiesen werden.) Befruchtete Eizellen mit einer dritten Ausgabe (Trisomie) des Chromosoms 21 überleben aber manchmal. Die von dieser chromosomalen Anomalie betroffenen Kinder weisen das Down Syndrom (besonderes Aussehen, geistige Behinderung, Immunschwäche, oft auch Mißbildungen des Herzens) auf. Auch Trisomien der Chromosomen 13 (Pätau) und 18 (Edwards), Abrisse eines Arms des Chromosoms 5 (Katzenschrei-Syndrom) oder 4 (Wolf-Syndrom) kommen vor und führen alle zu schweren Hirnschädigungen mit entsprechender geistiger Behinderung.

Bei numerischen Aberrationen der Gonosomen (fehlende oder zusätzliche Geschlechtschromosomen) ist dagegen nicht zwangsläufig eine Intelligenzminderung zu erwarten. Es wurden u. a. folgende Syndrome beschrieben: XXY (Klinefelter Syndrom, männlich, auffällig oft nur in bezug auf den Körperbau, IQ-Verteilung nur um einige Punkte nach links verschoben; bei den möglichen Varianten des Syndroms XXXY und XXXXY mit zunehmender Anzahl der X-Chromosomen Erhöhung der Wahrscheinlichkeit für schwere geistige Behinderung), XYY-Syndrom (männlich, IQ-Verteilung weitgehend der Norm entsprechend, in mehreren Studien wurde eine erhöhte Wahrscheinlichkeit für kriminelles Verhalten festgestellt, diese Ergebnisse werden bis heute kontrovers diskutiert, (vgl. z. B. Propping, 1989), XO (Ullrich-Turner-Syndrom, weiblich, Kleinwuchs, keine Menstruation, keine Brustentwicklung, Infertilität, Intelligenz weitgehend normal mit spezifischen Schwächen in bezug auf räumliches Vorstellungsvermögen), XXX (Triplo-X Syndrom, weiblich, körperlich unauffällig, fortpflanzungsfähig, IQ-Verteilung um etwa eine Standardabweichung nach links verschoben).

4.2.3 Anlage und Umwelt bei der Ausbildung polygen vererbter Merkmale

Wie bereits erwähnt, sind die meisten Merkmale des Menschen – wenn überhaupt – polygen vererbt. Typisch für polygen vererbte Merkmale ist neben der kontinuierlichen Merkmalsverteilung auch eine (verglichen mit monogen vererbten Merkmalen) erhöhte Beeinflußbarkeit der Merkmalsausprägung durch Umwelteinflüsse. Als Beispiel mag die Körpergröße dienen. Erstens unterliegt die Körpergröße von Menschen einer stufenlosen Variabilität, zweitens wird durch die genetische Ausstattung nicht festgelegt, wie groß jemand *wird*, sondern wie groß er bei günstigen Umweltbedingungen maximal *werden kann*. Die Gene definieren also nur die Grenzen der Möglichkeiten, die durch entsprechende Umweltbedingungen verwirklicht werden können.

Für die Entwicklungspsychologie interessant ist natürlich die Frage, wie stark ein bestimmter Genotyp die Ausprägung psychologisch relevanter Merkmale eines Individuums (den Phänotyp) festzulegen imstande ist, bzw. welche Variationsmöglichkeiten bei Individuen desselben Genotyps überhaupt noch bestehen. Diese Frage soll in der Folge exemplarisch für das Merkmal Intelligenz, für einige Persönlichkeitseigenschaften und für eine schwere psychische Störung, nämlich die Schizophrenie, geklärt werden.

4.2.3.1 Beispiel I: Intelligenz

Tierexperimentell wurde die Frage nach der Erblichkeit von Intelligenz durch die Beobachtung reingezüchteter Rattenstämme angegangen. Durch Reinzüchtung, d. h. Inzucht über Generationen, kann man bei Labortieren Stämme erhalten, deren Individuen sich in bezug auf ihre genetische Ausstattung praktisch nicht mehr voneinander unterscheiden, die also alle den gleichen Genotyp aufweisen. Tryon (1940) zeigte in einem bereits klassischen Experiment, daß es möglich ist, durch Zuchtwahl über mehrere Generationen und anschließende Reinzüchtung «dumme» und «intelligente» Rattenstämme zu erhalten, deren Fehlerzahlen beim Erlernen eines Labyrinths sich deutlich voneinander unterscheiden. Cooper & Zubek (1958) erweiterten diese Versuchsanordnung indem sie die Aufwachsbedingungen für die beiden Rattenstämme variierten. Ratten aus beiden Stämmen wurden unter für Laborratten «normalen», «reizarmen» und «anregungsreichen» Bedingungen großgezogen. Die durchschnittlichen Fehlerzahlen der so entstandenen sechs Gruppen beim Erlernen des Labyrinths zeigten, daß die Unterschiede zwischen den «dummen» und «intelligenten» Stämmen nur dann deutlich wurden, wenn die Tiere in der normalen Umgebung aufgewachsen waren. In eingeschränkter Umgebung aufgewachsene Tiere machten die meisten Fehler, egal aus welchem Stamm sie waren, und die in anregungsreicher Umgebung aufgewachsenen Tiere die wenigsten Fehler, ebenfalls unabhängig von ihrer Abstammung (Abb. 1). Die gleichen Geno-

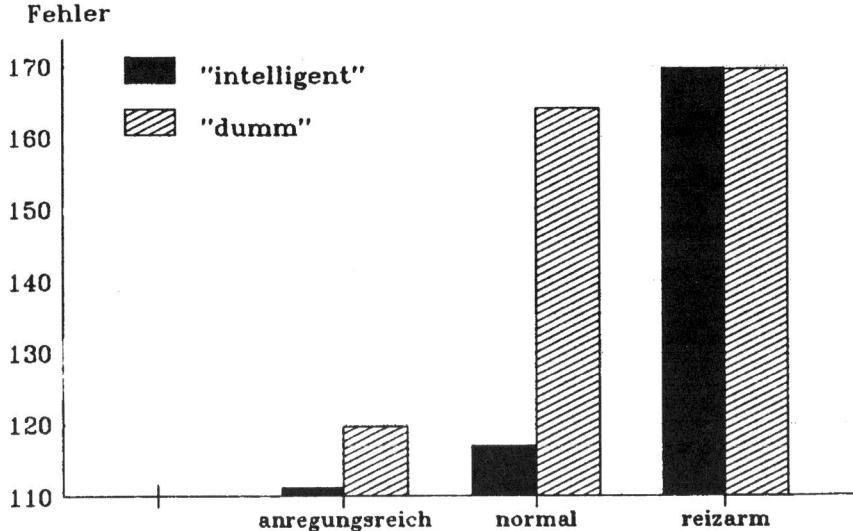

Abbildung 1: Mittlere Fehlerzahlen von «dummen» und «intelligenten» Rattenstämmen im Experiment von Cooper & Zubek (1958).

typen führen also in verschiedenen Umwelten zu verschiedenen Phänotypen. Vererbt werden hier offensichtlich nicht bestimmte Eigenschaften, wie Intelligenz oder mangelnde Intelligenz, sondern bestimmte Reaktionsweisen auf Umweltbedingungen. Damit sind die beobachteten Eigenschaften zugleich sowohl genetisch als auch umweltbedingt.

In bezug auf menschliche intellektuelle Leistungsfähigkeit wird der Sachverhalt natürlich noch um einiges komplizierter. Zum einen können beim Menschen nicht experimentell Genotypen und Umweltbedingungen konstantgehalten oder variiert werden, zum anderen kann man davon ausgehen, daß es praktisch keine direkten Genwirkungen auf menschliches Verhalten gibt. Genetische Einflüsse entfalten ihre Wirkung zum Teil auf komplizierten und seltsamen Umwegen. Eine gewisse Annäherung an experimentelle Vorgangsweisen kann jedoch durch die Untersuchung der Ähnlichkeit von Zwillingen und Adoptivkindern erzielt werden, wobei gewissermaßen Experimente, die das Leben schreibt, ausgenützt werden.

Eineiige Zwillinge (EZ) stimmen, da sie aus derselben befruchteten Eizelle entstanden sind, in bezug auf ihren Genotyp zu 100 Prozent überein. Zweieiige Zwillinge (ZZ) dagegen sind einander genetisch nur so ähnlich wie Geschwister, sie haben im Schnitt 50 Prozent gleicher Allele. Die genetische Bedingtheit von Merkmalen kann folglich aus dem Vergleich der Ähnlichkeiten von EZ und ZZ erschlossen werden. Es spricht für die Wirkung genetischer Einflüsse, wenn EZ einander phänotypisch ähnlicher sind als ZZ. Zusätzlich wird

35

meist noch berücksichtigt, ob die Zwillinge gemeinsam oder getrennt aufgewachsen sind, da man sich aus der Analyse der unterschiedlichen Ähnlichkeit von gemeinsam oder getrennt aufgewachsenen EZ eine Aussage über die Auswirkung verschiedener Umwelten erwarten kann. Wenn gemeinsam aufgewachsene EZ einander in bezug auf ein Merkmal ähnlicher sind als getrennt aufgewachsene Zwillinge, dann sollte dies als Effekt verschiedener Umweltbedingungen zu betrachten sein.

Zwischen Adoptivkindern und Adoptiveltern ist in bezug auf ihren Genotyp im allgemeinen keine besondere Ähnlichkeit zu erwarten. Phänotypische Ähnlichkeiten zwischen Adoptivkindern und den Mitgliedern ihrer Adoptivfamilie sollten demnach primär nichtgenetischen Ursprungs sein, Ähnlichkeiten zwischen den Adoptivkindern und ihren biologischen Eltern sollten dagegen primär auf die Wirkung der Vererbung zurückgeführt werden können, vorausgesetzt die Adoption erfolgte so früh wie möglich nach der Geburt.

Tabelle 2 bietet eine Übersicht über die Ähnlichkeit von gemeinsam aufgewachsenen EZ, ZZ, Geschwistern, Eltern und ihren Kindern, Adoptivgeschwistern, Adoptiveltern und Adoptivkindern, sowie von getrennt aufgewachsenen EZ, Geschwistern und schließlich über die Ähnlichkeit von Adoptivkindern und ihren leiblichen Eltern.

Die Ähnlichkeit der Intelligenztestwerte sinkt mit abnehmender Enge der Erbverwandtschaft. Getrenntes Aufwachsen vermindert ebenfalls die Ähnlichkeit des IQ von EZ und Geschwistern. Getrennt aufgewachsene EZ sind einander jedoch immer noch ähnlicher als gemeinsam aufgewachsene ZZ, was für einen recht starken genetischen Einfluß auf den IQ spricht. Für eine genetische

Tabelle 2: Korrelationen zwischen den Intelligenzquotienten von zusammen oder getrennt aufgewachsenen Paaren unterschiedlichen Verwandtschaftsgrades nach Bouchard & McGue (1981).

	r_{Med}[1]	Studien[2]
zusammen aufgewachsen:		
EZ	.85	34
ZZ gesamt	.58	41
ZZ gleiches Geschlecht	.61	29
ZZ verschiedenes Geschlecht	.57	18
Geschwister	.45	69
Kind / Eltern	.38	32
Adoptivgeschwister	.29	5
Adoptivkind / Adoptiveltern	.18	6
getrennt aufgewachsen:		
EZ	.67	3
Geschwister	.24	2
Kind / Eltern	.22	4

[1] Median der Intraklassenkorrelationen
[2] Anzahl berücksichtigter Studien

Komponente spricht auch die Tatsache, daß Adoptivkinder in bezug auf ihren IQ ihren biologischen Eltern mindestens ebenso ähnlich sind wie ihren Adoptiveltern (.22 versus .18; ob die entsprechende Differenz zwischen den Korrelationskoeffizienten statistisch signifikant ist, also sogar für eine größere Ähnlichkeit mit den biologischen Eltern als mit den Adoptiveltern spricht, kann aufgrund der mitgeteilten Daten nicht beurteilt werden.) Umgekehrt sind Adoptivgeschwister, die überhaupt nicht miteinander verwandt sind, einander ungefähr so ähnlich wie getrennt aufgewachsene Geschwister. Die weiterführende statistische Analyse obiger Daten führte zum Schluß, daß etwas mehr als die Hälfte der Variabilität des IQ auf Vererbung zurückzuführen sei, mit anderen Worten, der Erblichkeitsindex h^2 liegt über .50 (siehe dazu auch Borkenau, 1993).

Die Zwillingsmethode ist vielfach kritisiert worden, wobei einer der Hauptkritikpunkte war, daß Stichproben von Zwillingen nicht repräsentativ für die Gesamtbevölkerung sein können und daß oft durch die Art der Stichprobengewinnung die Rekrutierung besonders ähnlicher Zwillinge gefördert wird, also die Stichproben nicht einmal repräsentativ für die Grundgesamtheit der Zwillinge sind. In bezug auf die getrennt aufgewachsenen Zwillinge wird meist die tatsächliche Ähnlichkeit ihrer Umwelten nicht berücksichtigt (z. B. bei Unterbringung bei verschiedenen Tanten und Onkeln aus derselben Familie), was zu überhöhten Schätzungen von Erblichkeitseinflüssen führt. Bloom (1971) berichtet über eine Reanalyse von IQ-Zwillingsdaten, wobei die getrennt aufgewachsenen EZ nochmals nach sehr ähnlicher und wenig ähnlicher Umgebung unterteilt wurden. Für EZ, die getrennt in sehr ähnlicher Umgebung aufgewachsen waren, erhielt er einen Korrelationskoeffizienten von .91, der sogar höher war als jener für die zusammen aufgewachsenen EZ, während der Zusammenhang der IQs von getrennt in unähnlicher Umgebung aufgewachsenen EZ auf .24 geschrumpft war.

Auch für Adoptionsstudien gelten ähnliche Kritikpunkte wie für die Zwillingsmethode, insbesondere der Vorwurf der mangelnden Repräsentativität und der Gleichsetzung von getrenntem Aufwachsen mit verschiedener Umwelt. Es ist oft auch nicht auszuschließen, daß die Auswahl der Adoptivfamilie von Merkmalen der Herkunftsfamilie beeinflußt wird (selektive Placierung). Dies würde in Adoptionsstudien zu einer überhöhten Schätzung genetischer Einflüsse führen. Ob dies der Fall war, kann durch Berechnung der Korrelation zwischen dem IQ der leiblichen Mütter der Adoptivkinder und dem IQ der leiblichen Kinder der Adoptivmütter festgestellt werden. Weicht diese Korrelation signifikant von Null ab, so liegt eine selektive Placierung vor.

Im übrigen kann nicht entschieden werden, wodurch die festgestellte IQ-Ähnlichkeit von genetisch ähnlichen Personen tatsächlich zustandekommt, ob durch genetisch-somatische Einflüsse oder über den Umweg von Umwelteinflüssen, etwa durch aktives Aufsuchen ähnlicher Umweltbedingungen (aktive genetische Effekte) oder durch ähnliche Reaktionen der Umwelt auf einander physisch oder psychisch ähnliche Personen (reaktive genetische Effekte).

Tabelle 3: Durchschnittliche IQs von Adoptivkindern als Funktion des sozioökonomischen Status der biologischen Eltern und der Adoptiveltern nach Capron & Duyme (1989).

		Sozioökonomischer Status der Adoptiveltern		
		Niedrig	Hoch	Zusammen
Sozioökonomischer	Niedrig	92	104	98
Status der	Hoch	108	120	114
biologischen Eltern				
Zusammen		100	112	

Eine eindrucksvolle Demonstration von genetischen und gleichzeitig auch von Umwelteinflüssen auf den IQ wird durch die Studie der französischen Forscher Capron & Duyme (1989) geboten. Die Autoren untersuchten die Intelligenz von Adoptivkindern, wobei sie zusätzlich den sozioökonomischen Status der Adoptiveltern und jenen der biologischen Eltern der Kinder erhoben. Sie erhielten damit vier Gruppen von Adoptivkindern, deren durchschnittliche Intelligenzquotienten in Tabelle 3 dargestellt sind.

Beachtenswert ist, daß dabei die Unterschiede im sozioökonomischen Status der biologischen Eltern einen etwas größeren Einfluß auf den IQ der Kinder zu haben scheinen als die Unterschiede im sozioökonomischen Status der Adoptivfamilie. Man sieht an den Zeilenmittelwerten, daß die Abstammung für einen erstaunlich großen IQ-Unterschied von durchschnittlich 16 Punkten verantwortlich ist. Aber auch der durch die verschiedenen Umwelten hervorgerufene Unterschied von immerhin durchschnittlich 12 IQ-Punkten sollte nicht gering geschätzt werden. Der Umfang der Stichproben war in dieser Arbeit allerdings ziemlich klein, die obigen vier Gruppenmittelwerte beruhten auf den IQs von je 10 Adoptivkindern, von der Gruppe der reich geborenen und arm aufgezogenen Adoptivkinder konnten von den Forschern in ganz Frankreich überhaupt nur acht Kinder gefunden werden. Die Kinder waren zum Zeitpunkt der Untersuchung im Schnitt 14 Jahre alt. Wahrscheinlich wäre der Effekt der Abstammung noch eindrucksvoller ausgefallen, wenn man die Adoptivkinder im Erwachsenenalter untersucht hätte.

Es wurde wiederholt beobachtet, daß mit zunehmendem Alter genetische Einflüsse auf psychologische Variablen wichtiger zu werden scheinen, da der Einfluß des familiären Umfelds immer schwächer wird und sich damit aktive und reaktive genetische Effekte mit zunehmendem Alter besser gegen die Umwelteinflüsse durchsetzen können.

4.2.3.2 Beispiel II: Persönlichkeitsmerkmale

Vergleichsweise wenige Untersuchungen liegen zur Frage der Erblichkeit von Persönlichkeitsmerkmalen vor. Typische Variable, deren Ähnlichkeit bei EZ und ZZ überprüft wurden, sind Aktivität versus Passivität, Extraversion versus

Tabelle 4: Typische Korrelationen für die Persönlichkeitseigenschaften Extraversion (E) und Neurotizismus (N) bei zusammen oder getrennt aufgewachsenen Paaren unterschiedlichen Verwandtschaftsgrades nach Loehlin (1993).

	E	N
zusammen aufgewachsen:		
EZ	.51	.48
ZZ oder Geschwister	.18	.20
Kind / Eltern	.18	.14
Adoptivgeschwister	−.07	.11
Adoptivkind / Adoptiveltern	.01	.05
getrennt aufgewachsen:		
EZ	.39	.39
ZZ	.05	.24

Introversion, Neurotizismus, Ängstlichkeit und Selbstvertrauen. Ganz allgemein kann festgestellt werden, daß auch in bezug auf die Ausprägung von Persönlichkeitseigenschaften Anlage und Umwelt zusammenwirken, der Erblichkeitsindex h^2 dürfte aber etwas niedriger sein als bei der Intelligenz und etwa um .30 oder .40 liegen (Loehlin, 1993; Borkenau, 1993). Auch die entsprechenden Korrelationskoeffizienten in Zwillingsstudien liegen etwas niedriger. Darüberhinaus wurde bei den Untersuchungen zur Ähnlichkeit von Persönlichkeitseigenschaften oft festgestellt, daß sich das gemeinsame Aufwachsen in einer Familie als nicht besonders ähnlichkeitsfördernd auszuwirken scheint. Als Beispiel für typische Ergebnisse solcher Studien sind in Tabelle 4 Korrelationen für Extraversion und Neurotizismus aus der Übersichtsarbeit von Loehlin (1993) angeführt.

Das gemeinsame Aufwachsen in einer Familie scheint relativ wenig zur Förderung von Ähnlichkeiten in bezug auf Persönlichkeitseigenschaften beizutragen. Dies läßt sich beispielsweise allein schon daran ersehen, daß die entsprechenden Korrelationskoeffizienten für gemeinsam aufgewachsene ZZ und Geschwister nur in der Nähe von .20 oder sogar darunter liegen. Die Ergebnisse von Adoptionsstudien zeigen darüber hinaus, daß zwischen den Persönlichkeitsmerkmalen von Adoptivgeschwistern praktisch überhaupt kein Zusammenhang mehr besteht. Diese bemerkenswerten Befunde werden unter anderem mit der Wirkung sogenannter Kontrasteffekte in der Kindererziehung erklärt. Damit ist gemeint, daß in der gleichen Familie aufwachsende Kinder ihre persönliche Identität eher durch die Betonung von Unterschieden zu ihren Geschwistern gewinnen als durch die Betonung von Ähnlichkeiten. Auch Eltern tendieren dazu, jedes ihrer Kinder als eine einmalige Persönlichkeit zu sehen und zu behandeln, selbst wenn die Kinder (wie EZ) die vollständig gleiche genetische Ausstattung haben. Durch das gemeinsame Aufwachsen in einer Familie werden gewissermaßen die Unterschiede zwischen den Kindern gezielt kultiviert. Die familiären Einflüsse wirken daher für zusammen aufwachsende Kinder bei der Formierung der Persönlichkeit, anders als bei der Intelligenz, nicht gleichsinnig, sondern oft sogar gegenläufig. Dadurch werden die auf genetischer Basis zu erwartenden Ähnlichkeiten eher vermindert als daß sie verstärkt würden. Die Tendenz zum Erleben verschiedener Umwelten von an und für sich zusammen aufwachsenden Kindern wird durch reaktive und aktive Effekte noch weiter verschärft: Wenn Kinder sich unterschiedlich verhalten, reagiert zusätzlich auch die außerfamiliäre Umwelt unterschiedlich auf sie (reaktive Effekte). Außerdem sind Kinder mit zunehmendem Alter immer mehr in der Lage, ihnen behagende Umwelten aktiv aufzusuchen (aktive Effekte), womit sie immer mehr beginnen, tatsächlich in verschiedenen Umwelten zu leben.

4.2.3.3 Beispiel III: Schizophrenie

Die Schizophrenie ist eine schwere psychische Störung, deren klinisches Bild sich durch massive Beeinträchtigungen des Denkens, Fühlens, Wahrnehmens und Handelns auszeichnet. Trotz intensiver Forschungsbemühungen seit nunmehr fast einem Jahrhundert ist man von einer klaren Antwort auf die Frage nach ihren Ursachen noch immer recht weit entfernt. In diesem Zusammenhang ist es natürlich interessant abzuschätzen, in welchem Ausmaß genetische Faktoren für das Auftreten dieser Störung verantwortlich sind. Zur Klärung solcher Fragen im Zusammenhang mit Störungen und Krankheiten werden üblicherweise nicht Korrelationen, sondern Konkordanzraten berechnet und analysiert. Zwei Personen, die dieselbe Störung aufweisen, werden im Hinblick auf dieses Merkmal als konkordant bezeichnet.

In bezug auf das Auftreten einer Schizophrenie sind eineiige Zwillinge zu etwa 48 Prozent konkordant, das heißt, wenn bei einem EZ eine Schizophrenie auftritt, so ist auch bei rund 48 Prozent der dazugehörigen Zwillingsgeschwister eine schizophrene Störung festzustellen. Die Konkordanzraten sind damit bei EZ genau dreimal so hoch wie bei gleichgeschlechtlichen ZZ, wo nur etwa 16 Prozent konkordante Paare festgestellt werden können (vgl. dazu Propping, 1989; Scharfetter, 1995). Getrennt aufgewachsene EZ sind ebenso oft konkordant wie gemeinsam aufgewachsene EZ und schließlich sind die Nachkommen von schizophrenen Zwillingsprobanden und die Nachkommen ihrer diskordanten, also nichtschizophrenen Zwillingsgeschwister gleich häufig (zu etwa 10–17 Prozent) wieder schizophren. (Zum Vergleich: Das lebenslange Morbiditätsrisiko in der Allgemeinbevölkerung liegt bei 1 Prozent.)

Bei Adoptionsstudien zeigte sich, daß die fortadoptierten Kinder schizophrener Mütter selbst auch wieder mit erhöhter Wahrscheinlichkeit (etwa 16 Prozent) schizophren wurden, obwohl sie von Nichtschizophrenen erzogen worden waren. Ganz ähnliche Morbiditätsraten wurden auch bei in Heimen aufgewachsenen Kindern schizophrener Mütter gefunden. Weiters wurde festgestellt, daß die Adoptivkinder von später schizophren gewordenen Adoptiveltern keine erhöhten Morbiditätsraten aufwiesen. All dies läßt sich nur mit der Annahme eines Anlagefaktors erklären, wobei aber ganz offensichtlich nicht die Schizophrenie als solche vererbt wird, sondern nur eine gewisse Vulnerabilität, eine erhöhte Wahrscheinlichkeit, auf belastende Lebensbedingungen mit einer manifesten Schizophrenie zu reagieren. Wie wenig die Erbanlage allein als Erklärung für das Auftreten einer Schizophrenie ausreicht, mag an der Tatsache ersehen werden, daß immerhin mehr als die Hälfte (52 Prozent) der eineiigen Zwillingsgeschwister eines Schizophrenen trotz ihres identischen Erbgutes diskordant sind und bleiben.

Relativ wenig weiß man allerdings über die Umwelteinflüsse, die bei vulnerablen Personen zum Ausbruch einer Schizophrenie beitragen können. Bekannte und beliebte psychologische Theorien, etwa die Annahme der Existenz «schizophrenogener» Mütter (Mütter mit einer überbeschützenden und überkontrollierenden Grundhaltung, die ihre Kinder gleichzeitig ablehnen) oder der Existenz spezifischer gestörter Beziehungs- und Kommunikationsmuster in den Herkunftsfamilien Schizophrener (z. B. «Doublebind»-Hypothese), hielten genaueren empirischen Überprüfungen nicht stand, auch die Annahme der fundamentalen Bedeutung frühkindlicher Erlebnisse (z. B. Fixierung in der oralen Phase) für die Entwicklung psychopathologischer Störungen ist grundsätzlich in Frage zu stellen (vgl. Ernst & von Luckner, 1985).

Entwicklung nach Lebensabschnitten

5. Pränatale Entwicklung

5.1 Embryonal- und Fötalentwicklung

Die Entwicklung des Menschen beginnt mit der Befruchtung einer Eizelle durch eine Samenzelle, die üblicherweise im Eileiter stattfindet. Durch die Verschmelzung von Ei- und Samenzellen, die jeweils die Hälfte des Erbgutes (haploider Chromosomensatz) mitbringen, entsteht eine Zygote mit diploidem Chromosomensatz. Die Zygote entwickelt sich durch Furchung und Zellteilung weiter, bis nach etwa vier Tagen ein kleines, kugelförmiges Zellgebilde, die Morula, entstanden ist. Diese Zellkugel wandert durch den Eileiter in die Gebärmutter, die Zellen des Keimes teilen sich weiter und bilden eine Blastozyste, die sich etwa eine Woche nach der Befruchtung in die Gebärmutterschleimhaut einnistet (Nidation). Die einzelnen Zellen des Keimes spezialisieren sich dabei immer mehr, bis in der dritten Entwicklungswoche das Stadium der dreiblättrigen Keimscheibe erreicht ist, womit die sogenannte Blastenzeit endet und die Embryonalphase beginnt. Aus den drei Zellschichten der Keimscheibe lassen sich sämtliche Strukturen des sich nun entwickelnden Embryos ableiten: Aus dem äußeren Keimblatt (Ektoderm) entstehen Haut und Nervensystem, aus dem inneren Keimblatt (Entoderm) die meisten inneren Organe und aus dem mittleren Keimblatt (Mesoderm) hauptsächlich Muskel-, Binde- und Stützgewebe sowie einige weitere Organe. Am Ende der achten Woche nach der Befruchtung (der Embryo ist etwa 2 cm lang) sind alle Organanlagen gebildet, die weitere körperliche Entwicklung besteht im wesentlichen aus der Vergrößerung und Vervollkommnung der Anlagen des Embryos. Von nun an wird der Keim als Fötus bezeichnet.

Nach drei Monaten (am Ende des ersten Trimenons der Schwangerschaft) sind praktisch alle wichtigen Körperteile und Organe des Körpers, auch die Geschlechtsorgane, sichtbar ausgebildet, der Fötus ist etwa 7 cm lang und kann bereits Arme und Beine bewegen.

Im zweiten Trimenon der Schwangerschaft werden alle Körperteile weiter vervollkommnet. Die Knochen werden härter, der Herzschlag des Fötus wird laut genug, um mittels eines Stethoskops gehört werden zu können. Finger- und Zehennägel, Haare, Wimpern und Augenbrauen erscheinen. Die werdende Mutter kann erstmals die Bewegungen des Fötus spüren. Dabei treten auch die ersten Vorboten interindividueller Unterschiede auf: Manche Föten bewegen sich häufig und heftig, andere wiederum bewegen sich nur selten und wenig. In diese Zeit fallen auch die ersten klaren Hinweise auf die Hörfähigkeit des Fötus: Er kann als eindeutige Reaktion auf laute Geräusche zusammenzucken.

Am Ende des zweiten Trimenons (sechs Monate nach der Konzeption) ist der Fötus etwa 30 cm lang und 750 g schwer. Eine Frühgeburt zu diesem Zeitpunkt würden dank der Weiterentwicklung intensivmedizinischer Technik heute bereits etwa 50 Prozent der Kinder überleben.

Im Laufe des dritten Schwangerschaftstrimenons reifen die Organe des Fötus soweit, daß er nach termingerechter Geburt (um die 40. Schwangerschaftswoche) im allgemeinen imstande ist, den Übergang vom intrauterinen zum extrauterinen Leben ohne größere Probleme zu bewältigen.

5.2 Entwicklung des Nervensystems

Die Koordination und Kontrolle der verschiedenen Körperteile obliegt dem Nervensystem, das aus Gehirn, Rückenmark und Nerven besteht. Gehirn und Rückenmark werden zusammen als Zentralnervensystem (ZNS) bezeichnet. Nerven werden, je nachdem ob sie Erregungen von der Peripherie zum Zentrum oder umgekehrt befördern, in afferente (sensorische) und efferente (motorische) Bahnen geteilt. Wie alle anderen Teile des menschlichen Körpers besteht auch das Nervensystem aus Zellen. Eine Nervenzelle (ein Neuron) ist eine langgestreckte Zelle, die einen elektrischen Impuls von einem Ende zum anderen zu übertragen imstande ist. Am Ende des Neurons befindet sich eine Kontaktstelle zur nächsten Nervenzelle, eine Synapse, die die Übertragung eines Impulses auf die benachbarte Nervenzelle ermöglicht. In den Synapsen erfolgt die Erregungsübertragung meist auf biochemischem Weg durch Freisetzung sogenannter Transmittersubstanzen. (Dies ist auch der Angriffspunkt für viele Psychopharmaka.) Ein Signal aus der Peripherie (z. B. ein Sinneseindruck von Auge oder Ohr) passiert gewöhnlich mehrere solcher Nervenzellen und Synapsen, bis es seinen Bestimmungsort im Gehirn erreicht.

Das Nervensystem entsteht aus dem Ektoderm, dem äußeren Keimblatt des frühen Embryonalstadiums. Einen Monat nach der Konzeption formen die entsprechenden Zellen ein Rohr, die Anlage des Rückenmarks. Aus einer Verdickung am vorderen Ende dieses Rohrs entwickelt sich das Gehirn mit rasanter Geschwindigkeit. Neun Monate nach der Befruchtung enthält es bereits geschätzte 100 Milliarden Neuronen. Das bedeutet, daß in jeder Minute der pränatalen Entwicklung im Schnitt etwa 250'000 Nervenzellen gebildet werden müssen (de facto durch etwa 35 Zellteilungen, je eine pro Woche). Erst im siebenten Schwangerschaftsmonat entstehen durch verstärktes Wachstum der Großhirnrinde (Kortex cerebri) die charakteristischen Furchen und damit das typische Erscheinungsbild eines menschlichen Gehirns. Die Großhirnrinde, Sitz aller spezifisch menschlichen geistigen Fähigkeiten, nimmt während des letzten Schwangerschaftstrimenons besonders stark an Größe und Differenziertheit zu. Die äußerst komplexe Verschaltung der Milliarden Neuronen des Nervensystems entwickelt sich, wie bereits anhand des visuellen Systems dargestellt, durch die Kombination eines rapiden Wachstums- und Vermehrungs-prozesses der Nervenzellen mit einen Eliminationsprozeß, in dem von den an-gelegten und möglichen Zellen und Zellverbindungen nur solche beibehalten werden, die sich als sinnvoll erweisen. Die nicht benötigten oder benützten Zellen sterben wieder ab. Dieser Eliminationsprozeß beginnt bereits in der prä-natalen Periode und setzt sich nach der Geburt noch weiter fort. Bei der Geburt sind bereits wesentliche subkortikale Teile des Nervensystems (der Hirn-stamm) funktionstüchtig, was beispielsweise an der Atmung, der Regulation der Körpertemperatur oder an den bestehenden Reflexen des Neugeborenen ersichtlich ist. Wird ein Kind zu früh geboren, so läßt sich die mangelnde Reife seines Nervensystems gut an der Auslösbarkeit seiner Reflexe und am Muskel-tonus feststellen. Die Feinabstimmung der Verschaltung des Systems, insbe-sondere der Verschaltung der Verbindung von Großhirnrinde und Sinnesorga-nen findet in der Hauptsache erst nach der Geburt statt. Sinneseindrücke in den ersten Lebenswochen dienen primär diesem Zweck.

5.3 Motorische Verhaltensentwicklung des Fötus

Bereits gegen Ende des zweiten Schwangerschaftstrimenons können mittels sonographischer bildgebender Verfahren (Ultraschall) recht komplexe Bewe-gungsmuster des Fötus beobachtet werden. Dazu gehören Räkeln, Strecken und Gähnen in genau der Art, wie es später ein Leben lang zu beobachten sein wird. Die Aktivität des Fötus nimmt bis kurz vor dem Geburtstermin zu und verringert sich erst in den letzten Wochen wieder, teils wegen des Platzman-gels, teils auf Grund der durch Reifung verbesserten neuronalen Hemm- und Steuerungsmechanismen. Es ist anzunehmen, daß das Kind in den ersten Wo-chen nach der Geburt hauptsächlich diese fötalen Bewegungsmuster zeigt, al-lerdings modifiziert durch die Auswirkung der Schwerkraft und wegen der Schwäche seiner Muskeln zum Teil nicht auf Anhieb erkennbar (vgl. Prechtl, 1989). Die Bedeutung dieser frühen Bewegungsmuster wird zum Teil durch die Notwendigkeit erklärt, lebenswichtige vitale Funktionen vorzubereiten (Atmen, Schlucken). Zum Teil sind sie als Vorläufer späterer Bewegungsmu-ster zu verstehen (Schreiten), einige werden auch als Überbleibsel aus der Phy-logenese betrachtet.

5.4 Faktoren, die die pränatale Entwicklung beeinflussen

Der Fötus ist in der Fruchtblase schwimmend durch die Uteruswand gegen viele äußere Einflüsse geschützt. Sauerstoff und Nährstoffe werden über die Plazenta aus dem mütterlichen Blutkreislauf in den Blutkreislauf des Fötus aufgenommen. Umgekehrt werden Kohlendioxid und andere nicht mehr benötigte Stoffwechselprodukte des Fötus via Nabelschnur wieder über die Plazenta an den mütterlichen Blutkreislauf abgegeben. Die Plazenta wirkt dabei wie ein Filter, das den Austausch von Stoffen durch Diffusion und Perfusion ohne eine direkte Verbindung der Gefäße von Mutter und Fötus ermöglicht. Der Übertritt von großmolekulären und korpuskulären Teilen wird dabei durch die sogenannte Plazentaschranke verhindert.

Trotz dieses guten Schutzes verläuft in manchen Fällen die Embryonal- und Fötalentwicklung nicht störungsfrei. Etwa drei Prozent der Kinder kommen mit angeborenen Mißbildungen zu Welt. In den meisten Fällen können spezifische Ursachen dafür nicht gefunden werden. Es gibt offensichtlich eine Grundhäufigkeit von Fehlbildungen, mit der in einer bestimmten Population auch unter günstigsten Bedingungen gerechnet werden muß. Diese Grundhäufigkeit wird als «Spontanrate» bezeichnet. Man nimmt an, daß es zu «spontanen» Entgleisungen der intrauterinen Entwicklung kommen kann oder «spontane» Mutationen der beteiligten Keimzellen auftreten können oder daß Mutationen von vorhergehenden Generationen dafür verantwortlich sind. Ein Teil der angeborenen Fehlbildungen kann jedoch auf die Einwirkung exogener Faktoren zurückgeführt werden. Forschungsmethodisch werden diese Faktoren durch über die Spontanrate hinausgehende Fehlbildungshäufigkeiten bei bestimmten Risikogruppen (z. B. die Einwohner von Hiroshima oder Seveso, Angestellte in Atomkraftwerken, Suchtgiftabhängige, Zuckerkranke...) entdeckt. Alle exogenen Einflüsse, die Fehlbildungen des Embryo oder Fötus bewirken können, werden Teratogene genannt. Heute werden drei große Klassen von schädigenden Einflüssen unterschieden, nämlich physikalische Noxen, chemische Noxen und Infektionskrankheiten während der Schwangerschaft.

Für den konkret entstehenden Schaden ist es nicht egal, zu welchem Zeitpunkt ein schädigender Einfluß wirksam wird. Für jedes Organ gibt es spezifische kritische Phasen, außerhalb derer es weniger empfindlich auf teratogene Einflüsse reagiert. Während der Organentwicklung in der Embryonalzeit und in der frühen Fötalzeit sind die jeweils sich entwickelnden Strukturen jedoch hoch sensitiv für schädigende Einflüsse.

5.4.1 Physikalische Noxen

Die massivsten Effekte unter den physikalischen Noxen werden durch *Strahlenexposition* während der Embryonal- und der frühen Fötalzeit hervorgerufen. Teratogene Effekte hoher Dosen ionisierender Strahlung sind beim Menschen gut dokumentiert (z. B. bei den Nachkommen der Atombombenopfer von Hiroshima und Nagasaki, bei Strahlenunfällen, bei Bestrahlungstherapie von Malignomen). Es resultiert bei den betroffenen Kindern meist Mikrozephalie mit entsprechender geistiger Behinderung.

5.4.2 Chemische Noxen

Antikörper (z. B. Rhesusfaktor): Wenn eine Frau mit rhesusnegativem Blut von einem Mann mit rhesuspositivem Blut ein Kind erwartet, kann der Fötus rhesus-negativ oder rhesus-positiv sein. Im letzteren Fall besteht die Gefahr, daß die Immunabwehr der Mutter Antikörper gegen die roten Blutkörperchen des Fetus bildet, was unbehandelt innerhalb weniger Tage zum Tod des Feten führen kann. Bei erster Schwangerschaft ist mit dieser Komplikation jedoch kaum zu rechnen, da Antikörper erst gebildet werden, wenn kleinere oder größere Mengen des rhesuspositiven Blutes in den Blutkreislauf der Mutter gelangt sind, was üblicherweise erst im Verlauf der Geburt passiert. Unter diesen Antikörpern hat dann das nächste rhesuspositive Baby zu leiden. Vorsorgeuntersuchungen sind möglich und empfehlenswert.

Medikamente: Eine große Zahl von Medikamenten, Vitaminen und Hormonen kann die Plazentaschranke überwinden. Einige von ihnen können den Embryo bzw. Fötus schädigen. Entscheidend für die Auswirkung von Medikamenten ist wie bei den anderen Noxen der Zeitpunkt ihrer Einwirkung während der Schwangerschaft. Fehlbildungen treten hauptsächlich bei Einnahme während der Frühschwangerschaft auf, genauer während der Organogenese im ersten Trimenon. Zu den wichtigsten massiv teratogen wirkenden Medikamenten gehören Zytostatika, die zur Chemotherapie von Krebserkrankungen verwendet werden; einige Medikamente zur Behandlung von Epilepsie (Hydantoin, Trimethadion); einige Medikamente zur Blutverdünnung (Cumarine); Medikamente zur Behandlung von Schilddrüsenüberfunktion (Thyreostatika); Antibiotika aus der Gruppe der Tetrazykline; Thalidomid (mittlerweile nicht mehr erhältliches Schlafmittel mit dem Handelsnamen Contergan); Diäthylstilböstrol, ein synthetisches Hormon mit östrogener Wirkung, das zur Steuerung des Schwangerschaftsverlaufes verwendet wurde; Vitamin A, und zwar sowohl ein Mangel davon wie auch eine Hypervitaminose. Eine Reihe weiterer Substanzen war im Tierversuch teratogen, jedoch ist eine entsprechende Wirkung beim Menschen bis jetzt nicht nachweisbar.

Drogen: Regelmäßiger *Alkohol*genuß der Mutter, besonders während des ersten Trimenons, erhöht das Risiko für das Entstehen spezifischer Fehlbildungen des Fetus (Alkoholembryopathie: Wachstumsretardierung, Mikrozephalie, auffälliges Erscheinungsbild durch typische Deformationen des Schädels und Gesichts, später Verhaltensprobleme und bleibende Defizite in bezug auf Intelligenz und Aufmerksamkeit). Die Alkoholembryopathie ist heute das häufigste durch eine teratogene Noxe verursachte Fehlbildungssyndrom und auch eine der häufigsten erkennbaren Ursachen geistiger Behinderung (vgl. Blum & Löser, 1995). *Nikotin*zufuhr während der Schwangerschaft vermindert das Geburtsgewicht und erhöht das Risiko für eine Fehl- oder Frühgeburt. Die Fehlbildungsrate unter Kindern von Raucherinnen ist jedoch nicht erhöht. Die Wirkung einer rauchenden

Mutter hört allerdings mit der Schwangerschaft nicht auf, denn erstens geht Nikotin in die Muttermilch über und zweitens setzen mit der Geburt die Auswirkungen des Passivrauchens ein, sodaß auch das Risiko für spätere respiratorische oder kardiovaskuläre Probleme der Kinder steigt. Das Rauchen von *Marihuana* führt zu vergleichbaren physiologischen Auswirkungen wie das Rauchen von Tabak. Über Langzeiteffekte auf die Kinder ist noch wenig bekannt. Teratogene Wirkungen von Cannabis können auftreten, aber offensichtlich erst bei höheren Dosen. Der Genuß von Opiaten *(Morphin, Codein, Heroin und Methadon)* während der Schwangerschaft führt zu einer erhöhten Sterblichkeit der Kinder vor, während und nach der Geburt und zum Auftreten eines Entzugssyndroms bei den Babies innerhalb der ersten vier Lebenstage. *Kokain* (und *Crack*) nimmt insofern eine Sonderstellung ein, als die dadurch ausgelösten teratogenen Effekte jene aller anderen angeführten Drogen bei weitem zu übertreffen scheinen. Von massiven Fehlbildungen von Herz, Schädel, der Harnwege und der Geschlechtsorgane bei den Babies von kokainabhängigen Frauen wurde in den letzten Jahren aus den USA berichtet (vgl. Holzman & Paneth, 1994; Lewis & Bendersky, 1995), wo das Problem des Drogengebrauchs während der Schwangerschaft epidemische Ausmaße angenommen zu haben scheint. Nach neueren Schätzungen gebrauchen derzeit etwa 11 Prozent der werdenden amerikanischen Mütter illegale Drogen (Miller, 1991).

«Umweltgifte»: Die teratogene Wirkung von *Quecksilber* ist schon länger bekannt. Bei Kindern von Frauen mit einer chronischen Quecksilbervergiftung (Minamata-Krankheit, nach der japanischen Stadt, in der ein großer Teil der Bevölkerung mit Quecksilber vergiftet war) treten mit hoher Wahrscheinlichkeit zerebrale Lähmungen, Mikrozephalie und eine Degeneration des Zentralnervensystems auf. Ebenfalls in Japan und auch in Kanada wurden Massenvergiftungen mit *PCB* (polychlorierte Biphenyle, werden verwendet als Weichmacher für Lakke und Harze, Zusätze für Imprägnier- und Schmiermittel) beobachtet. Etwa 90 Prozent der Kinder von PCB-vergifteten Müttern kamen mit starken Hautveränderungen als sogenannte «schwarze Babies» zur Welt. Eine ebenfalls teratogene Wirkung wird der *Dioxin*belastung zugeschrieben, dies wird vor allem durch einschlägige Berichte aus Vietnam (und auch aus Seveso und Umgebung) nahegelegt. Aus den letzten Jahren stammen Berichte, wonach eine Kontamination mit *Blei* bei Kindern zu erniedrigten IQs und der erhöhten Wahrscheinlichkeit des Auftretens von Lernstörungen führt, unabhängig davon, ob die Exposition vor oder nach der Geburt erfolgte (z. B. Needleman & Gatsonis, 1990). Systematische Studien zu den meisten «Umweltgiften» sind aber erst im Laufen.

5.4.3 Infektionskrankheiten während der Schwangerschaft

Eine Infektion einer Schwangeren stellt eine Bedrohung für das ungeborene Kind dar, weil einige Krankheitserreger die Plazentaschranke überwinden und den Fötus in der Gebärmutter befallen können. Besonders während des ersten Schwangerschaftstrimenons stellen *Röteln*, eine sonst eher harmlose Virusinfektion, eine ernste Gefahr für das Kind dar. Speziell bei Erkrankung der Mutter im ersten Schwangerschaftsmonat ist eine extrem hohe Rate mißgebildeter Kinder (über 50 Prozent) zu beobachten. Es entstehen oft Mikrozephalie sowie Anomalien von Augen, Ohren, Herz und Zentralnervensystem, wobei letzteres wiederum epileptische Anfälle und schwere Retardierungen in der motorischen und der geistigen Entwicklung nach sich ziehen kann. Eine Vorsorgeuntersuchung ist obligatorisch. Die Plazentaschranke kann ebenfalls überwunden werden von den Erregern von *Masern* (Viren), *Syphilis* (Bakterien aus der Familie der Spirochäten) und *Toxoplasmose* (Parasitäre Einzeller aus der Familie der Sporentierchen). Während Feten bei Masern oft und bei einer Syphilisinfektion meist absterben, führt eine Toxoplasmose zu schweren Fehlbildungen von Augen und Gehirn. Die Schädigung des Zentralnervensystems hat eine schwere Beeinträchtigung der gesamten psychophysischen Entwicklung zur Folge. Die Kinder von *HIV*-positiven oder an *AIDS* erkrankten Müttern sind selbst nicht notwendigerweise infiziert. Die in verschiedenen klinischen Studien gefundenen Übertragungshäufigkeiten von Mutter zu Kind liegen zwischen 11 Prozent und 60 Prozent (Tomaso, Reisinger, Grasmug, Ramschak & Krejs, 1995). Diese große Schwankungsbreite ist teilweise auf die Schwierigkeiten bei der Bestimmung des Infektionsstatus von Säuglingen zurückzuführen. Die im Laufe des ersten Lebensjahres bei Kindern festzustellenden Antikörper weisen nämlich nicht notwendigerweise auf eine stattgefundene Infektion des Kindes hin, sondern können ebensogut noch Reste von mütterlichen Antikörpern sein, die in der Schwangerschaft auf das Kind übergegangen sind und erst im Laufe der Zeit langsam verschwinden. Erst nach einem Zeitraum von 15 bis 18 Monaten kann der Infektionsstatus des Kindes mit Hilfe von Antikörpertests und einer klinischen Untersuchung mit einiger Sicherheit bestimmt werden, was bei entsprechenden Studien zu weiteren versuchsmethodischen Problemen führt, wie etwa dem Verlust von Probanden durch Unfälle, Todesfälle und Umzüge während der kritischen Zeitspanne von eineinhalb Jahren oder durch die Verweigerung der Teilnahme an den notwendigen Nachuntersuchungen. Studien zur HIV-Übertragungsrate von Mutter zu Kind sind daher methodisch ausgesprochen anspruchsvoll. Die derzeit bestmöglich abgesicherten Schätzungen der Übertragungsrate von Mutter zu Kind liegen bei etwa 30 Prozent (z. B. Tsai, Goedert, Orazem, Landesman, Rubinstein, Willoughby & Gail, 1995). Für die Kinder, die von einer HIV-Infektion betroffen sind, ist die Prognose bekanntermaßen schlecht, da derzeit noch keine wirksame Therapie zur Verfügung steht. Außerdem sind einige der infizierten Kinder auch noch von einer HIV-Embryopathie betroffen, einem Fehlbildungssyndrom, das eine entfernte Ähnlichkeit mit der Alkoholembryopathie aufweist.

5.4.4 Die psychische und soziale Situation der Mutter

Emotionaler Stress bei der Mutter wird seit Jahrzehnten als möglicher Auslöser für pränatale und perinatale Probleme (Frühgeburten, niedriges Geburtsgewicht, Komplikationen im Geburtsverlauf, erhöhte Sterblichkeit der Neugeborenen...) diskutiert. Die Annahme eines direkten kausalen Zusammenhanges zwischen dem emotionalen Befinden der Mutter und dem Ausgang der Schwangerschaft läßt sich in praktisch allen Kulturen dieser Erde finden. Neuere Übersichten über die dazu vorliegenden Forschungsergebnisse (Istvan, 1986; Lobel, 1994) zeigen allerdings, daß trotz jahrzehntelanger Forschungsbemühungen bisher nur recht spärliche Hinweise für die Richtigkeit dieser Annahme vorliegen. Bei vielen empirischen Studien wurden beispielsweise medizinische Risikofaktoren nicht entsprechend erfaßt und kontrolliert, weshalb keine eindeutige Interpretation der Ergebnisse möglich war, selbst wenn die Beobachtungen hypothesengerecht ausgefallen waren. Es wäre durchaus denkbar, daß es nicht Stress als solcher war, der zu den festgestellten Problemen bei der Embryonal- und Fötalentwicklung oder der Geburt geführt hat, sondern das durch den Stress veränderte Verhalten der Mutter (z. B. in bezug auf Ernährung, Nikotin- und Alkoholmißbrauch), das schlicht eine Erhöhung des medizinischen Risikos mit sich brachte. Trotz dieser und vieler weiterer methodischer Schwierigkeiten von Untersuchungen auf diesem Gebiet, kann derzeit gesagt werden, daß zumindest der Zusammenhang von Stress in der Schwangerschaft mit (a) einem erniedrigtem Geburtsgewicht der Kinder und (b) dem Auftreten von Frühgeburten anhand emprischer Daten belegbar ist (Lobel, 1994). Vergleichbare Effekte lassen sich auch im Tierversuch an Primaten feststellen: Die Einwirkung von Stressoren auf trächtige Weibchen führt regelmäßig zu einem verminderten Geburtsgewicht der Nachkommen, wofür hauptsächlich die erhöhte Adrenalin- und Noradrenalinausschüttung der Muttertiere und die dadurch verminderte Durchblutung der Placenta verantwortlich gemacht wird.

Bei der Erklärung der Effekte der *sozialen Schichtzugehörigkeit* und des *Familienstandes* gibt es ähnliche Probleme. Es ist bekannt, daß sozial und ökonomisch benachteiligte Mütter vermehrt Früh- und Fehlgeburten erleiden und ihre Kinder oft kleiner als der Durchschnitt und untergewichtig sind. Auch *unverheiratete Mütter* haben überdurchschnittlich häufig Tot- oder Frühgeburten (siehe z. B. Föger & Föger, 1991) und die Säuglingssterblichkeit unehelicher Kinder ist noch immer erheblich erhöht. Sie betrug beispielsweise im Jahr 1989 in Westdeutschland 7,1 Promille bei ehelichen versus 11,9 Promille bei unehelichen Kindern (Niessen, 1993). Jedoch sind die genannten Effekte sicher nicht auf die Schichtzugehörigkeit oder die Unehelichkeit *per se*, sondern auf damit konfundierte Faktoren zurückzuführen (z. B. schwerere körperliche Beanspruchung, schlechtere Ernährung, weniger oder keine medizinische Betreuung und Beratung während der Schwangerschaft, ungesündere Wohnverhältnisse, Minderjährigkeit der Mutter, Unerwünschtheit des Kindes, mangelhafte Bildung, inkompetentere Kinderbetreuung, usw.). Es spiegelt sich in solchen Unterschieden also eine vielschichtig verflochtene soziale, psychologische und biologische Problematik wider, in der nicht zuletzt auch sehr persönliche Einstellungen der Menschen zu ihrem Kind und ganz allgemein ihre Haltung zum Leben und zum Sterben zum Tragen kommen.

6. Geburt

6.1 Normaler Geburtsverlauf

Durchschnittlich 266 Tage (38 Wochen) nach der Konzeption (*post conceptionem*) oder 280 Tage (40 Wochen) nach der letzten Regelblutung der Mutter (*post menstruationem*) kommt das Kind zur Welt. Von einer Frühgeburt spricht man, wenn die Geburt nach einer Schwangerschaftsdauer (*post menstruationem*) von weniger als 37 abgeschlossenen Wochen erfolgt, bei einer Geburt nach der 42. abgeschlossenen Schwangerschaftswoche wird von «Übertragung» gesprochen.

Die normale Geburt in Hinterhauptlage erfolgt in drei Phasen. Die *Eröffnungsperiode* beginnt mit dem Einsetzen der Wehen. Der Kopf des Kindes bewegt sich in Richtung zum Geburtskanal, die Zervix (der Muttermund) wird langsam gedehnt, die Fruchtblase wird dabei stark vorgewölbt und springt schließlich auf. In der *Austreibungsperiode* passiert zuerst der seitwärts gedrehte Kopf, danach der Körper des Kindes den Geburtskanal. Anschließend folgt die *Nachgeburtsperiode*, in der die Plazenta ausgestoßen wird. Das Neugeborene wird inzwischen abgenabelt. Die gesamte Geburt dauert üblicherweise zwischen 10 und 24 Stunden, woran die Eröffnungsperiode den größten Anteil hat. Die Austreibungsperiode selbst dauert zwischen 30 Minuten und 3 Stunden.

6.2 Geburtskomplikationen und perinatale Schädigungen

Obwohl die meisten Kinder die Geburt wohlbehalten überstehen, ist der Geburtsvorgang nicht ganz ungefährlich. Im Gegenteil – der Geburtstag ist, statistisch betrachtet, die gefährlichste Zeit im Leben eines Säuglings. Etwa 10 Prozent der Schwangerschaften, die die ersten drei Monate überdauert haben, verlaufen nicht normal. Sie enden mit einer für das Kind gefährlichen Entbindung oder führen zur Geburt eines gefährdeten oder kranken Neugeborenen. Auf die ersten Stunden und Tage nach der Geburt entfallen die meisten Todesfälle im Kindesalter. Perinatale Schädigungen können außerdem zu bleibenden Hirnschäden, zerebralen Lähmungen, geistiger Behinderung und massiven Entwicklungsverzögerungen führen. Am häufigsten entstehen Geburtsschäden durch das Auftreten von Hirnblutungen oder durch die Verminderung der Sauerstoffzufuhr vor oder während der Geburt, beispielsweise bei Abklemmung,

Verwicklung oder Verknotung der Nabelschnur oder bei verfrühter Ablösung der Plazenta. Es wird vermutet, daß bei etwa 50 Prozent der später festzustellenden Hirnschäden von Kindern Geburtsschäden mitbeteiligt sind. Durch eine zu hohe Sauerstoffzufuhr bei künstlicher Beatmung kann es außerdem zu einer Schädigung der Netzhaut kommen, die bis zur Erblindung führen kann.

6.3 Säuglingssterblichkeit und Müttersterblichkeit

Die Säuglingssterblichkeit umfaßt die Anzahl der bis zur Vollendung des ersten Lebensjahres verstorbenen lebendgeborenen Kinder, bezogen auf 1000 Lebendgeborene pro Kalenderjahr. Die Säuglingssterblichkeit wird oft untergliedert in Frühsterblichkeit (während der ersten sieben Lebenstage) und Spätsterblichkeit (vom achten Lebenstag bis zum Ende des ersten Lebensjahres). Eine andere häufig anzutreffende Unterteilung ist jene in Neonatalsterblichkeit (in den ersten vier Lebenswochen) und Postneonatalsterblichkeit oder Nachsterblichkeit (28. Lebenstag bis zum Ende des ersten Lebensjahres).

Die Säuglingssterblichkeit ist in den westlichen Industrienationen während der letzten Jahrzehnte ständig gesunken und liegt in den deutschsprachigen Ländern derzeit bei etwa 6 Promillen. Mitte der siebziger Jahre lag dieser epidemiologische Kennwert sowohl in der Bundesrepublik Deutschland wie auch in Österreich noch bei etwa 20 Promillen und zu Beginn des Jahrhunderts sogar noch bei über 20 Prozent. Im Vergleich der europäischen Länder wird die niedrigste Säuglingssterblichkeit seit Jahrzehnten aus den skandinavischen Ländern berichtet. Schweden und Finnland melden derzeit bereits Werte von weniger als 5 Promillen (Wegman, 1994). Die südosteuropäischen Länder, beispielsweise Bulgarien, weisen dagegen mit bis zu 15 Todesfällen auf 1000 Lebendgeborene die höchste Säuglingssterblichkeit auf. Die Säuglingssterblichkeit spiegelt also den allgemeinen gesundheitlichen Standard der Bevölkerung eines Landes und insbesondere auch die Qualität der medizinischen Versorgung wider.

Besonders die Perinatal- und die Neonatalsterblichkeit sind sensitive Indikatoren für die Erreichbarkeit und Qualität einer medizinischen Schwangerenvorsorge, die eine frühzeitige Erkennung und Überwachung von Risikoschwangerschaften ermöglicht, sowie Indikatoren für die Güte der medizinischen Versorgung der Neugeborenen in den dafür vorgesehenen Einrichtungen (vgl. Künzel, 1994; Kvasnicka, Kvasnicka, Geuer, Schnadt & Breckow, 1993). Es war hauptsächlich die Neonatalsterblichkeit, auf deren Rückgang über die letzten Jahrzehnte das Sinken der Kindersterblichkeit insgesamt zurückzuführen war. Noch heute sind in bezug auf diesen Kennwert, sogar innerhalb ein und desselben Staates, merkliche regionale Unterschiede zu beobachten, die mit den ökonomischen Verhältnissen in den entsprechenden Regionen korrelieren. So betrug beispielsweise die Neonatalsterblichkeit im Jahr 1991 im österreichischen Bundesland Steiermark nur 2.8 Promille, während aus dem geographisch benachbarten aber ökonomisch benachteiligten Burgenland mit 5.5 Promillen ein fast doppelt so hoher Wert gemeldet wurde.

Bei Frühgeborenen bzw. Kindern mit niedrigem Geburtsgewicht (unter 2500 g) ist die Säuglingssterblichkeit stark erhöht. Rund ein Viertel der Todesfälle im ersten Lebensjahr ist außerdem auf angeborene Fehlbildungen zurückzuführen. Weitere Faktoren, die Einfluß auf die Säuglingssterblichkeit haben, sind das Geschlecht des Kindes (die Sterblichkeit ist bei Knaben höher als bei Mädchen), das Alter der Mutter (Sterblichkeit der Kinder von sehr jungen Müttern am höchsten) und die sozioökonomische Situation der Familie. Bei Kindern von Gastarbeitern ist die Säuglingssterblichkeit erhöht und, wie bereits einmal erwähnt, ist die Säuglingssterblichkeit bei unehelichen Kindern deutlich höher als bei ehelichen.

Die Müttersterblichkeit durch Komplikationen in der Schwangerschaft, bei der Entbindung und im Wochenbett ist weit geringer als die Säuglingssterblichkeit. Sie liegt derzeit in den deutschsprachigen Ländern bei etwa 7 Todesfällen pro 100'000 (!) Lebendgeborenen. Sie erhöht sich mit zunehmendem Alter und ist bei Frauen über 35 Jahren bereits etwa dreimal so hoch. Auch die Müttersterblichkeit ist stark von sozioökonomischen Faktoren abhängig und ist ebenfalls während der letzten Jahrzehnte drastisch gesunken. Zum Vergleich die Daten aus dem Deutschen Reich im Jahr 1938: 420 Todesfälle von Müttern pro 100'000 Lebendgeborene (Schulte & Spranger, 1993).

7. Das Neugeborene

7.1 Zum Stand der körperlichen Entwicklung des Neugeborenen

7.1.1 Größe, Gewicht, APGAR-Index

Bei termingerechter Geburt sind europäische Babies im Schnitt etwa 50 cm groß und wiegen zwischen 3000 und 3500 g. Die Übergangsphase vom intra- zum extrauterinen Leben erfordert eine massive Umstellung von Organfunktionen und Stoffwechselvorgängen auf die neuen Lebensbedingungen. Der Zustand des Neugeborenen bzw. seine Adaptation an das extrauterine Leben wird 1, 5 und 10 Minuten nach der Geburt mit Hilfe des *APGAR*-Index (benannt nach der Ärztin Virginia Apgar) auf einer Skala von 0 bis 10 eingestuft. Beurteilt werden dabei *A*ussehen, *P*uls, *G*esamttonus, *A*tmung und *R*eflexe des Kindes jeweils mit 0–2 Punkten. Der Maximalwert von 10 Punkten bedeutet ein gesund (rosig) aussehendes Kind mit starkem Herzschlag, gutem Muskeltonus, regelmäßiger Atmung und guten Reflexen, Werte von 4 bis 7 werden als Hinweis auf ein erhöhtes Risiko betrachtet und noch niedrigere Werte sprechen für eine starke Gefährdung des Kindes. Kinder mit niedrigen APGAR-Werten überleben die Perinatalperiode (die erste Woche) mit geringerer Wahrscheinlichkeit.

7.1.2 Frühgeburt und niedriges Geburtsgewicht – bleibende Benachteiligung?

Kinder mit einem Geburtsgewicht von weniger als 2500 g (in unseren Breiten etwa 6–7 Prozent der Neugeborenen) werden *per definitionem* als untergewichtig betrachtet. Untergewichtigkeit ist nicht nur ein massiver Risikofaktor in bezug auf die Säuglingssterblichkeit, sondern es konnte darüberhinaus bei den überlebenden Kindern auch eine erhöhte Wahrscheinlichkeit für das Auftreten von bleibenden Hirnschäden beobachtet werden, die sich durch Lähmungen, Beeinträchtigungen des Hör- und Sehvermögens und der intellektuellen Leistungsfähigkeit bemerkbar machen.

In den letzten Jahren wurde der Frage intensiv nachgegangen, ob zu früh und/oder zu klein geborene Kinder ihren Startnachteil im Laufe der Zeit wettmachen können oder ob sie zu einer im Leben bleibend benachteiligten Gruppe zu zählen sind. Breslau, Klein & Allen (1988) publizierten beispielsweise eine Längsschnittstudie, in der die Entwicklung einer Gruppe von Kindern mit sehr niedrigem Geburtsgewicht (weniger als 1500 g) im Alter von neun Jahren studiert wurde. 73 Prozent der Babies hatten die Kindheit überlebt, nur 8 Prozent der Überlebenden wiesen bleibende Behinderungen wie Blindheit, zerebrale Lähmungen oder geistige Behinderung auf. Die restlichen Kinder wurden mit einer Vergleichsgruppe von Kindern mit normalem Geburtsgewicht verglichen. Sie lagen bei einem Intelligenztest im Schnitt um sieben IQ-Punkte niedriger als die Vergleichskinder, und die Knaben aus der Gruppe der Kinder mit sehr niedrigem Geburtsgewicht wurden in der Schule als im Durchschnitt weniger aufmerksam, aggressiver und sozial weniger kompetent als die Knaben aus der Vergleichsgruppe beurteilt. Diese Unterschiede könnten als bleibende Effekte kleinerer Hirnfunktionsstörungen gedeutet werden. Allerdings sollte beachtet werden, daß niedriges Geburtsgewicht oft nicht nur mit körperlicher Unreife sondern auch mit ungünstigen Umweltbedingungen konfundiert ist, denn Kinder mit niedrigem Geburtsgewicht werden überzufällig häufig von Teenagern und von Frauen aus sozioökonomisch benachteiligten Schichten geboren. Beckwith & Parmelee (1986) konnten in einer Studie zeigen, daß Kinder mit niedrigem Geburtsgewicht, die von aufmerksamen und responsiven Eltern betreut und erzogen wurden, in Kürze von Kontrollkindern nicht mehr zu unterscheiden waren, während die in ungünstigen Elternhäusern aufgewachsenen Frühgeborenen auch noch im Alter von acht Jahren deutlich benachteiligt waren. Das bedeutet, daß sich offenbar die Auswirkungen von körperlichen und milieubezogenen Handicaps addieren bzw. subtrahieren können.

Interessanterweise scheint schon allein das Wissen um den Umstand, daß es sich um ein Frühgeborenes handelt, bei der Entwicklung vernünftiger elterlicher Verhaltensweisen hinderlich zu sein. Stern & Hildebrandt (1986) baten in einem Experiment weibliche Versuchspersonen, mit einem Baby zu spielen. Alle Teilnehmerinnen an diesem Versuch waren Mütter von vier Monate alten Kindern, die paarweise (jeweils mit ihren Kindern) bestellt worden waren und die zum Zweck der Versuchsdurchführung kurz die Kinder tauschten. Der einen Hälfte der Versuchsteilnehmerinnen wurde mitgeteilt, daß sie nun mit einem frühgeborenen Kind spielen würden (Experimentalgruppe), der anderen Hälfte wurde das Kind als normal ausgetragen vorgestellt (Kontrollgruppe). Die Beobachtung des Spielverhaltens der Frauen in der Experimentalgruppe ergab, daß diese das Kind weniger oft berührten, ihm weniger interessantes Spielzeug anboten, und es danach auch noch als weniger niedlich und liebenswert beurteilten als die Frauen in der Kontrollgruppe. Sogar die Babies selbst verhielten sich, je nach Bedingung, der sie per Zufall zugeteilt worden waren, unterschiedlich.

Angeregt durch Ergebnisse dieser Art wurden von verschiedenen Forschergruppen spezielle Interventionsprogramme entwickelt, in denen die Eltern von Frühgeborenen bzw. von Kindern mit niedrigem Geburtsgewicht auf diese Probleme aufmerksam gemacht wurden und konkrete Anleitungen erhielten, um für ihre Kinder eine sensible und optimal anregende Umgebung zur Verfügung stellen zu können. Brooks-Gunn, Klebanov, Liaw & Spiker (1993) berichten von meßbaren positiven Effekten solcher Interventionen. Die geförderten frühgeborenen Kinder zeigten im Vergleich zu Kindern aus einer Kontrollgruppe im Alter von zwei und drei Jahren signifikant bessere kognitive Fähigkeiten und weniger Verhaltensprobleme. In einer Studie von Rauh, Achenbach, Nurcombe, Howell & Teti (1988) unterschieden sich die Kinder der trainierten Elterngruppe im Alter von vier Jahren in bezug auf ihre kognitiven Leistungen bereits nicht mehr von einer Kontrollgruppe von Kindern mit normalem Geburtsgewicht und zeigten sich einer zweiten Kontrollgruppe von Kindern mit vergleichbar niedrigem Geburtsgewicht, deren Eltern kein Training erhalten hatten, deutlich überlegen.

7.1.3 Reflexe und motorisches Verhalten des Neugeborenen

In der motorischen Entwicklung des Säuglings werden die Gesetzmäßigkeiten der Hirnentwicklung sichtbar. Die Verhaltenscharakteristika des Neugeborenen stehen weitgehend unter Kontrolle subkortikaler Zentren. Diese sind bereits weitgehend funktionstüchtig, die Hirnrinde dagegen noch nicht. Das Verhalten des Neugeborenen ist daher stark von einfachen Reflexen und basalen Reaktionen bestimmt. Mit zunehmender Hirnreifung werden diese primären Verhaltensmuster gehemmt und kortikale Zentren übernehmen mehr und mehr die Kontrolle über das Verhalten. Dies bedeutet, daß die primären Patterns, die hier beschrieben werden, erst ab einer gewissen Reifungsstufe erstmals auftreten können und manche davon bei Erreichen einer weiteren Reifungsstufe wieder verschwinden müssen. Der Charakter des motorischen Verhaltens des Neugeborenen ist deshalb in großem Maße abhängig von seinem Konzeptionsalter (Alter seit der Zeugung). Frühgeborene haben ein ganz anderes Bewegungs- und Reflexmuster als reife Neugeborene.

Bestimmte Reflexe treten nicht vor einem bestimmten Konzeptionsalter auf. Der Zeitpunkt ihres erstmaligen Auftretens ist dabei weitgehend unabhängig vom Geburtstermin, das heißt, ist prinzipiell ähnlich innerhalb wie außerhalb des Uterus. Das Konzeptionsalter eines Neugeborenen läßt sich deshalb allein aufgrund seines motorischen Verhaltens mit einer Genauigkeit von zwei bis drei Wochen bestimmen. Im Laufe des ersten Lebensjahres verlieren sich die meisten der beim Neugeborenen zu beobachtenden Reflexe wieder, wobei auch der zu erwartende Zeitpunkt ihres Verschwindens einigermaßen genau vorhergesagt werden kann. Ein zu langes Persistieren bestimmter Reflexe kann das Erlernen der kortikal gesteuerten Bewegungskoordination für das Kind unmöglich machen.

In der Fachliteratur werden mehr als 20 verschiedene Reflexe und Reaktionen beschrieben, die zu diagnostischen Zwecken genützt werden können. Dies soll anhand einiger bekannter Reflexe beispielhaft dargestellt werden. Alle Reflexe sollten weitgehend seitengleich auslösbar sein, beim Auftreten deutlicher Asymmetrien sollte eine kinderärztliche oder neurologische Untersuchung empfohlen werden.

Der *Palmar- und Plantargreifreflex* (Hand- und Fußgreifreflex) ist bereits ab einem Konzeptionsalter von 32 Wochen bei praktisch allen Kindern feststellbar. Diese Greifreflexe müssen deshalb bei allen gesunden Neugeborenen, auch bei Frühgeborenen, durch Berührung der Handinnenfläche bzw. des vorderen Teils der Fußsohle auslösbar sein. Der Handgreifreflex verliert sich spätestens am Ende des neunten Lebensmonats, der Fußgreifreflex sollte am Ende des ersten Lebensjahres wieder verschwunden sein. Beim Persistieren dieser Reflexe ist das Erlernen von Greifen bzw. Stehen nicht möglich.

Der *Rooting-Reflex* (das sogenannte Brustsuchen) wird durch eine Berührung der Hautbezirke um den Mund des Babies ausgelöst und besteht in einer Kopfwendung in Richtung auf den Berührungsreiz. Dieser Reflex tritt in vollentwickeltem Zustand üblicherweise nicht vor einem Konzeptionsalter von 34 Wochen auf.

Der *Moro-Reflex* wird durch kurzes Zurückfallenlassen des Kopfes des Kindes ausgelöst. Das Kind öffnet dabei den Mund, die Arme werden nach außen bewegt und die Finger strecken sich fächerförmig (erste Komponente). Danach schließt sich der Mund wieder, die Arme werden gebeugt und nach vorne zusammengeführt (zweite Komponente). Beim Frühgeborenen ab einem Konzeptionsalter von 32 Wochen läuft fast nur die erste Komponente des Reflexes ab, während beim reifen Neugeborenen ab einem Konzeptionsalter von 40 Wochen die zweite Komponente stark ausgeprägt ist. Obwohl der Moro-Reflex in seiner charakteristischen Form bis zum sechsten Lebensmonat wieder verschwindet, sind Reste davon auch noch bei Erwachsenen beim plötzlichen Verlust des Gleichgewichts feststellbar.

Auch beim *Traktionsreflex* (Hochziehen aus der Rückenlage) zeigt sich das Konzeptionsalter des Kindes. Zieht man ein Neugeborenes an den Armen in sitzende Position auf, bleiben die Arme eines unreifen Kindes unterhalb der 37. Schwangerschaftswoche gestreckt und das Kind zeigt überhaupt keine Kopfkontrolle. Beim reifen Neugeborenen bleiben die Arme in den Ellenbogen gebeugt (das Kind versucht einen «Klimmzug») und man beobachtet wenigstens Ansätze der Fähigkeit des Kindes, den Kopf zu balancieren.

Andere bekannte Reflexe sind der *Babinski-Reflex* (Zehenspreizen beim Bestreichen der Fußsohle) und der *Schreitreflex* (wird das Neugeborene unter den Achseln unterstützt und aufrecht gehalten, so vollführt es auf der Unterlage Schreitbewegungen). Der *asymmetrische tonische Nackenreflex* wird durch Seitwärtsdrehen des Kopfes ausgelöst und besteht in einer Streckung (Tonisierung, Anstieg der Muskelspannung) der Gliedmaßen jener Körperseite, der das Gesicht zugewandt ist, und in einer Beugung der Gliedmaßen der anderen Seite.

Das Nervensystem des Neugeborenen ist jedoch nicht nur zu Reflexleistungen fähig. Neugeborene können Personen oder optische Muster fixieren und ihnen mit den Augen folgen. Das Neugeborene lächelt zwar noch nicht, aber reagiert durch heftiges Grimassieren und schließlich durch Schreien auf starke Lichtreize oder Geräusche und natürlich auch auf Hunger, Kälte und Schmerzen.

Das Neugeborene schläft bis zu 20 Stunden am Tag und verbringt dabei fast die Hälfte dieser Zeit im REM-Schlaf (rapid eye movements). Während dieses Schlafstadiums sind neben den charakteristischen Augenbewegungen noch viele weitere motorische Abläufe zu beobachten, beispielsweise Zucken der Finger und Zehen oder lebhaftes Grimassieren.

7.1.4 Schlaf- und Wachzustände des Neugeborenen

Die meisten Forscher unterscheiden sechs voneinander relativ klar abgrenzbare Zustände, die bei Babies im Laufe eines Tages festgestellt werden können. Diese Zustände sind, geordnet nach dem Grad der Aktivation:

1. ruhiger Schlaf (quiet sleep, 33 %),

2. REM-Schlaf (active sleep, 33 %),

3. Dösen (drowsiness, 8 %),

4. ruhiges Wachsein (alertness, 10 %),

5. unruhiges Wachsein (fussyness, 11 %) und

6. Weinen und Schreien (crying, 5 %).

In Klammer findet sich neben den englischen Fachausdrücken jeweils der Anteil an der Gesamtzeit eines Tages für ein durchschnittliches Baby (nach Harris & Liebert, 1992). Die individuellen Abweichungen von diesen Durchschnittsangaben können bei einzelnen Kindern recht groß sein, beispielsweise gibt es durchaus auch Neugeborene, die fast die ganze Zeit schlafen, oder solche, die fast immer schreien, wenn sie wach sind.

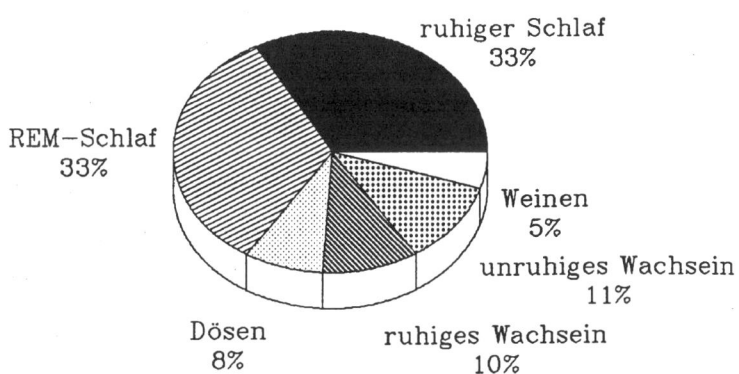

Abbildung 2: Schlaf- und Wachzustände Neugeborener (nach Harris & Liebert, 1992).

63

Das Neugeborene wechselt während des Tages mehrfach zwischen den angeführten Zuständen und zwar zuerst ohne erkennbare Regelhaftigkeit. Nach einigen Tagen pendelt sich der Wechsel zwischen Schlaf- und Wachperioden meist auf einen Vier-Stunden-Rhythmus ein. Dieses Einpendeln ist eine erste wichtige Lernleistung und abhängig von Umwelterfahrungen, die das Kind machen kann. Kinder, die im gleichen Raum mit ihrer Mutter sind, bilden schneller einen solchen Rhythmus und in der Folge einen Tag/Nacht-Zyklus aus als Kinder auf einer Säuglingsstation ohne Gliederung des Tages durch deutliche Unterschiede im Hinblick auf Beleuchtung, Geräuschpegel und Versorgung.

In bezug auf die Fähigkeit, solche vorhersagbaren Rhythmen auszubilden, lassen sich relativ früh erstaunliche interindividuelle Unterschiede zwischen Babies feststellen. Die meisten Kinder haben bald recht gut organisierte Verhaltenszyklen und machen es daher ihren Pflegepersonen relativ leicht, sich auf sie einzustellen, während das Verhalten einiger Kinder völlig unvorhersehbar und zufällig zu bleiben scheint und in ruheloser Irritierbarkeit einem ständigen und unorganisierten Wechsel zwischen Schlaf und Schreien folgt. Es ist verständlich, daß solche Kinder für die Eltern zu einem echten Problem werden können, speziell wenn es sich dabei um ihr erstes Kind handelt und ihnen somit wenig oder keine Vergleichsmöglichkeiten zur Verfügung stehen. Es besteht die Gefahr, daß in diesem Fall die Eltern die Schuld für das unberechenbare Verhalten ihrer Kinder, für ihre intensiven negativen Reaktionen und den Eindruck des ständigen Unglücklichseins, den diese Kinder hinterlassen, ausschließlich bei sich selbst suchen oder gar das Kind dafür bestrafen. In beiden Fällen kann dies in einen *circulus vitiosus* führen: Die Mutter kann sich nicht auf die Bedürfnisse des Kindes einstellen, weil sie keine klaren Signale des Kindes entdecken kann und nie weiß, ob das Kind naß, hungrig, traurig, zornig oder müde ist. (Das bedeutet nicht, daß sie eine schlechte Mutter ist, denn vermutlich könnte niemand die Signale dieses Kindes entschlüsseln.) Das Kind reagiert darauf mit noch wütenderen negativen Reaktionen, bis es überhaupt nur noch zu schreien scheint, wenn man von kurzen, unregelmäßigen Schlafperioden einmal absieht.

Die amerikanische Fachliteratur kennt die Bezeichnung «difficult children» für Kinder, die solche schlecht organisierten Zyklen zeigen, meist einen unglücklichen Eindruck machen, zu starken negativen Reaktionen neigen und sich nur schlecht an neue Reizbedingungen gewöhnen können. Chess & Thomas (1984) verfolgten in ihrer berühmten Längsschnittstudie «Origins and evolution of behavior disorders» 133 Babies bis ins frühe Erwachsenenalter. 10 Prozent der Kinder waren (allerdings erst im Alter von drei Jahren) als «difficult children» eingeschätzt worden, 40 Prozent als «easy children». Im frühen Erwachsenenalter erwiesen sich die ehemaligen «difficult children» zu einem signifikant größeren Prozentsatz als psychopathologisch auffällig als die ehemaligen «easy children». Diese recht früh ausgeprägten Temperamentsunterschiede lieferten somit einen signifikanten Beitrag zur Vorhersage des späteren Auftretens von psychischen Problemen.

7.2 Zum Stand der kognitiven Entwicklung des Neugeborenen

7.2.1 Sinnesleistungen des Neugeborenen und Methoden ihrer Erforschung

Noch vor hundert Jahren waren Psychologen der Ansicht, daß das Neugeborene die Welt als überwältigende und verwirrende Mischung von Sinneseindrücken erleben müsse, beispielsweise sein Gesichtsfeld als sinnlose und sich dauernd verändernde Ansammlung von Farben, Flächen und Linien, die es erst nach und nach als feste oder bewegliche Objekte zu interpretieren lerne. Dies scheint jedoch nicht der Fall zu sein, die sensorischen Fähigkeiten von Neugeborenen dürften weit größer sein als gedacht.

Ein gesundes Neugeborenes kann von Anfang an ein sich langsam durch sein Gesichtsfeld bewegendes Objekt mit den Augen verfolgen und dreht oft sogar den Kopf nach, wenn das Objekt aus seinem Gesichtsfeld zu entschwinden droht. Auch die bemerkenswerten Berichte über die Fähigkeit Neugeborener, Gesichtsausdrücke zu imitieren (Meltzoff & Moore, 1983; Field et al., 1983) sprechen, selbst wenn es sich dabei nur um einen Reflex handelt, jedenfalls für eine erstaunliche Differenziertheit der visuellen Wahrnehmungsleistungen von Säuglingen. Allerdings sind, was die Leistungsfähigkeit der Augen betrifft, noch gewisse entwicklungsbedingte physiologische Einschränkungen festzustellen, denn erstens ist die Entwicklung der Retina beim Neugeborenen noch nicht ganz abgeschlossen, zweitens verfügt das Neugeborene noch nicht über die Fähigkeit, Dinge in beliebiger Entfernung zum Auge zu fokussieren. Die «Scharfeinstellung» funktioniert anfangs nur für einen Bereich, der etwa 20–30 cm vom Auge entfernt ist (das ist etwa die Distanz zum Gesicht der Mutter, wenn das Baby von ihr gestillt wird). Die Fähigkeit zu fokussieren entwickelt sich dann aber sehr rasch, ebenso die Retina, sodaß Kinder bereits im Alter von acht Monaten über vollkommen funktionsfähige Augen verfügen.

Kinder können auch von Geburt an hören, wobei der bevorzugte Frequenzbereich in der Höhe der menschlichen Sprache und leicht darüber liegt. Die Säuglinge haben allerdings in der ersten Woche eine relativ hohe Reizschwelle von etwa 40–55 Dezibel, vermutlich weil sich noch Fruchtwasser in ihrem Mittelohr befindet. In der zweiten Woche liegt der Wert bereits bei 10 bis 15 db. Auf komplexe Geräusche reagieren die Säuglinge besser als auf reine Sinustöne. Auch die Unterscheidung der Geschmacksqualitäten süß, sauer, bitter und salzig ist bereits Neugeborenen möglich. Zur Unterscheidung von Gerüchen werden allerdings anfangs um ein Vielfaches höhere Konzentrationen benötigt als bereits wenige Tage nach der Geburt.

Zum Studium der Wahrnehmungsleistungen von Neugeborenen müssen spezielle wissenschaftliche Methoden angewandt werden, denn Babies sind weder willens noch in der Lage, über ihre Wahrnehmungen Auskunft zu geben.

Außerdem sind sie recht unkooperative Versuchspersonen, da sie (siehe voriger Absatz) nur einen sehr kleinen Teil des Tages im Zustand ruhiger Aufmerksamkeit verbringen und nur während dieser Zeit manchmal wenigstens für eine Spanne von einigen Minuten dem Forscher ihre Aufmerksamkeit schenken. Als zwei wichtige in diesem Bereich angewandte Forschungsmethoden sollen die Methode der visuellen Präferenz und die sogenannten Habituationstests genauer betrachtet werden.

7.2.1.1 Methode der visuellen Präferenz

Die Methode der visuellen Präferenz wird oft zur Erforschung der visuellen Wahrnehmungsleistungen verwendet. Das Baby wird auf dem Rücken in einen speziellen «Präferenzapparat» gelegt, das ist eine große bequeme Beobachtungsschachtel mit Innenbeleuchtung, wobei direkt über dem Kind (an der Innenseite des Deckels) Bilder präsentiert werden können. Durch ein Loch im Deckel kann ein Beobachter sehen, auf welches Bild das Baby schaut. Der Erfinder dieser Technik, Fantz (1958), konnte beispielsweise feststellen, daß Kinder bestimmten Bildern gegenüber anderen den Vorzug gaben, d. h. signifikant häufiger und länger ein bestimmtes Bild betrachteten, egal ob es auf der linken oder der rechten Seite präsentiert wurde. Wenn eine solche Präferenz auftritt, kann angenommen werden, daß die Kinder einen Unterschied zwischen zwei Bildern (Mustern, Farben, usw.) erkennen können. Der Umkehrschluß ist allerdings nicht zulässig. Wenn keine visuelle Präferenz festgestellt werden kann, bedeutet dies keineswegs, daß die Babies keinen Unterschied zwischen den Bildern feststellen können. Sie könnten auch nur beide gleich langweilig finden. Die Technik ist deshalb nicht dazu geeignet, die Diskriminationsfähigkeit der Kinder zwischen zwei sehr ähnlichen Reizvorlagen zu studieren. Wohl aber läßt sich die Methode zur Prüfung der Sehschärfe anwenden. Neugeborene präferieren, wenn ein schwarz-weißes Streifenmuster neben einer grauen Fläche dargeboten wird, erfahrungsgemäß so gut wie immer das Streifenmuster. Zur Überprüfung der Sehschärfe braucht man daher nur die Streifen immer schmäler zu machen, bis keine Präferenz der Kinder mehr festgestellt werden kann. Maurer & Maurer (1988) konnten auf diese Weise feststellen, daß die Grenze der Sehschärfe Neugeborener bei Linien von 2,5 mm Breite, präsentiert in einer Entfernung von 30 cm, erreicht ist. Kinder im Alter von zwei Monaten können bereits halb so breite Linien erkennen, nach vier Monaten reicht bereits ein Viertel dieser Breite zum Erkennen aus, bei acht Monate alten Kindern ist die Sehschärfe von Erwachsenen erreicht.

7.2.1.2 Habituationstests

Auf einen neuen Umweltreiz folgt bei Säugetieren und beim Menschen eine recht spezifische Orientierungsreaktion: Hinwendung zum Reiz, Erweiterung der Pupillen, Verlangsamung der Atemfrequenz, Verlangsamung der Pulsrate, Blockieren der Alpha-Rhythmen im EEG, Erhöhung der Hautleitfähigkeit, kurz, eine intensive Erhöhung der Aufmerksamkeit. Das Auftreten einer solchen Reaktion kann als Hinweis darauf betrachtet werden, daß ein Reiz als «neu» erlebt wird. Das langsame Abflauen der Orientierungsreaktion bei wiederholter Darbietung eines Reizes wird als Habituation bezeichnet. Bei der Ausnützung des Effekts zu Forschungszwecken wird ein Reiz, im visuellen Bereich beispielsweise ein Bild, solange wiederholt dargeboten, bis das Kind das Interesse daran verliert (habituiert). Danach wird ein neues Bild dargeboten. Mit hoher Wahrscheinlichkeit erfolgt erneut eine Orientierungsreaktion (das Kind dishabituiert), vorausgesetzt es erkennt einen Unterschied zwischen der alten und der neuen Reizvorlage. Diese Technik ermöglicht die Überprüfung recht feiner Diskriminationsleistungen (z. B. zwischen sehr ähnlichen Mustern) bei Kleinstkindern und ist grundsätzlich in allen Sinnesmodalitäten anwendbar.

Die Methode wurde auch genützt, um komplexere Leistungen zu studieren. Beispielsweise zeigten Antell & Keating (1983) mit der Habituationstechnik, daß Babies im Alter von einer Woche «zählen» können: Sie können Reizvorlagen mit zwei und drei Punkten unterscheiden. Der Unterschied zwischen vier und sechs Punkten wurde von den Kindern allerdings nicht mehr erkannt. Wenn bei Anwendung der Habituationstechnik eine weitere Vorgabe der Reizvorlagen erst nach einem gewissen Zeitintervall erfolgt, ist mit der Methode auch die Erfassung von Gedächtnisleistungen möglich. Die Zeitdauer bis zum Eintreten von Habituation ist von Baby zu Baby stark unterschiedlich. Da es sich dabei um die Zeitspanne handelt, die das Kind braucht, um für sich selbst zu entscheiden, daß es das Stimulusmaterial bereits kenne, ein weiteres Betrachten daher gewissermaßen nicht mehr nötig und interessant sei, kann angenommen werden, daß die Zeitspanne bis zur Habituation unter anderem ein Maß dafür ist, wie schnell ein Kind lernt. Mit einem Habituationstest kann man also Diskriminationsleistungen, Gedächtnisleistungen und Lernfähigkeit eines Säuglings prüfen. Da alle diese Fähigkeiten verschiedene Aspekte von Intelligenz darstellen, bieten Habituationstests auch die Möglichkeit zu einer groben Abschätzung der Intelligenz eines Kindes bereits im Säuglingsalter.

7.3 Zum Stand der sozial-emotionalen Entwicklung des Neugeborenen

Das Neugeborene ist vollständig auf die Zuwendung einer Pflegeperson angewiesen. Die Sicherung dieser Zuwendung ist daher für das Kind absolut lebenswichtig. Diesem Ziel dient eine Reihe von angeborenen Charakteristika und Kompetenzen, beispielsweise das Aussehen des Säuglings (Kindchenschema), seine Fähigkeit, Signale der Umwelt, die mit sozialer Interaktion zu tun haben, bevorzugt zu beachten, und die Fähigkeit, Signale auszusenden, die von der Umwelt als sozial interpretiert werden.

Das Kind beruhigt sich beispielsweise, wenn es aufgenommen und gewikkelt wird, es beruhigt sich bei rhythmischer Stimulation und hört dann vor allem auf die menschliche Stimme. Das Kind hat ein angeborenes spezifisches Interesse an menschlichen Gesichtern, folgt ihnen mit Augen- und Kopfbewegungen und lernt so frühzeitig die Koppelung von Gesicht, Körper und Stimme der Hauptpflegeperson. Mit Weinen, Schreien erregt es die Aufmerksamkeit seiner Eltern. Zu den als sozial interpretierten Verhaltensweisen des Neugeborenen gehören auch der Rooting-Reflex, der Greifreflex und die bereits erwähnte Fähigkeit, reflexartig Gesichtsausdrücke nachzuahmen. Auch Lernen passiert in den ersten Lebenstagen fast nur in bezug auf die für die Anpassung des Kindes wichtigsten Verhaltensweisen, beispielsweise die Steuerung seines Schlaf-Wachrhythmus.

All diese «protosozialen» Verhaltensweisen belohnen die Pflegeperson und sorgen neben dem physischen Überleben auch dafür, daß das Kind soziale Zuwendung erfährt, mit anderen Worten, sorgen auch für die Schaffung von Lernbedingungen, die für die weitere Entwicklung des Kindes unbedingt notwendig sind.

8. Erstes und zweites Lebensjahr

8.1 Körperliche Entwicklung im ersten und zweiten Lebensjahr

8.1.1 Körperwachstum und Entwicklung motorischer Fertigkeiten

Im Laufe der ersten Lebensjahre wachsen die Kinder mit einer erstaunlichen Geschwindigkeit. Innerhalb der ersten zwölf Monate beträgt der Größenzuwachs im Durchschnitt 25 cm und der Gewichtszuwachs fast 7 kg. Am Ende des zweiten Lebensjahres sind die Kinder im Schnitt bereits 85 cm groß und wiegen etwa 12 kg. Zur Beurteilung des Längenwachstums und der Gewichtszunahme eines Kindes existieren Normkurven, aus denen für die ersten 18 Lebensjahre die durchschnittliche Größe und das Gewicht ersehen werden kann (vgl. z. B. Niessen, 1993; Schulte & Spranger, 1993). Zusätzlich zu den Mittelwerten sind Kurven für die Prozentränge (Perzentile) 3, 10, 25, 75, 90 und 97 angegeben. Werte außerhalb dieses Bereichs werden *per definitionem* als abnorm betrachtet. Aus sogenannten Relationsdiagrammen kann außerdem die statistische Norm der Relation zwischen Größe und Gewicht ersehen werden.

Die Entwicklung der Motorik im ersten Lebensjahr ist durch Verschwinden der Reflexe aus der Neugeborenenzeit und den Erwerb willkürlicher kontrollierter Bewegungsmuster gekennzeichnet. Diese Fähigkeiten beziehen sich in der Hauptsache auf die Kontrolle der Körperhaltung, auf die Fortbewegung und das Greifen. Im allgemeinen schreitet die motorische Entwicklung in cephalo-caudaler (vom Kopf zum Steiß) und proximo-distaler (vom Körperzentrum zur Peripherie) Richtung fort. Das Kind gewinnt zuerst die Kontrolle über Bewegungen des Kopfes, bevor es lernt, die Arme zu benützen, und dies lernt es wiederum, bevor es die Bewegungen der Beine zum Laufen kontrollieren kann. Weiters werden Bewegungen der Arme und Beine früher beherrscht als die von Händen und Füßen, die Entwicklung schreitet also von den großen proximalen zu den kleinen distalen Muskeln fort. Bei allen Kindern ist die Reihenfolge des Auftretens einzelner motorischer Teilfähigkeiten weitgehend gleich. Die Altersangaben in den folgenden Ausführungen (nach Arbinger, 1990) sind jedoch nur als Durchschnittswerte zu verstehen, von denen starke individuelle Abweichungen zu beobachten sind.

In den ersten fünf Lebensmonaten erwirbt das Kind zunächst die Fähigkeit zur Kontrolle der oberen Körperpartien (Kopf, Nacken, Brust). Mit etwa zwei Monaten beginnt das Kind, aus der Bauchlage heraus den Kopf anzuheben.

Zwischen dem dritten und vierten Monat gelingt es dem Kind, mit Unterstützung der Arme den Kopf und die Brust von der Unterlage abzuheben. Es kann den Kopf bereits balancieren, wenn es (mit Festhalten) hingesetzt wird.

In einem zweiten Abschnitt, der vom sechsten bis zum achten Lebensmonat dauert, erwirbt das Kind die Kontrolle über den gesamten Rumpf. Etwa im sechsten Monat kann das Kind alleine sitzen und kann sich vom Rücken auf den Bauch rollen, im achten Monat auch in umgekehrte Richtung. Im achten Monat kann das Kind mit Unterstützung stehen.

In einem dritten Abschnitt der motorischen Entwicklung, etwa im achten und neunten Lebensmonat, beginnt das Kind sich fortzubewegen, es robbt zuerst praktisch noch ohne Unterstützung der Beine.

Im vierten Abschnitt, etwa ab dem zehnten Monat, gelangt es «auf alle Viere» und beginnt zu krabbeln. Es kann sich auch bereits alleine an Möbelstücken oder Vorhängen in den Stand hochziehen.

Im fünften und letzten Abschnitt, der vom Ende des ersten Lebensjahres bis zum Alter von etwa 15 Monaten dauert, erwirbt es schließlich die Fähigkeit, ohne fremde Hilfe zu laufen (allerdings noch recht unsicher; amerikanische Entwicklungspsychologen bezeichnen daher Kinder ab diesem Alter, bis zum Alter von etwa 2 ½ Jahren, als «Toddler» = Tapsende).

Die obigen Altersangaben unterliegen nicht nur starken interindividuellen Schwankungen, sie sind auch populations- und zeitabhängig. Afrikanische Kinder haben einen Entwicklungsvorsprung gegenüber europäischen und amerikanischen Kindern, die sich aber ihrerseits heute schneller entwickeln als noch vor einigen Jahrzehnten. (Eine stetige Beschleunigung der Entwicklungsgeschwindigkeit in bezug auf motorische Fertigkeiten, aber auch in bezug auf Körperwachstum und Geschlechtsreifung, wird seit dem Ende des vorigen Jahrhunderts in praktisch allen industrialisierten Ländern beobachtet. Dieses Phänomen wird mit dem Begriff der «säkularen Akzeleration» bezeichnet).

Die Entwicklung der grundlegenden Körperkontrolle und der Fortbewegung dürfte weitgehend reifungsabhängig sein und läßt sich weder durch frühe Übung anhaltend verbessern noch durch Einschränkung der Bewegungsfreiheit verhindern (etwa durch das bei einigen Völkern traditionelle Festbinden der Säuglinge in ihren Krippen, wie es Dennis & Dennis bereits 1940 von den Hopi-Indianern berichtet haben), vorausgesetzt, das Kind hat wenigstens ein Minimalausmaß von Bewegungsmöglichkeiten. Vorübergehende positive Effekte förderlicher und negative Effekte hemmender Umwelteinflüsse lassen sich zwar auch in einigen Bereichen der Entwicklung grundlegender motorischer Fertigkeiten demonstrieren (z. B. Hopkins & Westen, 1988; Kaplan & Dove, 1987). Zu einem bleibenden, also von anderen nicht mehr aufholbaren Vorsprung dürfte jedoch ein früh einsetzendes Training nur beim Erlernen komplexerer motorischer Abläufe, wie sie etwa beim Eislaufen, Jonglieren oder Beherrschen eines Musikinstrumentes erforderlich sind, führen.

Die Entwicklung des Greifens leitet über zum Bereich der kognitiven Entwicklung, da die Herausbildung der Fähigkeit, wahrgenommene Objekte bewußt und gezielt zu ergreifen, bereits Leistungen der visuomotorischen Koordination voraussetzt. Zum Zeitpunkt der Geburt sind unabhängige Bewegungen von Kopf und Arm durch den asymmetrischen tonischen Nackenreflex stark eingeschränkt. Das Ergreifen eines Gegenstandes gelingt ausschließlich über den palmaren Greifreflex. Bis zum vierten Lebensmonat nimmt der asymmetrische tonische Nackenreflex in seiner Stärke allmählich ab, sodaß unabhängige Bewegungen von Kopf und Hand ausgeführt werden können. Zuerst gelingen nur zufällige Koordinationen, mit der Zeit kommt es zu ersten gezielten Koordinationen (ein in die Hand gelegter Gegenstand wird z. B. sofort zum Mund geführt). Im Alter zwischen vier und sieben Monaten gelingt erstmals die gezielte Koordination von Auge und Hand. Ein im Blickfeld auftauchendes erreichbares Objekt wird berührt, zum Mund geführt oder betrachtet. Charakteristisch ist dabei das sogenannte «palmare Greifen», bei dem ein Objekt mit allen Fingern gleichzeitig gegen die Handfläche gedrückt und damit festgehalten wird. In weiterer Folge entwickelt sich der «Pinzettengriff» mit gestrecktem Zeigefinger und Daumen und dann erst der «Zangengriff» mit gebeugtem Zeigefinger und Daumen. Erst im Laufe des zweiten Lebensjahres entwickelt sich die Fähigkeit, durch bewußte Kontrolle (Entspannung) der Arm- und Handmuskulatur einen ergriffenen Gegenstand auch wieder auszulassen oder fallenzulassen. Ebenfalls erst im zweiten Jahr können die Bewegungen beider Hände gleichzeitig koordiniert werden, was die Komplexität der dem Kind möglichen Manipulationen beträchtlich erhöht (Schachtel öffnen, Bausteine aufeinanderstellen, Stifte in Steckbrett stecken, usw.).

8.1.2 Plötzlicher Kindstod (Sudden Infant Death Syndrome, SIDS)

SIDS ist definiert als unerwartet eintretender Tod eines Kindes, das zuvor als gesund galt und bei dessen Obduktion keine adäquate Todesursache gefunden werden kann. Dem plötzlichen Kindstod fallen etwa 2 von 1000 Lebendgeborenen zum Opfer (Schulte & Spranger, 1993). SIDS ist damit in den westlichen Industrieländern derzeit die häufigste Todesursache von Säuglingen im Alter zwischen einem Monat und einem Jahr. Am häufigsten sind Säuglinge im zweiten und dritten Monat betroffen. Die Kinder sterben zumeist während des Nachtschlafes, wobei die Eltern oft überhaupt nichts davon bemerken, auch wenn sie sich in der Nähe befinden. Die Kinder schlafen wie üblich ein und hören dann einfach auf zu atmen. Die Ursache dafür ist noch unbekannt.

Bei der Obduktion von SIDS-Opfern findet man etwa in der Hälfte der Fälle Infekte der oberen Atemwege. Diese wurden auch immer wieder für SIDS verantwortlich gemacht, was jedoch nicht haltbar ist, denn erstens haben sehr viele Kinder solche Infekte, ohne gleich daran zu sterben, und zweitens ist damit der typische Zeitpunkt des Todes während des Schlafes nicht zu erklären. Nach einer anderen Theorie wird angenommen, daß die betroffenen Kinder zentralnervöse Entwicklungsverzögerungen oder -störungen aufweisen und daher über inadäquat ausgebildete Atemreflexe verfügen. Alle, auch ganz gesunde Säuglinge haben während des Schlafes Perioden, in denen ihre Atmung kurzzeitig aussetzt (Apnoe) und der Herzschlag sich extrem verlangsamt (Bradykardie). Üblicherweise «fangen sich» die Kinder jedoch wieder von selbst, ohne daß Wiederbelebungsmaßnahmen nötig wären. Bei SIDS-Opfern ist dies offensichtlich nicht der Fall. Zur Verhütung von SIDS wird deshalb empfohlen, Risikokinder während des Schlafes mit einem Monitor zu überwachen, der beim Auftreten von Apnoen und Bradykardien Alarm schlägt und die sofortige Einleitung von Reanimationsmaßnahmen durch die Eltern ermöglicht. Der tatsächliche Nutzen dieser Monitore ist jedoch noch umstritten.

Als Risikokinder in bezug auf SIDS sind die Geschwister von SIDS-Opfern zu betrachten, weiters Kinder mit ausgeprägten Schlafapnoen und Kinder mit neonatalen Risikofaktoren (niedriger APGAR-Index, niedriges Geburtsgewicht) und neonatalen Erkrankungen, vor allem wenn gleichzeitig ein Infekt das Erregungsniveau des Nervensystems negativ beeinflußt. Als weitere Risikofaktoren sind zu hohe Temperaturen und verrauchte Luft im Schlafraum des Kindes, Hitzestau durch zu warme Decken und das Schlafen in Bauchlage zu betrachten.

8.2 Kognitive Entwicklung im ersten und zweiten Lebensjahr

8.2.1 Tiefenwahrnehmung

Stereoskopisches, dreidimensionales Sehen beruht auf der Tatsache, daß sich das mit dem linken Auge wahrgenommene Bild von dem mit dem rechten Auge wahrgenommenen Bild unterscheidet. Die zur Verwertung dieser Sinneseindrücke notwendigen Hirnfunktionen und die dazu nötige präzise Koordination beider Augen entwickeln sich erst im Laufe der ersten vier Lebensmonate. Stereoskopisches Sehen und Tiefensehen sind aber nicht identisch. Tiefensehen ist bis zu einem gewissen Ausmaß auch mit einem Auge möglich, nämlich durch Ausnützung der Bewegungsparallaxe zur Abschätzung von Entfernungen.

Es dürften hauptsächlich die Fähigkeit zum stereoskopischen Sehen und die im vorhergehenden Kapitel beschriebenen motorischen Entwicklungsprozesse sein, die es einem Säugling bereits ab dem vierten Monat ermöglichen, einen über ihm baumelnden Gegenstand anzuvisieren und mit der Hand zu berühren. Dies wurde von Granrud, Yonas & Pettersen (1984) experimentell an fünfmonatigen Säuglingen demonstriert. Die Versuchsanordnung bestand aus zwei gleich aussehenden, aber verschieden großen Objekten, die so unterschiedlich weit entfernt placiert waren, daß ihr Abbild auf der Retina der Kinder etwa gleich groß war. Nur einer der Gegenstände war tatsächlich in Reichweite der

Säuglinge, der andere war weiter entfernt. Von den Forschern wurde beobachtet, nach welchem der beiden Gegenstände die Babies eher zu greifen versuchten. Eine Gruppe von Kindern wurde getestet, während eines ihrer Augen mit einer Klappe abgedeckt war. Bei dieser Gruppe war nur eine ganz leichte Tendenz festzustellen, den näheren Gegenstand bei ihren Greifversuchen zu bevorzugen. Eine zweite Gruppe von Kindern konnte in der Testsituation beide Augen benützen. In dieser Gruppe griffen fast alle (nämlich 89 Prozent) der Kinder nach dem näheren Gegenstand. Diese Ergebnisse legen nahe, daß bereits Säuglinge im Alter von fünf Monaten stereoskopisches Sehen zur Tiefenwahrnehmung nützen können.

Im Gegensatz dazu dürfte bei den Experimenten von Gibson & Walk (1960) hauptsächlich die Ausnutzung der Bewegungsparallaxe für die Ergebnisse verantwortlich sein. Die Forscher benützten eine Versuchsanordnung, die unter dem Namen «visual cliff» (visuelle Klippe) bekannt geworden ist. Es handelt sich dabei um einen großen Tisch mit einer Platte aus schwerem Glas, über dessen Mitte ein solider Holzbalken gelegt wird. Auf der einen Seite des Balkens befindet sich ein Schachbrettmuster direkt unter dem Glas, auf der anderen Seite liegt dasselbe Muster etwa einen Meter tiefer, nämlich am Boden, ist aber durch die gläserne Tischplatte gut zu sehen, wodurch der Eindruck eines Abgrundes entsteht. 36 Babies (6 bis 14 Monate alt) wurden auf den Balken in der Mitte gesetzt und dann von ihrer Mutter gerufen, die auf der «tiefen» Seite stand und mit einem Spielzeug lockte. Beobachtet wurde, wie viele Kinder über diesen Abgrund hinweg zur Mutter krabbelten. Von den 36 Kindern krabbelten 9 überhaupt nicht, vermutlich weil sie zu jung waren (siehe voriges Kapitel), und nur 3 (etwa 8 Prozent der Kinder) krabbelten über den Abgrund zur Mutter hin. Die restlichen Kinder verweigerten das Krabbeln über die «tiefe» Seite. Dagegen waren 27 Kinder (75 Prozent) bereit, sich über die «flache» Seite zu ihrer Mutter zu bewegen.

Gibson (1969) berichtet von einem weiteren Experiment, in dem das Muster auf der tiefen Seite so vergröbert wurde, daß die Sehwinkel (und damit die Größe des Bildes auf der Netzhaut) für beide Muster aus der Sicht eines krabbelnden Kleinkindes annähernd gleich waren. Wiederum krabbelten von 45 Kindern nur 4 über den Abgrund. Von der Autorin wird angenommen, daß nicht die stationäre Netzhautprojektion der Muster bzw. die relativen Sehwinkel der Raster den Tiefeneindruck vermittelt haben dürften, sondern eher die Bewegungsparallaxe, also die unterschiedliche Verschiebung der Netzhautbilder von nahem und weitem Muster bei Augen- und Kopfbewegungen.

Gibson & Walk (1960) wollten bei ihren Untersuchungen auch die Frage beantworten, ob die Vermeidung des Hinunterfallens von den Kindern gelernt werden muß oder ob es sich dabei um angeborene Fähigkeiten handelt. Diese Frage wird von den soeben berichteten Untersuchungen von Menschenkindern nicht beantwortet. Gewisse Aufschlüsse gewannen die Forscher aber von der Beobachtung von Tierkindern verschiedener Spezies. Sie wiederholten die Untersuchung am visual cliff mit Küken, jungen Schildkröten, Ratten, Lämmern,

Ziegen, Ferkeln, Kätzchen und mit Hundewelpen. Bei diesen Untersuchungen zeigte sich, daß die Reaktionen der verschiedenen Tierkinder in direkter Beziehung zur Wichtigkeit der visuellen Wahrnehmung für das Überleben ihrer Art standen.

Küken beispielsweise, die kurz nach dem Schlüpfen bereits für sich selbst auf Futtersuche gehen müssen, lieferten am visual cliff bereits am ersten Lebenstag eine perfekte (fehlerfreie) Vorstellung. Sie vermieden den Abgrund zu 100 Prozent und hüpften immer nur auf der flachen Seite vom Mittelbalken. Dasselbe galt für Lämmer und Ziegen, die sehr bald nach ihrer Geburt stehen und herumspringen können. Ganz anders reagierten junge Ratten. Ratten sind als nachtaktive und in unterirdischen finsteren Räumen lebende Tiere an das Bewegen im Dunkeln angepaßt. Sie lokalisieren ihr Futter nach dem Geruch und finden sich mit Hilfe ihrer steifen Barthaare (vibrissae) im Dunkeln zurecht. Die Verarbeitung visueller Information hat für sie nicht absolute Priorität. Deshalb marschierten sie gelassen über die tiefe Seite des visual cliff, solange sie die beruhigende taktile Information über die unter ihnen liegende Glasplatte hatten. Wasserschildkröten lieferten überhaupt die «schlechteste» Leistung (nur 76 Prozent krabbelten auf der flachen Seite vom Brett, also 24 Prozent auf der tiefen Seite). Wasserschildkröten müssen eben in ihrem Lebensraum einen «Absturz» nicht fürchten.

Die korrekte Verarbeitung visueller Information über Höhe und Tiefe dürfte also in direktem Zusammenhang mit der Wichtigkeit des Gesichtssinnes für das Überleben der entsprechenden Spezies stehen. Wenn dies für eine Tierart besonders wichtig ist, stehen die zur Tiefenwahrnehmung erforderlichen Leistungen zur Verfügung, sobald das Tier zur selbständigen Fortbewegung fähig ist. Bei Tieren, die dies schon am ersten Tag benötigen, funktioniert die Tiefenwahrnehmung und die Vermeidung von Abstürzen bereits am ersten Lebenstag fehlerfrei und ohne Notwendigkeit von Lernerfahrungen (d. h. Absturzerfahrungen). Gibson & Walk (1960) haben aus diesen Beobachtungen geschlossen, daß die entsprechenden Fähigkeiten weitgehend angeboren sind und nicht erlernt zu werden brauchen.

8.2.2 Konstanzphänomene

In engem Zusammenhang mit der Fähigkeit zur Tiefenwahrnehmung stehen auch die Konstanzphänomene im Bereich der Wahrnehmung. Ein Netzhautbild ist praktisch nie statisch, sondern in ständigem Fluß. Beispielsweise verändert sich die wahrzunehmende Leuchtdichte von Objekten massiv, wenn sich eine Wolke vor die Sonne schiebt. Trotzdem verändert sich die wahrgenommene Helligkeit und Farbe der Gegenstände dadurch subjektiv nicht. Beim Neigen oder Drehen des Kopfes rotiert das Netzhautbild oder verschiebt sich seitlich, dennoch steht für uns subjektiv die Umwelt weiter senkrecht und bewegt sich nicht. Das Netzhautbild von wegrollenden Objekten ändert sich ständig und wird außerdem immer kleiner, trotzdem erkennen wir sie weiterhin als dieselben Objekte mit derselben Größe. Diese Stabilität der Wahrnehmung wird durch eine Reihe von Korrekturprozessen garantiert, von denen die wichtigsten als Helligkeits-, Farb-, Vertikal-, Form- und Größenkonstanz bekannt sind. Konstanzmechanismen sind nicht von unserem Wissen über die tatsächliche Beschaffenheit (z. B. Farbe, Form oder Größe) eines Objekts abhängig. Sie arbeiten automatisch und sind bis zu einem gewissen Grad Willenseinflüssen entzogen, was sich an einer Reihe von optischen Täuschungsphänomenen demonstrieren läßt. Durch Experimente, bei denen Konditionierungs- oder Habituationstechniken verwendet wurden, konnte das Wirken von Konstanzphänomenen bereits im Säuglingsalter gezeigt werden (vgl. Fischer, 1995; Slater, 1992).

Am ausführlichsten wurde das Wirken von Größenkonstanz im Säuglingsalter untersucht. Bower (1966) brachte beispielsweise sechs bis acht Wochen alten Säuglingen bei, auf den Anblick eines Würfels von einem Fuß (etwa 30 cm) Seitenlänge, präsentiert in einer Entfernung von drei Fuß, mit einer Kopfdrehung zu reagieren. Die Kinder zeigten anschließend dieselbe Reaktion, wenn der Würfel in einer Entfernung von neun Fuß gezeigt wurde und sie reagierten weit weniger gut auf die Präsentation eines Würfels von drei Fuß Seitenlänge in einer Entfernung von neun Fuß, obwohl in letzterem Fall die Größe des Abbildes auf der Retina jenem aus den Lerndurchgängen am ähnlichsten gewesen wäre. Bereits im Alter von zwei Monaten reagieren Kleinkinder also eher auf die tatsächliche Größe der Objekte und weniger auf die Größe des retinalen Abbildes.

Day & McKenzie (1981) präsentierten achtzehn Monate alten Kindern einen Gegenstand in sich ständig ändernden Entfernungen, bis die Kinder daran das Interesse verloren (habituiert) hatten. Im darauf folgenden Testdurchgang dishabituierten die Kinder bei der Präsentation eines unterschiedlich großen Gegenstandes, obwohl dieser in gleichen visuellen Winkeln und in Entfernungen präsentiert wurde, die auch während der Habituationsphase verwendet worden waren.

In solchen und ähnlichen Studien wurde gezeigt, daß das Wirken von Größenkonstanz bereits festgestellt werden kann, bevor die Kinder Erfahrung mit eigener kontrollierter Bewegung im Raum machen können. Es dürfte sich daher um einen weitgehend angeborenen Mechanismus handeln, aufgrund dessen die Kinder grundsätzlich «wissen», daß entfernte Objekte viel größer sind als nach der Größe ihrer Netzhautprojektion anzunehmen wäre. Die Konstanzleistung ist allerdings im ersten Lebensjahr, obwohl schon vorhanden, noch ziemlich ungenau und führt erst im Vorschulalter zu wirklich akkuraten Größenwahrnehmungen.

8.2.3 Entwicklung des Denkens und Anfänge der Intelligenz

Nach dem Schweizer Entwicklungspsychologen Jean Piaget vollzieht sich die kognitive Entwicklung in einer klar festgelegten und bei allen Kindern weitgehend gleichen Abfolge. Er unterscheidet insgesamt vier Stufen der kognitiven Entwicklung. Die erste Stufe ist die sogenannte sensumotorische Periode (von der Geburt bis zur Vollendung des zweiten Lebensjahres). In dieser Zeit werden die Wurzeln des Denkens gelegt, bevor Denken im eigentlichen Sinne als inneres Operieren mit Vorstellungen, Symbolen und sprachlichen Zeichen möglich ist. Darauf folgt eine Stufe des voroperatorischen anschaulichen Denkens (etwa von zweiten bis zum siebenten Lebensjahr), die zuerst von der Stufe der konkreten Operationen (7. bis 10. Jahr) und schließlich (etwa ab dem 11. Lebensjahr) von der Stufe der formalen Operationen abgelöst wird.

Hier soll die *sensumotorische Periode*, die den ersten beiden Lebensjahren eines Kindes zugeordnet wird, genauer beschrieben werden. Bereits ab der Geburt stehen, wie bereits dargestellt, dem Kind eine Reihe von angeborenen Reflexen und Reaktionen zur Verfügung, es kann also beispielsweise saugen, es kann Objekte mit den Augen verfolgen. Später lernt es, die Hand zum Greifen zu benützen. Solche Bewegungsmuster werden von Piaget als Handlungsschemata bezeichnet. Ein Handlungsschema kann angeboren (Saugen) oder erworben (Greifen) sein, Schemata sind veränderbar und an neue Gegebenheiten anpaßbar (Greifen eines großen und eines kleinen Gegenstandes) und sie können beliebig erweitert und kombiniert werden (z. B. Koordination von Sehen und Greifen). Dies alles wird vom Kind in der sensumotorischen Phase erlernt. Darüber hinaus erwirbt das Kind das Konzept der Objektpermanenz und beginnt, eine innere Repräsentation seiner Handlungen zu entwickeln. Piaget unterteilt die sensumotorische Periode in sechs aufeinander aufbauende Stadien (in der Folge dargestellt in Anlehnung an Montada, 1995):

1. Stadium (erster Lebensmonat), *Übung angeborener Reflexmechanismen:* Übung führt zur Konsolidierung der zur Verfügung stehenden Schemata, aber auch zu einer ersten Differenzierung. (Das Saugen an der Mutterbrust unterscheidet sich vom Saugen an einer Flasche und dies unterscheidet sich wiederum vom Nuckeln am Daumen.)

2. Stadium (ein bis vier Monate), *Primäre Kreisreaktionen:* Eine Handlung, die zu einem angenehmen Ergebnis führt, wird mit erhöhter Wahrscheinlichkeit (aber noch ohne «bewußte Absicht») wiederholt. Es handelt sich dabei um die basalen Funktionen des Lernens am Erfolg, und es resultieren daraus die ersten erworbenen Reaktionen, die ersten aktiven Anpassungsleistungen. Primäre Kreisreaktionen beziehen sich üblicherweise auf Manipulationen mit dem eigenen Körper, typische Beispiele sind das Daumenlutschen oder Versuche, die Hand zum Greifen zu verwenden.

3. Stadium (vier bis acht Monate), *Sekundäre Kreisreaktionen:* Der Säugling entdeckt auf einer allgemeineren kognitiven Ebene, daß eine bestimmte

Handlungsweise immer wieder zu einem bestimmten Ergebnis führt, daß sie also die Möglichkeit eröffnet, bestimmte interessante Ereignisse wiederauftreten zu lassen (z. B. Strampeln führt zum Erklingen eines über dem Bett befestigten Glöckchens; vgl. Rauh, 1974). Die Handlung und ihr Effekt werden miteinander verknüpft, Verhaltensweisen werden Mittel zur Erreichung eines Zweckes. (Die zeitliche Abfolge bleibt manchen Säuglingen aber lange unklar, man kann dann beispielsweise sehen, daß das Kind zu strampeln beginnt, wenn man zufällig am Glöckchen anstößt.) Sekundäre Kreisreaktionen sind nicht mehr auf Manipulationen mit dem eigenen Körper beschränkt, sondern es werden bereits Gegenstände aus dem Umfeld mit einbezogen.

4. Stadium (acht bis 12 Monate), *Anwendung bekannter Schemata in neuen Situationen:* Typisch für diese Stufe etwa ab dem achten Lebensmonat ist die systematische Anwendung mehrerer Handlungsschemata auf den gleichen Gegenstand. (Ein Bauklötzchen wird betrachtet, geschüttelt, geworfen, in den Mund gesteckt.) Das Kind verhält sich so, als wolle es ausprobieren, wozu ein Gegenstand gut sei. Dadurch differenzieren sich die zur Verfügung stehenden Handlungsschemata weiter und werden den Gegenständen immer besser angepaßt.

5. Stadium (12 bis 18 Monate), *Tertiäre Kreisreaktionen:* Aktives Experimentieren zur Entdeckung neuer Handlungsschemata. Durch Kombination von Handlungsschemata werden zuweilen recht originelle neue Vorgangsweisen gefunden, um ein bestimmtes Ergebnis zu erzielen. Beispielsweise wird an der Tischdecke gezogen, um ein außer Reichweite auf dem Tisch befindliches Spielzeug heranzuholen oder es wird ein Gegenstand vom Tisch geworfen, um das dahinter stehende Spielzeug erreichen zu können. Es versteht sich, daß speziell dieses Stadium im Laufe des zweiten Lebensjahres große Unfallgefahren für das Kind mit sich bringt (z. B. Verbrennungen).

6. Stadium (18 bis 24 Monate), *Übergang zum Handeln in der Vorstellung:* Erst in der zweiten Hälfte des zweiten Lebensjahres erwirbt das Kind die Fähigkeit, in der Vorstellung die Ergebnisse seiner Handlungen zu antizipieren. Praktisches Probieren ist nicht mehr unbedingt notwendig. Das in diesem Stadium oft auftretende plötzliche Verstehen spiegelt sich deutlich in der Mimik der Kinder wider und wurde von Karl Bühler treffend als «Aha-Erlebnis» bezeichnet (Montada, 1995). Die innere Repräsentation von Handlungen ermöglicht dem Kind auch, durch Beobachtung der Handlungen anderer zu lernen, und ist damit eine der Voraussetzungen des Lernens am Modell. Diese Verinnerlichung von Handlungen charakterisiert den Übergang zum Denken, sozusagen das «Erwachen der Intelligenz beim Kinde» (Piaget, 1969).

8.2.4 Objektpermanenz

Spezielle Beachtung hat in diesem Zusammenhang die Entwicklung des Konzepts der Objektpermanenz gefunden, dies ist vereinfacht gesagt die Entdeckung, daß ein Gegenstand auch dann noch weiter existiert, wenn man ihn nicht mehr sieht. Die Entwicklung von Objektpermanenz soll in der Folge auf die vorhin genannten sechs Stadien der sensumotorischen Phase nach Piaget bezogen werden.

Im Stadium 1 (erster Monat), so meint Piaget, werden Personen und Dinge vom Kind zwar wahrgenommen, aber nicht als unabhängig existierende Objekte begriffen. Die Umwelt dürfte wie eine Folge von Bildern wahrgenommen werden, die einfach kommen und gehen und von denen einige (z. B. die Mutterbrust) nach einer Zeit irgendwie bekannter aussehen als andere. Dem Verschwinden eines dieser Bilder wird keine besondere Bedeutung zugemessen.

Im Stadium 2 (ein bis vier Monate) beginnt das Kind, eine gewisse Erwartung zu entwickeln, daß Dinge, die es einmal gesehen und berührt hat, wieder gesehen und berührt werden könnten. Das Kind schaut beispielsweise das Gesicht des Vaters an, sieht wieder weg und wieder hin (primäre Kreisreaktionen), wobei es offensichtlich erwartet, die Reizkonfiguration «Gesicht» wieder am selben Ort zu finden. Sollte das Objekt aber nicht mehr dort sein, wird es schnell vergessen.

Im Stadium 3 (vier bis acht Monate) ist zwar noch immer weitgehend ein «Aus den Augen aus dem Sinn»-Verhalten zu beobachten, aber das Kind ist schon in der Lage, schnelle Ortsveränderungen von Objekten nachzuvollziehen. Wenn der Mutter beispielsweise ein für das Kind interessantes Spielzeug aus der Hand fällt, schaut es nun dem am Boden liegenden Objekt nach, anstatt weiter einfach auf die Hand der Mutter zu starren. Legt man aber ein Tuch oder ein Blatt Papier über das Objekt, dann existiert es für das Kind nicht mehr. Auch ein halb verdeckter Gegenstand wird meist nicht mehr erkannt.

Im Stadium 4 (acht bis 12 Monate) beginnt das Kind zu begreifen, daß Dinge unabhängig von ihrer momentanen Sichtbarkeit existieren. Es beginnt erstmals nach einem versteckten oder verdeckten Objekt zu suchen, was anzeigt, daß es über eine innere Repräsentation des Gegenstandes verfügt. Allerdings passieren dabei noch typische Fehler. Beispielsweise suchen Kinder in diesem Stadium einen versteckten Gegenstand üblicherweise an einem vertrauten Ort, auch wenn sie dabei zusehen konnten, wie der Gegenstand an einem ganz anderen Ort versteckt wurde (Stadium-4-Fehler, stage-4 error). Der Ort wird noch als «Signal» für das Objekt verstanden, die Unabhängigkeit von Objekt und Ort wird noch nicht ganz erfaßt. Das erwachende Konzept der Objektpermanenz beginnt sich auch auf Personen auszudehnen. Die Folge davon ist, daß die meisten Kinder im achten Lebensmonat (Beginn des Stadiums 4) die sogenannte Achtmonatsangst zeigen. Auf der Basis der entstehenden Objektpermanenz ist ihnen erstmals die Unterscheidung zwischen «bekannter Person» und «unbekannter Person» möglich.

Im Stadium 5 (12 bis 18 Monate) wissen die Kinder, daß Objekte von Ort zu Ort bewegt werden können und suchen einen versteckten Gegenstand zielsicher an jenem Ort, an dem er versteckt wurde, und nicht etwa dort, wo sie ihn beim letztenmal gefunden hatten. Objektpermanenz ist weitgehend erreicht, ist aber noch durch Versteckprozeduren störbar, bei denen eine innere Repräsentation von Handlungen nötig ist, um die Prozedur begreifen zu können. (Man nehme eine Kugel, stecke sie in eine kleine Schachtel, lege ein Tuch über die Schachtel, leere die Schachtel unter dem Tuch aus und nehme die leere Schachtel wieder unter dem Tuch heraus. Ein Kind im Stadium 5 wird mit hilflosem Erstaunen auf die leere Schachtel und das danebenliegende Tuch schauen.)

Im Stadium 6 (18 bis 24 Monate) sind auch solche Manöver kein Hindernis mehr, die Kinder können jeder Bewegung der Kugel folgen, auch wenn sie nicht unmittelbar sichtbar ist. Sie verfügen nun über eine innere Repräsentation von Objekten und Handlungen.

Daß diese theoretischen Annahmen in der Praxis bei weitem nicht so schön funktionieren, wie man es sich wünschen würde, sei abschließend an einem originellen Experiment zur Gültigkeit der Piaget'schen Annahmen illustriert. Baillargeon (1987) konstruierte eine Versuchsanordnung, die es ermöglichte, vor den Augen der Versuchsteilnehmer ein unmögliches Ereignis ablaufen zu lassen, nämlich einen auf dem Tisch liegenden großen Baustein unter einem Blatt Karton vollständig verschwinden zu lassen (weil in die Tischplatte eine kleine Falltüre eingebaut war, durch die der Baustein nach unten entfernt werden konnte). Kinder im Alter von 3 ½ bis 4 ½ Monaten (also im Stadium 2 oder 3) dienten als Versuchspersonen. Nach Piaget sollten Kinder dieses Alters von der Beobachtung von Ereignissen dieser Art nicht sonderlich beeindruckt sein, da sie über keine Objektpermanenz verfügen. Tatsächlich zeigte sich, daß die Kinder auf das «unmögliche» Verschwinden des Bausteins mit merklichen Zeichen von Verblüffung reagierten. Sie schauten zum Beispiel danach signifikant länger auf das Kartonblatt als wenn der Baustein nur einfach durch das schräg liegende Kartonblatt abgedeckt worden war. Baillargeon (1987) schloß aus diesen Beobachtungen, daß offenbar schon Babies im Alter von vier Monaten gewisse grundlegende Erwartungen in bezug auf das Verhalten von Gegenständen ausgebildet haben dürften.

8.2.5 Anfänge des Spracherwerbs

Im Laufe der Evolution ist bei den Säugetieren eine fortschreitende Entwicklung in bezug auf die Differenziertheit des Vokaltrakts feststellbar. Man kann beispielsweise zeigen, daß die Innervation der Kehlkopfmuskulatur immer komplexer wurde und schließlich beim Menschen durch die besondere Innervation der Stimmlippenmuskulatur eine Feinregulierung der Stimme möglich wurde. Besonders wichtig für das Hervorbringen von Sprachlauten ist die Entwicklung des Traktes über dem Kehlkopf als Resonanzrohr und eine hohe Flexibilität der Artikulationsorgane. Weder bei den Menschenaffen noch bei den frühen Hominiden (z. B. Neandertaler) findet man den charakteristischen rechtwinkeligen Knick des Resonanzraumes zwischen Kehlkopf und Mund. Auch beim Neugeborenen ist diese Konfiguration des Vokaltraktes noch nicht vorhanden. Sie bildet sich erst im Laufe der ersten beiden Lebensjahre vollständig aus.

Bis zur ersten Hälfte des ersten Lebensjahres ist das Schreien und vorsprachliche Vokalisationsverhalten der Kinder weitgehend reflektorischer Natur (Übung angeborener Reflexmechanismen und primäre Kreisreaktionen im Sinne von Piagets Stadien 1 und 2). Die vorsprachlichen Vokalisationen des Kindes in diesem Lebensabschnitt dienen primär der Übung zur Beherrschung des eigenen Vokalisationsapparates. Allerdings ist Sprechenkönnen beim Menschen keine notwendige Voraussetzung für den Erwerb der Sprache (des Sprachverständnisses, des Lesens, des Schreibens), wie einige Berichte über Fälle von Anarthrie (Unfähigkeit zur Artikulation z. B. aufgrund von Schädigungen der beteiligten Organstrukturen und damit Unfähigkeit zur Sprachproduktion) gezeigt haben (z. B. Lenneberg, 1962).

Aus Berichten dieser Art ist übrigens auch abzuleiten, daß der Spracherwerb nicht allein durch operantes Konditionieren erklärbar ist, denn zum Beispiel das vom obengenannten Forscher beobachtete Kind kann nie für korrektes Sprechen belohnt worden sein und konnte trotzdem ein gutes Sprachverständnis entwickeln. Dasselbe gilt für auch für die Nachahmung: Imitationslernen kann für sich allein genommen den Erwerb einer Sprache nicht erklären. Es wird daher vermutet, daß der Mensch über ein angeborenes genetisches Programm verfügt, das ihm den Spracherwerb ermöglicht. Für eine solche Annahme spricht auch das in allen Sprachgruppen weitgehend gleiche Muster des Ablaufs des Spracherwerbs. Auf eine Schreiphase folgt eine Lallperiode mit einem charakteristischen Verlauf der Produktion bestimmter Laute und nach einer Phase mit Lallmonologen erwirbt das Kind schließlich sein erstes Wort, das üblicherweise schon vor dem ersten Geburtstag zur Verfügung steht. Seine Äußerungen nehmen bald an Länge und Komplexität zu und folgen schließlich den zum Teil sehr komplizierten grammatikalischen Regeln der jeweiligen Sprachgemeinschaft. Zum Erwerb dieser Kompetenzen ist weder ein formales Training noch besondere Intelligenz, ja nicht einmal ein explizites Verständnis der angewandten Regeln erforderlich. Der Spracherwerb in der frühen Kindheit folgt damit einem ähnlich universellen und offenbar innengesteuerten Muster wie das Laufenlernen. Zu einem bestimmten Zeitpunkt oder Reifestadium taucht ein bestimmtes Verhalten auf. Der Ablauf dieser Entwicklung kann, ein Minimum an sprachlicher Stimulation vorausgesetzt, durch Umwelteinflüsse nur wenig verzögert oder beschleunigt werden. Sogar der Totalausfall der Hörfähigkeit (z. B. bei angeborener Gehörlosigkeit) kann über den Umweg einer Zeichensprache kompensiert werden. Nur von einem kleinen Prozentsatz schwer hirngeschädigter und geistig behinderter Kinder wird überhaupt keine sprachliche Kompetenz erworben.

Für den Spracherwerb (einer ersten Sprache) dürfte es auch eine kritische Phase geben. Nach der Pubertät scheint ein normaler Spracherwerb der Muttersprache im natürlichen Lernkontext nicht mehr möglich zu sein. Aus ethischen Gründen ist die Beantwortung der Frage nach der oberen Grenze einer solchen kritischen Phase mit experimentellen Methoden nicht möglich. Einige Schlußfolgerungen können aber aus den (glücklicherweise) äußerst seltenen Fällen einer totalen sprachlichen Deprivation von Kindern gezogen werden. Ein solcher Fall von Kindesmißhandlung wurde beispielsweise von der amerikanischen Psycholinguistin Curtiss (1977) berichtet, «das Mädchen Genie». In einer kalifornischen Stadt war im Jahre 1970 ein 13-jähriges Mädchen entdeckt worden, das sein gesamtes Leben bis zum damaligen Zeitpunkt eingesperrt in einem kleinen Raum und ohne jede sprachliche Anregung verbracht hatte, von den Eltern angebunden an ein Kinderstühlchen oder ans Bett, total verwahrlost und unterernährt. Nach einem mehrmonatigen Klinikaufenthalt kam Genie in eine Pflegefamilie. Sie konnte den Spracherwerb teilweise nachholen und war schließlich in der Lage, Sätze mit einer Länge von bis zu acht Wörtern zu bilden. Aber ihr Spracherwerb dauerte vergleichsweise länger als bei einem Kleinkind und ihre Sprache wurde niemals ganz normal. Genie lernte beispielsweise nie das Formulieren von Fragen oder den korrekten Gebrauch von Pronomina wie «ich» oder «du». Trotzdem gab der zu beobachtende Fortschritt zum Staunen Anlaß, denn nach der damals herrschenden Lehrmeinung hatte kein Experte damit gerechnet, daß in dem Alter, in dem sich das Mädchen befand, auch nur ein teilweiser Erwerb einer Erstsprache möglich sein könnte. Dies war aufgrund früherer Fallberichte angenommen worden (z. B. «Der Wilde von Aveyron», «Kaspar Hauser»). Bei allen Fällen dieser Art läßt sich allerdings nur schwer abschätzen, welche bleibenden Defizite auf die Deprivation und welche eventuell auf Hirnschäden zurückzuführen sind.

In der zweiten Hälfte des ersten Lebensjahres sind die Kinder bereits in der Lage, eine ganze Reihe verschiedener Laute gezielt hervorzubringen. Darüberhinaus reagieren sie im Sinne sekundärer Kreisreaktionen auch auf die sprachlichen Äußerungen anderer Personen. Sie können Laute nachahmen, womit die Vokalisationen der Kinder eine klare soziale Komponente bekommen. Oft entsteht dabei eine «Pseudosprache», deren Tonfall echt klingt, die allerdings völlig unverständlich ist.

Zur Zeit seines ersten Geburtstags hat ein Kind üblicherweise «Mama» und «Dada» und vielleicht noch ein oder zwei andere Worte zur Verfügung. Ein aktiver Wortschatz von zehn verständlich gesprochenen Worten steht ihm im Durchschnitt im Alter von 16 Monaten zur Verfügung, 20 Worte mit 17 Monaten. Etwa mit 18 Monaten tritt eine plötzliche Beschleunigung in der Geschwindigkeit des Erwerbs neuer Worte ein. 50 Worte werden im Schnitt schon mit 21 Monaten erreicht, 200 Worte am Ende des zweiten Lebensjahres (Range: zwischen 25 und 450). Zweijährige bilden in der Regel zumindest Zweiwortsätze mit Subjekt und Verb («Wauwau bellt»), Objekt und Verb («Saft haben») oder mit Subjekt und Objekt («Mama Hut»).

Es ist anzunehmen, daß der plötzliche Anstieg des Wortschatzes ab dem Alter von etwa 18 Monaten einen großen Sprung vorwärts in der kognitiven Entwicklung signalisiert, nämlich den Eintritt ins Stadium 6 der sensumotorischen Periode. Das Kind hat dann das Konzept der Objektpermanenz erworben und außerdem begriffen, daß Worte Namen für Objekte sind. Für den weiteren Ausbau der Fähigkeit zum Handeln in der Vorstellung möchte das Kind nun die Bezeichnungen für alle ihm vorstellbaren Gegenstände und Handlungen wissen. Es kommt ins «Fragealter». Dies führt bei einzelnen Kindern (und bei geduldiger Beantwortung ihrer Fragen) schon gegen Ende des zweiten Lebensjahres zu einem Zuwachs des Wortschatzes um bis zu über 100 Worte pro Monat. Die Sprachentwicklung eines Kindes kann gestört werden, wenn es in dieser Zeit keine individuelle Bezugsperson hat, die in der Lage ist, seine unzähligen Fragen geduldig zu beantworten, etwa wenn es in eine Krippe oder zu früh in einen Kindergarten gebracht wird. Das Kind hört dann zu fragen auf und gewöhnt sich daran, neben Dingen zu leben, deren Namen es nicht kennt und die ihm daher auch nicht zu Begriffen werden können. Seine sprachliche Entwicklung verarmt.

Das passive Sprachverständnis eines Menschen ist zu jeder Zeit seines Lebens größer als seine Fähigkeit zu aktiven, expressiven Sprachproduktionen. Dies gilt ebenso für den Umfang des passiven und aktiven Wortschatzes wie für das Verständnis und den Gebrauch komplexer Wendungen oder grammatikalischer Strukturen. Auch Kinder verstehen im Laufe ihres zweiten Lebensjahres bereits viel komplexere sprachliche Äußerungen als sie zu produzieren imstande sind, beispielsweise verstehen sie viele Wörter, die sie noch nie selbst benützt haben, und sie verstehen weitgehend die Umgangssprache, obwohl sie selbst nur in Zweiwortsätzen reden.

In bezug auf die Geschwindigkeit der Sprachentwicklung bei Kindern bestehen interindividuell sehr große Unterschiede. Ein verzögerter Sprachbeginn liegt jedoch sicher dann vor, wenn die ersten Wörter erst nach Vollendung des zweiten Lebensjahres auftreten. In einem solchen Fall ist an das Vorliegen von Hörschäden oder Hirnschäden zu denken, oft handelt es sich dabei um das erste Anzeichen einer späteren geistigen Behinderung, jedoch kann auch die Vernachlässigung der Kinder in Heimen oder in der Familie zu einer Verzögerung des Sprachbeginns führen.

8.3 Sozial-emotionale Entwicklung im ersten und zweiten Lebensjahr

8.3.1 Lächeln, Fremdeln, Trennungsangst

Die beim Neugeborenen noch weitgehend durch Reflexe gesteuerten Fähigkeiten als Sozialpartner verbessern sich bereits in den ersten Lebenswochen des

Babies merklich. Schon während der ersten drei Wochen ist beim schläfrigen oder schlafenden Kind manchmal ein Lächeln festzustellen, anfangs noch ungerichtet und nicht als unmittelbare Reaktion auf einen bestimmten Reiz. Nach den ersten drei Wochen taucht manchmal schon ein Lächeln als Reaktion auf die Stimme der Mutter auf, nach etwa fünf Wochen beginnt das Kind aktiv das Gesicht der Mutter zu fixieren und den Augenkontakt zu suchen, und etwa um die sechste Woche beginnt es schließlich, bei ihrem Anblick zu lächeln. Für die meisten Eltern ist dieser Moment ein wunderbares Ereignis. Hier kann wohl der Beginn der echten Eltern-Kind-Interaktion angesetzt werden, der Zeitpunkt an dem die Eltern anfangen, mit ihrem Kind zu spielen, anstatt einfach nur pflegerische Aufgaben zu erfüllen.

Soziale Stimuli sind für einen Säugling im Alter von etwa zwei Monaten offensichtlich derartig attraktiv und von so zentralem Interesse, daß durch soziale Reize fast alle anderen Tätigkeiten unterbrochen werden können. Ein schreiendes Kind mit zärtlichem Tonfall anzureden, führt meist zu einer sofortigen Orientierungsreaktion des Babies. Sogar während des Stillens führt ein zufälliger Augenkontakt mit der Mutter oft dazu, daß das Kind das Trinken unterbricht, um der Mutter stattdessen zuzulächeln.

Dieses Lächeln (Lächelreaktion, «smiling response») ist allerdings noch nicht als Ausdruck einer echten Objektbeziehung zu betrachten, sondern als Antwort auf eine bestimmte Reizkonstellation. Schon Spitz & Wolf (1946) berichteten, daß sie bei drei bis fünf Monate alten Babies mit Vogelscheuchen und Fratzen das Lächeln ebensogut auslösen konnten wie mit dem menschlichen Gesicht. In einem breiten Rahmen wurde von den Kindern alles angelächelt, was sich über ihr Bettchen beugte.

Ahrens (1954) hat systematisch untersucht, auf welche optischen Reizmuster die Kinder dabei reagieren. Aus diesen Untersuchungen geht hervor, daß anfangs (im Alter von zwei Monaten) bereits zwei gut abgegrenzte, augengroße Punkte auf der oberen Hälfte einer ovalen Pappattrappe zur Auslösung des Lächelns ausreichen, die untere Gesichtshälfte ist überflüssig (Abb. 3). Später (im Alter von fünf Monaten) wirkt neben den Augen vor allem der breitgezogene Mund der Attrappe lachauslösend. Bei einem im Profil gezeigten Gesicht

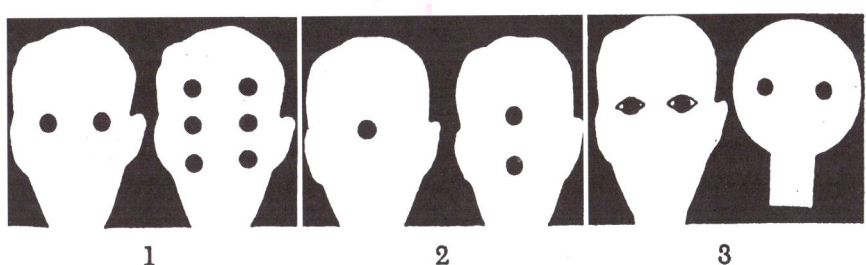

Abbildung 3: Als «Attrappen» benützte Reizkonfigurationen, wie sie schon bei den Untersuchungen von Ahrens (1954) verwendet wurden.

erlischt das Lächeln allerdings, es ist immer auch die Konfiguration Augen-Stirn als Signal einer frontalen Zuwendung nötig. Erst gegen Ende des fünften Monats läßt die Ansprechbarkeit auf Attrappen nach, die Kinder unterscheiden zunehmend zwischen einer Attrappe und einem wirklichen Gesicht. Etwa mit acht Monaten (Piagets Stadium 4) ist schließlich die Differenziertheit der Wahrnehmung soweit fortgeschritten, daß das Kind nicht nur zwischen verschiedenen Gesichtsausdrücken, sondern auch zwischen bekannten und fremden Gesichtern unterscheiden kann. Es lächelt nur noch einer bekannten Person zu, es «fremdelt» Unbekannten gegenüber («Achtmonatsangst»).

Während die Lächelreaktion des Säuglings nur zeigt, daß das Kind grundsätzlich in der Lage ist, einen menschlichen Partner zu erkennen, zeigt die «Achtmonatsangst», daß das Kind eine wirklich neue Stufe der Entwicklung sozialer Beziehungen beschritten hat. Gleichzeitig ist ab dem Alter von acht Monaten bei den Kindern auch eine deutliche Zunahme von Trennungsangst festzustellen, wenn sie in einer unvertrauten Umgebung von ihrer Hauptbezugsperson alleine gelassen werden. Das Fremdeln und die Zeichen ausgeprägter Trennungsangst verschwinden im allgemeinen erst jenseits des zweiten oder dritten Lebensjahres wieder. Diese Reaktionen treten bei Kindern transkulturell auf, sind bei allen Rassen, Völkern, Sprachgemeinschaften und unter den verschiedensten Familientypen und sozialen Aufwachsbedingungen zu beobachten (Kagan, Kearsley & Zelazo, 1978 berichten z. B. von Untersuchungen an afrikanischen Buschleuten, an Indianern aus Guatemala, an Kindern in israelischen Kibbuzim und an Kindern aus nordamerikanischen Großstädten).

8.3.2 Die Bindung zur Bezugsperson und der Fremde-Situations-Test

Die bereits geschilderte Bevorzugung sozialer Stimuli bei Säuglingen und das Lächeln als Reaktion auf den Anblick eines menschlichen Gesichtes können (wie auch einige Reflexe des Neugeborenen) als uralte Relikte aus der Stammesgeschichte des Menschen gedeutet werden, die sich aufgrund ihrer zentralen Bedeutung für das Überleben der Art herausgebildet und erhalten haben. Auf diesem Hintergrund dürfte auch das Phänomen der sozial-emotionalen Bindung des Kleinkindes an seine Bezugsperson zu verstehen sein.

Der in diesem Zusammenhang bekannteste Forscher, der Londoner Psychoanalytiker John Bowlby, ist der Ansicht, daß das Phänomen der sozialen Bindung (attachment) bei höheren Säugetieren und beim Menschen die Funktion hatte und hat, die Nähe einer Schutz bietenden Pflegeperson zu gewährleisten. Diesem Zweck dienen angeborene Reflexe und Verhaltensmuster des Säuglings (Schreien, Hand- und Fußgreifreflex, Rooting-Reflex, Moro-Reflex, smiling response), die die Grundlage des «Bindungsverhaltenssystems» der Kinder bilden (vgl. dazu auch die bekannten Beobachtungen von Konrad Lorenz, 1937 zum Phänomen der «Prägung»). Dem Bindungsverhalten des Kleinkin-

84

des entspricht auf seiten der Mutter das Pflegeverhalten, eine positive Beantwortung der Bedürfnisse des Kindes. Nach Bowlby gibt es auch bei der Mutter eine biologische Prädisposition, ein affektives Band zum Kind aufzubauen. Den Signalen des Kindes kommt dabei eine Auslöserfunktion zu (z. B. «Kindchenschema»; Lorenz, 1943).

Bowlby (1969) unterscheidet vier Phasen der Entwicklung der emotionalen Bindung eines Kindes an seine Bezugsperson:

1. Anfänglich ist der Säugling allgemein sozial ansprechbar, zwischen verschiedenen Personen wird nicht unterschieden (Beispiele siehe weiter oben).

2. Beginnend mit etwa einem halben Jahr, schränken sich die sozialen Reaktionen des Säuglings allmählich auf wenige vertraute Personen ein.

3. Zwischen sechs Monaten und drei Jahren wird die Bindung des Kindes an eine vertraute Person besonders deutlich. Dieser Zeitraum dürfte eine kritische Periode darstellen, in der die Grundlagen für die Entwicklung der emotionalen Bindungsfähigkeit beim Menschen gelegt werden müssen. Das Kind bildet dabei innere Strukturen aus, die es in der Folge wieder unabhängiger von der Bezugsperson machen. Eine längere Trennung in dieser Zeit (eine Woche reicht) kann das Kind in einen depressionsähnlichen Zustand («anaklitische Depression») stürzen, vor allem wenn kein gleichwertiger Ersatz für die Bezugsperson vorhanden ist, um eine neue Bindung einzugehen.

4. Nach dem dritten Lebensjahr sind schließlich die Kinder üblicherweise in der Lage, die Abwesenheit der Bezugsperson ohne Weinen zu bewältigen und für eine Weile zu ertragen. Sie können sich die abwesende Person vorstellen und antizipieren, daß sie bald wieder da sein wird.

Auch das Phänomen des Attachment tritt in allen Kulturen dieser Erde auf. Praktisch alle Kinder gehen eine Bindung dieser Art ein. Ausnahmen wurden eigentlich nur bei extrem ungünstigen Aufwachsbedingungen, beispielsweise in Heimen oder Krankenhäusern, beobachtet und auch dann nur, wenn absolut niemand erreichbar war, an den sich das Kind hätte attachieren können. Rutter (1979) stellte nach einer Durchsicht der entsprechenden Forschungsberichte fest, daß solche Kinder, die niemals ein Attachment erleben konnten (unattached children), in bezug auf ihre soziale und emotionale Entwicklung eine eher ungünstige Prognose aufweisen. Im Kindesalter tendieren sie dazu, sich distanzlos an jeden erreichbaren Erwachsenen zu hängen und mit allen Mitteln Aufmerksamkeit zu fordern. Sie wirken oft rastlos, kommen schlecht mit anderen Kindern und mit Erwachsenen aus und nur wenige von ihnen schaffen es jemals in ihrem Leben, eine längere Beziehung mit wem auch immer einzugehen.

Mary Ainsworth (1977) wies besonders auf die Bedeutung der Bezugsperson als *sichere Basis* (secure base) hin, von der aus die Kinder im zweiten Lebensjahr ihre Ausflüge zur Erkundung der Umwelt starten. Alles, was das

Kind erschreckt, ängstigt oder ihm Schmerzen verursacht, führt im allgemeinen zur blitzartigen Rückkehr zu dieser Basis und zu einer Aktivierung des Bindungsverhaltenssystems (z. B. Anklammern an die Mutter). Nach Befriedigung dieser Bedürfnisse ist das Kind in der Lage, das Explorationsverhalten wieder aufzunehmen. Eine sichere Bindung scheint deshalb besonders wichtig für die Entwicklung der Erkundungsfähigkeit und letztlich förderlich für den Erwerb der verschiedensten Kompetenzen und für das Lernen schlechthin zu sein. Kinder unterscheiden sich aber, laut Ainsworth, in bezug auf die Sicherheit ihres Attachments. Sie entwickelte mit ihren Mitarbeitern einen Test zur Unterscheidung von Kindern mit einer sicheren und einer unsicheren Bindung, den Fremde-Situations-Test («Strange Situation»; Ainsworth, Blehar, Waters & Wall, 1978). Das Attachment der Kinder wird mit diesem Test als «sicher», «unsicher-vermeidend» oder als «unsicher-ambivalent» klassifiziert. Der Test wird meist im Alter von 12 Monaten durchgeführt. In vielen neueren Forschungsarbeiten konnte gezeigt werden, daß zwischen Kindern mit einer so festgestellten sicheren und Kindern mit einer unsicheren Bindung deutliche Unterschiede festzustellen sind, die zu einem gewissen Grad auch zukünftige Charakteristika vorhersagen lassen.

Kinder mit sicherer Bindung sind generell freundlicher zu unbekannten Erwachsenen und Kindern, noch im Kindergartenalter erweisen sie sich im Schnitt als kompetenter in bezug auf ihre Fähigkeiten im Problemlösen und in bezug auf eine Reihe von sozialen und motorischen Fertigkeiten (Suess, Grossmann, & Sroufe, 1992). Sie haben ein höheres Selbstwertgefühl und kommen im allgemeinen besser mit Gleichaltrigen aus. Dies ist auch noch im Alter von zehn Jahren festzustellen (Elicker, Englund & Sroufe, 1992). Die Kinder mit einem unsicher-vermeidenden Attachment neigen im Vorschulalter mit erhöhter Wahrscheinlichkeit zu Aggressivität und Impulsivität, jene mit unsicher-ambivalenter Bindung zu Ängstlichkeit und Scheu. Kinder aus beiden Gruppen mit unsicherer Bindung fallen als Sechsjährige mit erhöhter Wahrscheinlichkeit als emotional gestört auf (Lewis, Feiring, McGuffog & Jaskir, 1984).

Da der *Fremde-Situations-Test* zu einer Standardprozedur zur Beurteilung des Attachments von Kindern geworden ist und in hunderten von Forschungsarbeiten verwendet wurde, soll er hier kurz skizziert werden: Die Prozedur beginnt damit, daß Mutter und Kind in einen ihnen völlig unbekannten Raum gebracht werden, in dem einige Spielsachen für das Kind vorbereitet sind. Die beiden bleiben zuerst gemeinsam im Raum und das Kind darf mit den Spielsachen spielen. Dann verläßt die Mutter zweimal für kurze Zeit den Raum, zuerst während noch eine andere unbekannte weibliche Person beim Kind im Raum ist, beim zweitenmal bleibt das Kind vollkommen allein zurück. Das Verhalten des Kindes beim Weggehen der Mutter und bei ihrer Rückkehr wird beobachtet und beurteilt. Das Verhalten eines Kindes mit einem sicheren Attachment soll sich dadurch auszeichnen, daß es sich während der Anwesenheit der Mutter für die Spielsachen interessiert (Explorationsverhalten zeigt). Wenn die Mutter den Raum verläßt, wird das Kind weinen oder vielleicht auch nicht weinen, jedenfalls aber zu spielen aufhören oder in seinem Spiel merklich irritiert wirken. Wenn die Mutter zurückkommt, wird es sie erfreut begrüßen und, falls es geweint hat, sich bald wieder beruhigen und dann sein Spiel wieder aufnehmen können. Die Reaktion der Kinder auf die Rückkehr der Mutter soll besonders aufschlußreich zur Beurteilung der Qualität des Attachments sein. Ein unsicher gebundenes Kind wird auf die Rückkehr der Mutter nicht mit eindeutiger Freude reagieren, sondern beispielsweise zwischen einem Muster von Anklammern und Zurückstoßen wechseln. Dies wird als Indiz für das Vorliegen einer unsicher-ambivalenten Bindung betrachtet. Eine unsicher-vermeidende Bindung wird diagnostiziert, wenn das Kind die Mutter bei ihrer Rückkehr überhaupt vollkommen ignoriert. Etwa 70 Prozent der amerikanischen Kinder erweisen sich üblicherweise nach diesen Kriterien als sicher gebunden, etwa 20 Prozent werden als unsicher-vermeidend und 10 Prozent als unsicher-ambivalent klassifiziert.

Daß die in Amerika entwickelten Richtlinien zur Auswertung und Interpretation des Tests auf andere Länder direkt übertragbar sind, kann bezweifelt werden. Bei der Anwendung des Fremde-Situations-Tests in anderen Kulturen oder in bestimmten Subkulturen werden jedenfalls bisweilen auffällige Abweichungen von den in Amerika zu erwartenden Ergebnissen berichtet. So reagieren beispielsweise japanische Kinder, die während des ersten Lebensjahres praktisch nie alleingelassen werden, meist derartig verschreckt auf die für sie völlig ungewohnte Situation, daß sie aufgrund ihres auffälligen Verhaltens nach den Kriterien des Tests schließlich zu einem wesentlich größeren Prozentsatz als unsicher-ambivalent gebunden klassifiziert werden müssen. Hingegen sind in Japan praktisch keine unsicher-vermeidenden Kinder zu beobachten (Nakagawa, Lamb & Miyake, 1992).

Bei Untersuchungen mit deutschen Kindern wurde dagegen fast die Hälfte (49 Prozent) der Kinder als unsicher-vermeidend eingestuft, während nur ein Drittel der Kinder als sicher gebunden betrachtet werden konnte. Grossmann & Grossmann (1990) machten dafür aber nicht etwa besonders unsensible Praktiken der Kindererziehung durch die deutschen Eltern verantwortlich, sondern die in Deutschland herrschenden kulturellen Normen in bezug auf einen relativ distanzierten zwischenmenschlichen Umgang mit wenig Körperkontakt, an den die Kinder schon frühzeitig gewöhnt werden.

Stellvertretend für die vielen empirischen Forschungsarbeiten, in denen der Fremde-Situations-Test Verwendung fand, und zur weiteren Illustration einiger Probleme mit diesem Verfahren seien noch die Ergebnisse von angloamerikanischen Studien über die Auswirkung der mütterlichen Berufstätigkeit erwähnt. Clarke-Stewart (1989) analysierte beispielsweise die Ergebnisse von Forschungsarbeiten, in denen die Kinder von vollzeitbeschäftigten berufstätigen Müttern mit jenen von nicht berufstätigen oder höchstens teilzeitbeschäftigten Müttern verglichen wurden. In 14 publizierten Studien waren insgesamt 1247 Mütter und ihre Kinder beobachtet worden. Nur 64 Prozent der Kinder von berufstätigen Müttern erwiesen sich im Fremde-Situations-Test als sicher gebunden, während die Kinder der Vergleichsgruppe zu 71 Prozent als sicher gebunden klassifiziert worden waren. In diesem Sinne müßte die ganztägige Berufstätigkeit beider Elternteile als Risikofaktor für das Auftreten eines unsicheren Attachments bei den davon betroffenen Kindern betrachtet werden. Interessanterweise jedoch zeigten die als unsicher gebunden eingestuften Kinder der berufstätigen Mütter nicht die sonst für diese Gruppe charakteristischen Probleme, es mangelte ihnen beispielsweise nicht an Freundlichkeit oder Kompetenz. Clarke-Stewart erklärte diesen Widerspruch mit der Annahme, daß der Fremde-Situations-Test für die Beurteilung des Attachments der Kinder Berufstätiger nicht geeignet sei, denn diese Kinder erlebten die Strange Situation jeden Tag und seien daran gewöhnt, allein oder mit einer fremden Person in einem Raum zu bleiben. Nachdem diese Situation für sie keinen besonderen Stress mehr bedeutete, hatten sie es in der Testsituation auch nicht nötig, beim Auftauchen ihrer Mütter auf diese zuzulaufen und besonderes Bindungsverhalten zu zeigen, und waren daher folgerichtig, aber fälschlicherweise einer der beiden Gruppen mit unsicherer Bindung zugeordnet worden.

8.3.3 Sauberkeitstraining

Jede menschliche Gesellschaft legt Wert darauf, daß ihre Mitglieder in bezug auf ihre Ausscheidungsfunktionen eine gewisse Beherrschung an den Tag legen und nicht ungehemmt zu jeder Zeit überallhin defäzieren. Das bedeutet, daß in jeder Kultur irgendwann einmal der Zeitpunkt kommt, zu dem von den Kindern eine Anpassung an die ortsüblichen Sitten im Umgang mit ihren Exkrementen erwartet wird. In bezug auf diesen Zeitpunkt gibt es aber enorme Unterschiede zwischen einzelnen Völkern und sozialen Gruppen. Ethnologen berichteten beispielsweise von südamerikanischen Indianerstämmen, bei denen die Kinder erst mit drei Jahren gezielt zur Sauberkeit angehalten werden (z. B. Whiting & Child, 1953) ebenso wie von afrikanischen Stämmen, bei denen im Alter von zwei bis drei Wochen (!) mit einer trickreichen Prozedur des Sauberkeitstrainings begonnen wird, das spätestens abgeschlossen ist, wenn das Kind laufen kann (z. B. deVries & deVries, 1977; Whiting & Child, 1953).

Es gibt aber auch innerhalb ein und derselben Kultur beträchtliche zeitabhängige Unterschiede. So war es hierzulande noch bis in die Sechzigerjahre üblich, mit dem Sauberkeitstraining der Kinder im Alter von einem Jahr zu beginnen, was den Effekt hatte, daß üblicherweise 14 Monate alte Kinder während des Tages trocken waren. Heute nässen und koten die Kinder der westlichen Industrienationen oft bis zum Alter von drei oder vier Jahren in ihre Windelhosen, wobei pro Kind und Jahr etwa 2000 Wegwerfwindeln verbraucht werden. Viele Kinderärzte sind jetzt sogar der Ansicht, daß Versuche eines Sauberkeitstrainings vor dem 18. oder dem 24. Lebensmonat völlig sinnlos seien, weil die Blasen- und Mastdarmkontrolle Reifungsvorgänge voraussetze, die vor diesem Alter noch nicht gegeben seien. Erst jenseits des vierten Lebensjahres wird Einnässen und Einkoten heute als behandlungsbedürftige Enuresis und Enkopresis betrachtet (vgl. z. B. Petermann & Essau, 1995; Schulte & Spranger, 1993).

Die heute festzustellende Vorsicht in bezug auf Empfehlungen zum günstigsten Zeitpunkt für den Beginn des Sauberkeitstrainings ist sicher unter anderem auf den Einfluß der Lehren Sigmund Freuds zurückzuführen. Freud nahm bekanntlich an, daß durch ein verfrüht oder zu streng durchgeführtes Sauberkeitstraining eine Fixierung auf der analen Stufe der psychosexuellen Entwicklung ausgelöst und bleibende Schäden für die Persönlichkeitsentwicklung des Kindes verursacht werden können, die sich im Erwachsenenalter in Form des «analen Charakters» äußern (z. B. in zwanghafter Impulskontrolle, Gehemmtheit und Genauigkeit oder aber im Gegenteil, in einem ebenso zwanghaft trotzigen Kampf gegen jede Kontrolle und Autorität). Ähnliches wie für die Empfehlungen in bezug auf das Sauberkeitstraining gilt auch für die Empfehlungen zum geeigneten Zeitpunkt des Abstillens und der Angst vor der Auslösung einer «oralen Fixierung». Eine empirische Bestätigung der Freudschen Spekulationen liegt allerdings nicht vor.

9. Vorschulalter

Im Alter von etwa 2 ½ Jahren sind Kinder bereits in der Lage, recht sicher zu gehen und zu laufen, womit das Ende jenes Abschnittes markiert wird, der von den amerikanischen Entwicklungspsychologen als «Toddlerhood» bezeichnet wird. Das Vorschulalter (preschool period) beginnt, wobei mit dieser Bezeichnung nicht impliziert werden soll, daß die Kinder jetzt eine Vorschule besuchen oder besuchen sollten, sondern nur, daß sie noch zu jung für eine Einschulung in die Elementarschule sind. In der Folge soll auf einige Aspekte der körperlichen, kognitiven und sozial-emotionalen Entwicklung von Kindern im Vorschulalter eingegangen werden.

9.1 Körperliche Entwicklung im Vorschulalter

9.1.1 Größe, Gewicht, Schlaf, Ernährung, Gesundheit

Mit 2 ½ Jahren sind europäische und amerikanische Kinder im Schnitt etwa 90 cm groß und etwa 14 kg schwer. Die interindividuellen Abweichungen von diesen Durchschnittswerten stehen bereits in einem Zusammenhang mit der Größe und dem Gewicht, das schließlich im Erwachsenenalter erreicht werden wird. Dies ermöglicht erstmals eine grobe Vorhersage der Erwachsenenkörpergröße aufgrund der Größe der Kinder selbst. Die beste Schätzung der Erwachsenenkörpergröße für Knaben errechnet sich beispielsweise, indem man die Körperlänge des 2 ½jährigen Kindes mit dem Faktor 1.94 multipliziert (Tanner, 1978). (Eine grobe Schätzung aufgrund der Körpergröße der Eltern ergibt sich aus dem Mittelwert der Größe von Mutter und Vater plus 6,5 cm für Knaben und minus 6,5 cm für Mädchen.)

Obiges bedeutet auch, daß Kinder mit 2 ½ Jahren bereits mehr als die Hälfte ihrer endgültigen Körpergröße erreicht haben. Das Wachstum der Kinder verlangsamt sich in den nächsten Jahren zunehmend, die Zunahme an Größe und Gewicht ist in den ersten 2 ½ Lebensjahren mehr als doppelt so groß wie in den zweiten 2 ½ Jahren. Knaben sind im Vorschulalter im Schnitt etwas größer und schwerer als Mädchen und weisen in ihrem Körper einen geringeren Anteil von Fettgewebe auf.

Die auffallendsten Veränderungen der Körperproportionen im Vorschulalter bestehen bei beiden Geschlechtern in einer relativen Streckung, d. h. Verlängerung der Gliedmaßen im Verhältnis zum Rumpf und in einer größeren Strekkung des Rumpfes im Vergleich zum Kopf, wodurch der körperliche Gesamteindruck weniger kopflastig wird. Durch die Streckung des Rumpfes und die Entwicklung der Bauchmuskulatur wird außerdem der Bauch viel flacher. Da sich die Wachstumsgeschwindigkeit im Vorschulalter wesentlich verringert, brauchen die Kinder im Vergleich zu den ersten beiden Jahren relativ zu ihrem Körpergewicht (also gemessen in kJ/kg/Tag) auch weniger Energiezufuhr, das heißt, sie sind weniger hungrig. Neben der Tatsache, daß Kinder im Vorschulalter dazu tendieren, alle ihnen unbekannten Speisen zuerst einmal grundsätzlich abzulehnen, führt dies dazu, daß Vorschulkinder oft heikle und schwierige Esser sind.

Das Vorschulalter ist üblicherweise eine Zeit mit vielen kleineren und größeren gesundheitlichen Problemen, in den meisten Fällen banale Infekte und Verkühlungen, Ohrenentzündungen und Verdauungsbeschwerden. Kinder, die während des Tages außerhäusliche Betreuungseinrichtungen besuchen, werden häufiger krank als solche, die zu Hause bleiben können. Auf längere Sicht kann sich das aber eher als Vorteil erweisen, weil die Kinder damit im Sinne einer Aktivimmunisierung bis zum Zeitpunkt des Schuleintritts eine gewisse Resistenz gegen jene Keime entwickeln können, mit denen sich ihr Immunsystem schon auseinandersetzen mußte. Bis zur Zeit des Schuleintritts stabilisiert sich das gesundheitliche Befinden der Kinder wieder, sie erkranken weniger häufig und reagieren auf Infekte mit weniger hohem Fieber.

Das Vorschulkind braucht auch schon weniger Schlaf als Kinder im Laufe des ersten oder zweiten Lebensjahres, das Mittagsschläfchen wird gewöhnlich gegen Ende der Vorschulzeit aufgegeben. Bis zum Alter von drei bis vier Jahren verbessert sich die Blasen- und Mastdarmkontrolle der Kinder soweit, daß sie während des Tages generell trocken bleiben und auf Toilettenbedürfnisse jederzeit selbst adäquat reagieren können (was aus praktischen Gründen eine Voraussetzung für die Aufnahme in einen Kindergarten ist). Auch während der Nacht bleiben am Ende der Vorschulzeit (im Alter von sechs Jahren) bereits 85 Prozent der Kinder trocken (Harris & Liebert, 1992).

9.1.2 Psychomotorik

Wenn sie nicht gerade schlafen oder fernsehen, sind Kinder im Vorschulalter praktisch dauernd in Bewegung. Die meisten der von ihnen geschätzten Spiele (z. B. Abfangen und Verstecken) erfordern unaufhörliche körperliche Bewegung und tragen damit weiter zur Übung ihrer motorischen Fertigkeiten bei. Diese Fertigkeiten verbessern sich während der Vorschulzeit rasant. Einige Beispiele mögen dies verdeutlichen: Dreijährige beherrschen üblicherweise bereits das Fahren mit einem Dreirad oder Kettcar perfekt, sie können auf Zehenspitzen gehen und wie Erwachsene Treppen nach oben steigen. Nach unten wird freihändiges Treppensteigen mit Beinwechsel erst im Alter von etwa vier Jahren gekonnt. Vierjährige können außerdem bereits auf einem Bein springen, einen großen Ball fangen, einen geraden Schnitt mit einer Schere ausführen und ihre Kleider selbständig anziehen. Fünfjährige können auch schon die Knöpfe ihrer Kleidung selbst zumachen, ihre Schuhbänder binden und bewegen sich insgesamt beinahe schon wie Erwachsene. Mit sechs Jahren wird von vielen Kindern bereits das Fahren mit einem Zweirad (ohne Stützräder) beherrscht.

Die Verbesserung der motorischen Fertigkeiten der Kinder resultiert aus einer Kombination der Effekte körperlicher Reifungsprozesse mit den Effekten von Lernen und Übung. Dabei sind nach Harris & Liebert (1992) drei basale Faktoren für die Fortschritte verantwortlich, nämlich (1) das Erlangen willentlicher Kontrolle über die Bewegungen der verschiedenen Körperteile, (2) der Erwerb einer korrekten Vorstellung vom eigenen Körper (body image) und (3) die Fähigkeit zur bilateralen Koordination, d. h. zur Koordination der Bewegungen von beiden Seiten des Körpers (linke und rechte Hand, linkes und rechtes Bein, abwechselnd oder gleichzeitig).

Im Laufe der Vorschulzeit verbessert sich sowohl die Genauigkeit wie auch die Geschwindigkeit der Bewegungen der Kinder. Auch ihre Reaktionszeiten werden deutlich kürzer, wie in einer Studie von Brown, Sepehr, Ettlinger & Skreczek (1986) schön gezeigt wurde. Die untersuchten Kinder sollten dabei mit ihrer Hand so schnell wie möglich auf einen Knopf drücken, sobald dieser aufleuchtete. Die durchschnittliche Reaktionszeit (die Zeitdauer zwischen dem Aufleuchten des Lämpchens und dem Beginn der Handbewegung) betrug bei Zweijährigen noch eine ganze Sekunde und lag schon bei Fünfjährigen bei nur noch einer halben Sekunde.

Zur Beurteilung des Standes der motorischen Entwicklung von Vorschulkindern gibt es eine Reihe von speziellen Entwicklungstests. Auch die meisten allgemeinen Entwicklungstests beinhalten einen oder mehrere Subtests zur Beurteilung des motorischen Entwicklungsstandes. Einen Überblick über die zur Verfügung stehenden Entwicklungstests bieten u. a. die Bücher von Rennen-Allhoff & Allhoff (1987) und Rauchfleisch (1993). Informationen über die für diagnostisch tätige PsychologInnen lieferbaren Tests werden auch von der Testzentrale des Berufsverbandes Deutscher Psychologen (1996) in Form eines Katalogs publiziert.

9.2 Kognitive Entwicklung im Vorschulalter

9.2.1 Piagets Stufe des präoperationalen anschaulichen Denkens

Das Vorschulalter deckt sich in bezug auf die kognitive Entwicklung weitgehend mit Piagets Phase (oder Stufe) des voroperatorischen (präoperationalen) anschaulichen Denkens. Diese Phase beginnt nach Piaget spätestens mit dem vollendeten zweiten und endet ungefähr mit dem siebenten Lebensjahr. Die Kin-

93

der sind nun schon in der Lage, über konkrete Ereignisse auf der Ebene der Vorstellung nachzudenken, sie werden damit immer unabhängiger von der direkten Beobachung von Dingen und Vorgängen. Sie verbessern im Laufe dieser Phase ihre Fähigkeit zum logischen Denken, ohne allerdings den Regeln der Erwachsenenlogik schon ganz gerecht werden zu können.

Die Kinder beginnen in zunehmendem Maße, Symbole und Zeichen (mentale Repräsentationen, Worte, Gesten) in ihre Denkprozesse miteinzubeziehen, Piaget spricht vom «repräsentativen Denken», das im Vergleich zur sensumotorischen Phase völlig neue Möglichkeiten eröffnet. Ein Beispiel zur Verdeutlichung: Ein Vorschulkind kann ein Auto bereits für sich repräsentieren a) durch das Wort «Auto», b) durch sein Vorstellungsbild eines Autos, c) durch die Bewegung des Lenkraddrehens, d) durch das Modell eines Autos und e) falls nötig auch durch einen beliebigen anderen Gegenstand. Piaget nennt diese Fähigkeit, ein Objekt oder Phänomen durch ein anderes zu ersetzen, die semiotische Funktion.

Sprache ist jedoch nach Piagets Meinung zum Denken nicht unbedingt nötig. Nicht die Sprache ermöglicht das Denken, sondern die Entwicklung des repräsentativen Denkens ermöglicht den Gebrauch der Sprache, die aus diesem Blickwinkel betrachtet nur eine semiotische Funktion ist, bei der Objekte durch sprachliche Zeichen repräsentiert werden können. Das Denken geht aus Piagets Sicht also der Sprache voraus. Die Verwendung der Sprache ist für den Aufbau kognitiver Strukturen aber zweifellos hilfreich. Durch sprachliche Begriffe können den Kindern Informationen übermittelt werden, die sie sich sonst nicht ohne weiteres unmittelbar erschließen könnten. Ausgehend von der bereits gegen Ende der sensumotorischen Periode erfolgten Entdeckung, daß es für jedes Objekt einen Namen gibt, ist der Umkehrschluß für die Kinder einleuchtend, daß es nämlich für jeden sprachlichen Begriff auch ein zugehöriges Objekt oder einen zugeordneten Vorstellungsinhalt geben muß. Sprache liefert damit einen wichtigen Beitrag beim Aufbau des sich entwickelnden kognitiven Systems.

Das Denken in Symbolen und Zeichen ist zwar ein großer Fortschritt im Vergleich zum sensumotorischen Denken, aber die kognitiven Prozesse in der präoperationalen Phase sind trotzdem noch in vielerlei Hinsicht eingeschränkt. Nach Piaget sind wesentliche Merkmale des präoperationalen Denkens der Egozentrismus und die mangelnde Reversibilität. Damit ist gemeint, daß der präoperationale Denker noch ausgesprochene Schwierigkeiten dabei hat, sich ein und dieselbe Sache aus verschiedenen Blickwinkeln und Perspektiven vorzustellen, sowie die Umkehrbarkeit von Handlungen in seine Denkprozesse miteinzubeziehen.

In diese Richtung zielen auch Piagets Untersuchungen zum Erhaltungsbegriff (der Menge, der Zahl, der Länge, des Gewichts, des Volumens). Eine seiner berühmt gewordenen Aufgaben, die er Kindern zur Erforschung ihrer kognitiven Prozesse stellte, ist die sogenannte Umschüttaufgabe. Dabei werden einem Kind zwei gleich niedere und breite Glasgefäße gezeigt, in denen sich die gleiche Menge einer Flüssigkeit befindet. Nachdem das Kind festgestellt hat, daß die beiden Gefäße die gleiche Menge der Flüssigkeit enthalten, schüttet man vor seinen Augen den Inhalt des einen Gefäßes in ein höheres mit einem geringeren Durchmesser. Nach Betrachtung der dabei entstandenen verschieden hohen Flüssigkeitssäulen in den beiden Gefäßen werden die Versuchsteilnehmer gefragt, in welchem Gefäß sich nun mehr Flüssigkeit befinde. Bei Piagets Untersuchungen antworteten Kinder bis zu einem Alter von etwa sechs bis sieben Jahren, daß sich nun in dem höheren Gefäß mehr Flüssigkeit befinde. Erst Kinder im Alter von acht bis neun Jahren lösen die Umschüttaufgabe in der Regel ohne Probleme. Sie erläutern ihre Antwort dann damit, daß man die Flüssigkeit aus dem hohen Behälter ja nur zurückgießen brauche, um zu sehen, daß das niedere, breite Gefäß nun wieder genauso voll sei wie ursprünglich. Die älteren Kinder konnten also den Umschüttvorgang gedanklich auch in umgekehrter Richtung ablaufen lassen, was Piaget mit dem Begriff der «Reversibilität» bezeichnete. Diese gedankliche Umkehrung ist nach Piaget erst auf der Stufe der konkreten Operationen zu leisten.

9.2.2 Sprachentwicklung im Vorschulalter

Wie bereits erwähnt, können Zweijährige in der Regel bereits Zweiwortsätze mit Subjekt und Prädikat oder Objekt bilden. Im Alter von etwa 2 1/2 Jahren bilden die Kinder schon Dreiwortsätze und noch ein Jahr später äußern sie bereits Sätze von beachtlicher grammatikalischer Komplexität. Das fünfjährige Kind kann schon fast wie ein Erwachsener Wünsche äußern, etwas vorschlagen, Fragen stellen und beantworten und Begründungen für sein Verhalten geben. Doch nicht nur die grammatikalische Kompetenz steigert sich während der Vorschuljahre, auch der Wortschatz erweitert sich enorm. Zweijährige beherrschen durchschnittlich etwa 200 Wörter, zu Beginn der Schulzeit haben die Kinder im Schnitt bereits einen aktiven Wortschatz von etwa 2'500 Wörtern zur Verfügung und verstehen etwa 13'000 Wörter (Benedict, 1979). Zum Vergleich: Ein gebildeter europäischer Erwachsener verwendet aktiv in seiner Muttersprache etwa 20'000 bis 25'000 Wörter.

Die Bestimmung des Umfanges des aktiven und passiven Wortschatzes ist mit fortschreitender Entwicklung der sprachlichen Fähigkeiten der Kinder immer schwieriger durchzuführen. Während in den ersten beiden Lebensjahren noch einfach ausgezählt werden kann, wieviele Wörter ein Kind verwendet, kann man bereits im Vorschulalter nur noch Schätzungen erarbeiten. Zur Bestimmung der relativen Position von Kindern im Vergleich zu ihren Altersgenossen gibt es Wortschatztests, bei denen meist auf Bildern dargestellte Objekte oder Begriffe benannt werden sollen. An einer solchen Stichprobe von Begriffen kann die Leistung eines getesteten Kindes im Vergleich zu seiner Altersgruppe erfaßt und in Form von Prozentrangwerten ausgedrückt werden.

Die Frage, nach welchen Prinzipien der Erwerb von neuen Wörtern vor sich geht, hat viele Diskussionen unter Psychologen und Linguisten ausgelöst (vgl. Szagun, 1993). Wenn Kinder ein neues Wort hören, stellen sie offensichtlich eine vorläufige Hypothese über seine Bedeutung auf und überprüfen diese Hypothese durch Benutzung des Wortes. Diese Aufgabe ist jedoch von ungeheurer Komplexität. Zur Illustration möge folgendes in diesem Zusammenhang oft strapaziertes Beispiel dienen: Ein Kind sieht einen braunen Jagdhund mit einem Knochen im Maul über eine grüne Wiese laufen. Ein Erwachsener deutet in die Richtung und sagt «Hund». Wie ist es zu erklären, daß ein Kind nach einem solchen Erlebnis eher geneigt ist anzunehmen, daß sich das Wort «Hund» auf den Hund bezieht und nicht auf das Laufen oder auf den Knochen oder auf den Hund plus Knochen oder die braune Farbe oder das Gras oder eine andere Kombination von Elementen aus der ganzen Szene. Die Frage stellt sich, wie das Kind angesichts dieser monumentalen Aufgabe zu einer Treffsicherheit seiner Annahmen kommt, die diese Aufgabe überhaupt bewältigbar macht. Von verschiedenen Forschern wurde dazu eine ganze Reihe von Mechanismen vorgeschlagen, durch die die Anzahl der in Frage kommenden Objekte beschränkt wird. Einer dieser Mechanismen ist die (möglicherweise angeborene) Tendenz, anzunehmen, daß sich ein neues Wort entweder auf ein Objekt oder auf eine Handlung bezieht, aber nicht auf beides zugleich. Vorschulkinder scheinen außerdem anzunehmen, daß sich ein neues Wort für ein Objekt eher auf das ganze Objekt bezieht als auf seine Teile (Waxman & Kosowski, 1990). Sehr schön belegt ist die Tatsache, daß Vorschulkinder recht spezifische Vorstellungen in bezug auf die Enge oder Weite der verwendeten Kategoriebegriffe haben (Waxman, Shipley & Sheperson, 1991). Getreu der Vorstellung, daß jedes Ding einen eigenen Namen hat, gehen Kinder im Vorschulalter davon aus, daß der verwendete Begriff bedeutungsmäßig auf einer sehr basalen Abstraktionsebene liegt («Hund» und nicht «Tier» oder «Lebewesen»).

Lernen auf dieser Ebene ermöglicht eine weitere Schlußfolgerung, nämlich das Prinzip des Kontrasts. Wenn jedes Wort eine andere Bedeutung hat, dann muß ein neues Wort sich auch auf ein bislang noch nicht benanntes Objekt oder wenigstens auf einen neuen Aspekt eines Objekts beziehen. Carey & Bartlett (1978) demonstrierten das Wirken dieses Prinzips beim Spracherwerb in einem originellen Experiment. Sie unterbrachen zwei- bis dreijährige Kinder beim Spielen und sagten zu ihnen «Bring mir bitte das verchromte Tablett, nicht das rote, das verchromte Tablett!» Alle untersuchten Kinder kannten bereits die Bedeutung des Wortes «rot» und hatten noch nie das Wort «verchromt» gehört. Trotzdem waren die meisten in der Lage, das gewünschte (nichtrote) Tablett zu bringen. Eine Woche nach dieser kurzen Sequenz wurden die Kinder befragt, was ihrer Meinung nach «verchromt» bedeute. Immerhin konnte ungefähr die Hälfte der Kinder angeben, daß es sich dabei um eine Art «Nichtrot» handle.

Weil die Kinder erst einmal von der Annahme ausgehen, jedes Ding habe einen Namen, ergeben sich verständlicherweise große Schwierigkeiten, wenn sie zum ersten Mal mehreren Bezeichnungen für dasselbe Objekt begegnen (Fido, Hund, Tier, Haustier). So ist das Erlernen von Oberbegriffen, die andere Kategorien einschließen, anfangs extrem schwierig. Da die Ausdehnung und Abgrenzung der Kategorien natürlich meist nicht klar ist, kommt es oft zu Überextensionen und Unterextensionen, womit eine Bedeutungsüberdehnung oder Bedeutungseinengung der Begriffe gemeint ist. Gegen Ende der Vorschulzeit haben aber die meisten Kinder das Konzept von Oberbegriffen und Unterbegriffen, von einander einschließenden, einander ausschließenden und teilweise überlappenden Kategorien verstanden. Sie sind auf dem besten Weg zu lernen, welche der tausenden Wörter, die sie hören, in welcher Weise zu welchen der tausenden Dinge gehören, die sie sehen.

Was den Erwerb grammatikalischer Kompetenz betrifft, zählen die Studien von Brown (1973) zu den klassischen Publikationen auf diesem Gebiet. Der Forscher hat den Erwerbszeitpunkt verschiedener Morpheme bei in englischsprachiger Umwelt aufwachsenden Kindern studiert.

Zur Klärung der in der Sprachpsychologie häufig verwendeten Begriffe «Phonem» und «Morphem»: Als Phoneme werden die Grundlaute einer Sprache bezeichnet, die zu Wörtern zusammengesetzt werden können. Die meisten Sprachen besitzen ungefähr 30 Phoneme. Morpheme dagegen sind die kleinsten bedeutungtragenden Einheiten einer Sprache. Es gibt freie und gebundene Morpheme, also solche, die alleine stehen können, und solche, die nur in Verbindung mit einem anderen Morphem ihre Bedeutung gewinnen. Beispiele für freie Morpheme sind kurze, nichtzusammengesetzte Substantive im 1. Fall: Katze, Hund, Auto. Zur Deklination und Mehrzahlbildung muß man lernen, sich gebundener Morpheme zu bedienen, z. B. -n, -e, -s, die an die freien Morpheme angehängt werden. Aber nicht nur die Endungen zur Kasusbildung, auch Präfixe, Artikel und Präpositionen sind als gebundene Morpheme zu betrachten.

Die Anzahl von Morphemen, die ein Kind bei einer Äußerung verwendet, gibt einen guten Eindruck seines sprachlichen Entwicklungsstandes, nämlich seiner grammatikalischen Kompetenz und der Sophistiziertheit seines sprachlichen Ausdrucks. Auf der Basis dieser Überlegungen berechnete Brown (1973) aus Stichproben von je 50–100 sprachlichen Äußerungen eines Kindes für jedes der von ihm beobachteten Kinder zu verschiedenen Zeitpunkten einen Kennwert, den er «Mean Length of Utterance MLU» (Durchschnittliche Länge der Äußerung) nannte und der die durchschnittliche Anzahl von Morphemen pro Äußerung des Kindes abbildete. Wie zu erwarten, nahm die MLU bei den untersuchten Kindern (zwischen 1 1/2 und vier Jahren) mit dem Alter stark zu und erwies sich als guter Indikator für den Stand der sprachlichen Entwicklung.

Es zeigte sich bei den Analysen der Entwicklungsverläufe außerdem, daß bestimmte Klassen von Morphemen, die zum Ausdruck bestimmter grammatischer Strukturen benötigt werden (sogenannte grammatische Morpheme), von den Kindern in bemerkenswert ähnlicher Reihenfolge erworben wurden. Die ersten drei grammatischen Morpheme der englischen Sprache, die den beobachteten

This is a wug

Now there is another one.
There are two of them.
There are two _____

Abbildung 4: Testaufgabe zur Prüfung der Beherrschung der Pluralbildung nach Berko (1958).

Kindern zur Verfügung standen, waren beispielsweise stets die Verlaufsform (ing-Form) von Verben, die Präpositionen «in» und «on» und schließlich die Pluralbildung mittels -s. Brown gibt die typische Abfolge des Erwerbs für insgesamt 14 grammatische Morpheme der englischen Sprache an. Zur Überprüfung, welche grammatischen Morpheme ein Kind bereits zur Verfügung hat und welche nicht, wurden eigene Verfahren entwickelt, die oft auf den Grundgedanken des «Wug»-Tests von Berko (1958) zurückgehen (Abb. 4).

Zur fachpsychologischen Beurteilung des sprachlichen Entwicklungsstandes von Vorschulkindern gibt es auch im deutschen Sprachraum schon seit längerem einige Testverfahren, mit deren Hilfe die grammatikalische Kompetenz, die Artikulationsfähigkeit und der Wortschatz der Kinder geprüft werden können (vgl. Testzentrale des Berufsverbandes Deutscher Psychologen, 1996).

9.2.3 Spracherwerb und Hemisphärenlateralisation

Das menschliche Großhirn ist weitgehend symmetrisch aufgebaut, die beiden Großhirnhälften (Hemisphären) gleichen einander fast wie Spiegelbilder. In bezug auf ihre Funktion hingegen unterscheiden sich die beiden Hemisphären wesentlich. Jede Hirnhälfte ist für die Steuerung der gegenüberliegenden Körperhälfte verantwortlich. In der linken Hirnhälfte wird also beispielsweise die Bewegung der rechten Hand und des rechten Beins gesteuert, in der rechten Hirnhälfte dagegen die Bewegung der Skelettmuskulatur der linken Körperhälfte. Außerdem ist seit mehr als einem Jahrhundert bekannt, daß bei den meisten Menschen (bei etwa 97 Prozent, nämlich bei allen Rechtshändern und auch bei mehr als der Hälfte der Linkshänder) die linke Hemisphäre für wesentliche Aspekte der Sprachproduktion und des Sprachverständnisses zuständig ist. Dies konnte aus der Beobachtung der Auswirkungen von Hirnläsionen bei Erwachsenen, hervorgerufen beispielsweise durch Unfälle oder Schlaganfälle, erschlossen werden. Die Erforschung der Funktion bestimmter Areale der Großhirnrinde und die Bestimmung der Lage von Hirnzentren erfolgt mit Hilfe von drei Methoden:

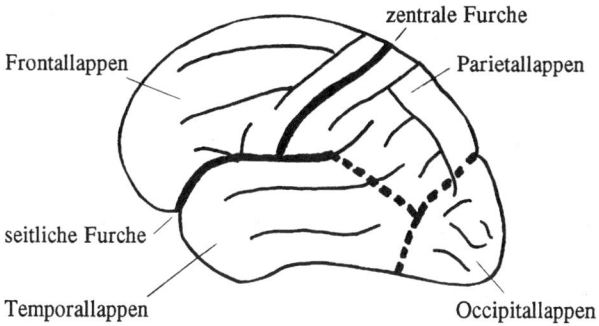

zentrale Furche

Frontallappen   Parietallappen

seitliche Furche

Temporallappen   Occipitallappen

Abbildung 5: Die Gliederung der Großhirnrinde in vier «Hirnlappen»: schematisierte Seitenansicht der linken Hemisphäre.

1. durch die erwähnten «Ausschaltungsexperimente», bei denen die gestörten psychischen Funktionen mit den zerstörten Hirnregionen in Beziehung gesetzt werden,

2. durch Reizexperimente bei freigelegtem Hirn, bei denen bestimmte Areale der Großhirnrinde von außen mittels einer Reizelektrode durch Stromstöße geringer Stärke (2 Volt Wechselstrom für etwa 0,5 Sekunden) in Tätigkeit gesetzt werden und

3. durch die Ableitung der elektrischen Nervenaktivität (evozierte Potentiale erfaßt mittels Elektroenzephalogramm) über bestimmten Zentren.

Die wichtigsten Hirnzentren, die an der Verarbeitung und Produktion sprachlicher Signale beteiligt sind, sind das Wernicke-Zentrum (sensorisches Sprachzentrum, zuständig für das Sprachverständnis) beim Rechtshänder im Bereich des linken Temporallappens und das Broca-Areal (motorisches Sprachzentrum, zuständig für die Sprachproduktion) im linken Frontallappen. Außerdem gibt es noch ein Lesezentrum im Bereich des linken Temporallappens, in dem die aus dem primären Sehzentrum (aus dem Occipitallappen) kommenden Signale umgeschaltet werden müssen, bevor sie im Wernicke-Zentrum verarbeitet werden können. Verletzungen und Schäden im Bereich der linken Hirnhälfte führen deshalb oft zu Beeinträchtigungen und Ausfällen des Sprechvermögens (motorische Aphasie) wenn das Brocasche Areal betroffen ist, zur Beeinträchtigung des Sprachverständnisses (sensorische Aphasie), wenn das Wernickesche Areal geschädigt wurde und zu Wortblindheit (Alexie), also zur Unfähigkeit, Gelesenes zu verstehen, bei Schädigung des Lesezentrums.

In der Folge sollen noch zwei für die Entwicklungspsychologie interessante Fragen behandelt werden, nämlich die Frage nach den Entwicklungsvorgängen bei dieser Spezialisierung der beiden Hirnhälften und die Frage nach dem Zusammenhang zwischen Händigkeit und Lateralisation und der Lage der Sprachzentren im Kortex.

Bei den meisten Menschen ist die linke Hemisphäre nicht nur für die Verarbeitung und Produktion sprachlicher Signale zuständig, sondern auch für die Kontrolle der dominanten Hand, der rechten nämlich. In diesem Fall wird die linke Hirnhälfte auch als die dominante Hemisphäre bezeichnet. Diese Dominanz bezieht sich aber nur auf bestimmte Funktionen, im übrigen übernimmt auch die andere Hirnhälfte eigene wichtige Aufgabenbereiche. Während die linke Hirnhälfte also für die Verarbeitung von Sprache, für das Lesen und Schreiben zuständig ist, spezialisiert sich die rechte Hirnhälfte auf Raumvorstellung, auf das Verarbeiten von Melodien und auf das Erkennen und den Ausdruck von Emotionen (auch des emotionalen Gehalts sprachlicher Äußerungen). Die linke Hemisphäre scheint demnach die gebotene Information speziell in bezug auf ihre Abfolge zu zerlegen und zu analysieren, während der Beitrag der rechten Hemisphäre eher auf das ganzheitliche und gleichzeitige Erkennen von Mustern gerichtet zu sein scheint.

Die Entdeckung dieser Spezialisierungen führte auch zur Annahme, daß bestimmte Personen oder bestimmte Tätigkeiten speziell linksdominant oder rechtsdominant seien. Dies ist nur bedingt richtig, da in der Regel immer beide Hirnhälften gleichzeitig «in Betrieb» sind. Die beiden Hemisphären funktionieren nicht unabhängig voneinander, sondern liefern jeweils ihren spezifischen Beitrag zu allen kognitiven Aktivitäten, die von einer Person ausgeführt werden.

Im Gegensatz zum Erwachsenen, bei dem eine Verletzung oder eine Schädigung in der linken Hemisphäre oft dazu führt, daß er seine Sprechfähigkeit verliert, oder die Fähigkeit zu verstehen, was andere sagen, führt eine solche Schädigung bei Kindern nicht zu einer bleibenden Beeinträchtigung ihrer sprachlichen Fähigkeiten. In der Kindheit kann die rechte Hemisphäre demnach noch für die ausgefallenen linkshemisphärischen Zentren einspringen und ihre Funktion übernehmen. Die Schädigung der linken Hemisphäre in einem Alter bevor ein Kind zu sprechen beginnt, führt üblicherweise nicht zu besonderen Auffälligkeiten sprachlicher Art, sogar wenn die ganze Hemisphäre zerstört wird. Ein davon betroffenes Kind wird weitgehend normal sprechen lernen (bleibende motorische und intellektuelle Beeinträchtigungen sind jedoch nach massiven frühkindlichen Hirnschäden recht wahrscheinlich). Falls das betroffene Kind zum Zeitpunkt der Hirnschädigung bereits sprechen konnte, wird es seine Sprache nur vorübergehend verlieren, um sie nach der Übernahme durch andere ungeschädigte Hirnteile wieder zurückzugewinnen. Diese bemerkenswerte Plastizität des Gehirns verschwindet niemals vollkommen. Auch Erwachsene können, beispielsweise nach Schlaganfällen, auf ihrer Grundlage noch einmal eine gewisse Sprachfähigkeit erwerben, selbst wenn ihre Sprachzentren durch den Gehirnschlag irreversibel geschädigt worden sind.

Die erwähnte hohe Plastizität des Gehirns bei Kindern hat zur Annahme geführt, daß die beiden Hemisphären zum Zeitpunkt der Geburt noch vollkommen gleich seien und sich die zunehmende Dominanz einer Hirnhälfte, die zunehmende Lateralisierung und Spezialisierung erst im Laufe der nachgeburtlichen Entwicklung ergebe. Lenneberg (1972) nahm etwa an, daß die zerebrale Organisation mit fortschreitendem Alter ihre Flexibilität verliere und erst mit Erreichung der Pubertät weitgehend fixiert und irreversibel sei, womit er auch gleich die kritische Periode für den Erwerb einer Erstsprache erklären wollte.

Eine Reihe von Beobachtungen spricht allerdings gegen die Annahme, daß die Hemisphären zum Zeitpunkt der Geburt noch weitgehend gleich sind. Hahn (1987) berichtet beispielsweise von Experimenten, in denen gezeigt werden konnte, daß bereits bei Neugeborenen von Anfang an die Verarbeitung von Sprachlauten bevorzugt in der linken Hirnhälfte und die Verarbeitung von Musik in der rechten Hirnhälfte stattfindet. Auch was die Dominanz der rechten Hand (und damit der linken Hemisphäre) betrifft, scheint es sich dabei nicht um eine soziokulturelle Übereinkunft, sondern um ein der Spezies Mensch eingebautes Charakteristikum zu handeln. Die Bevorzugung der rechten Hand durch die überwiegende Mehrzahl der Mitglieder ist nämlich ausnahmslos in allen Kulturen dieser Erde festzustellen, die Auswertung archäologischer Funde spricht sogar dafür, daß dies jedenfalls in der überblickbaren Geschichte der Menschheit auch schon immer so gewesen ist.

9.2.4 Exkurs: Rechtshändigkeit und Linkshändigkeit

Trotz dieser offenbar stark biologisch angelegten Tendenz zur Rechtshändigkeit sind fast 10 Prozent der Menschen Linkshänder. Linkshändigkeit ist bei Knaben etwas häufiger zu beobachten als bei Mädchen und tritt bei Kindern von Linkshänder(inne)n mit einer stark erhöhten Wahrscheinlichkeit auf. Wenn ein Elternteil Linkshänder ist, sind im Schnitt 20 Prozent der Kinder ebenfalls Linkshänder; wenn beide Eltern Linkshänder sind, zeigen sogar mehr als 40 Prozent der Kinder Linkshändigkeit.

Während Rechtshänder praktisch immer ihre Sprachzentren in der linken Hirnhälfte lokalisiert haben, ist dies bei Linkshändern keineswegs so klar: Einige verarbeiten Sprache links, andere rechts, wieder andere in beiden Hemisphären. Linkshänder scheinen insgesamt weniger stark lateralisiert zu sein, sie können beispielsweise ihre rechte Hand geschickter einsetzen als Rechtshänder ihre linke. Dies mag, wegen des gesellschaftlichen Drucks zur Benützung der rechten Hand, kein besonders überzeugendes Argument sein. Aber es ist beispielsweise für einen Linkshänder auch leichter, nach dem Verlust einer bestimmten Funktion durch den Ausfall einer Hemisphäre, diese Fähigkeit über den Einsatz der anderen Hemisphäre wiederzugewinnen, als es für einen Rechtshänder wäre.

Rechtshänder und Linkshänder unterscheiden sich im Durchschnitt nicht in bezug auf ihren IQ, wohl aber findet man überproportional viele Linkshänder in Stichproben von mathematisch und musisch außergewöhnlich begabten Kindern. Auf der anderen Seite findet man auch unter Lernbehinderten, geistig

Behinderten, Autisten und Stotterern überproportional viele Linkshänder (Benbow, 1988). Die Gruppe der Linkshänder ist also offensichtlich sehr heterogen. Linkshänder sind mit erhöhter Wahrscheinlichkeit in bezug auf ihre kognitiven Fähigkeiten entweder besser oder schlechter als Rechtshänder. Die Erklärung für dieses Faktum läuft über zwei verschiedene Argumente. Das bessere Abschneiden der Linkshänder in bezug auf ihre mathematischen und musikalischen Fähigkeiten wird mit ihrer geringer ausgeprägten Lateralisation erklärt, d. h. man nimmt an, daß sie bei der Bearbeitung bestimmter Probleme beide Hemisphären einsetzen können, während sich die stärker lateralisierten Rechtshänder nur auf die Leistung jeweils einer Hemisphäre stützen können. Die vermehrte Präsenz von Linkshändern unter geistig Behinderten wird dagegen mit der Annahme erklärt, daß es sich dabei oft um Kinder handle, die frühkindliche Hirnschäden in der linken Hemisphäre erlitten haben und daher neben einer Beeinträchtigung ihrer intellektuellen Leistungsfähigkeit auch den Verlust der Geschicklichkeit (und Dominanz) der rechten Hand zu beklagen haben, weshalb sie schließlich als Linkshänder eingestuft werden.

Das Phänomen der Links- oder Rechtshändigkeit (oder besser Rechtspfötigkeit) läßt sich übrigens auch im Tierreich feststellen. Nicht nur Menschenaffen, sondern auch andere Säugetiere, wie Hunde, Katzen, Ratten und Mäuse sind üblicherweise klar links- oder rechtsdominant lateralisiert. Im Unterschied zum Menschen ist bei den erwähnten Tierarten allerdings der Anteil von «Linkshändern» und «Rechtshändern» annähernd gleich groß (je 50 Prozent).

9.3 Sozial-emotionale Entwicklung im Vorschulalter

9.3.1 Die Entdeckung der eigenen Person

Während der ersten beiden Lebensjahre entwickelt sich in Grundzügen das Selbstkonzept. Viele einzelne Erfahrungen und Erlebnisse tragen wahrscheinlich dazu bei. So entdeckt das Kind beispielsweise in der sensumotorischen Periode, daß es die Bewegung seiner Hände und Füße kontrollieren kann, jedoch muß es feststellen, daß es auf viele andere Dinge und Geschehnisse überhaupt keinen Einfluß hat. Es beobachtet, daß seine Arme und Beine immer da sind, während andere Objekte und Personen kommen und gehen. Es erlebt, daß bestimmte Dinge mit ganz besonderen Sinneseindrücken verbunden sind (in die eigene Hand zu beißen fühlt sich etwa völlig anders an, als ein Biß in das Kopfkissen). Durch die Summe solcher Erlebnisse beginnt sich das Selbst langsam und schrittweise von der Umwelt abzuheben und etwa um den zweiten Geburtstag entsteht bei den meisten Kinden das Gefühl für «ich».

Sehr schön läßt sich das Erwachen des Selbstkonzepts bei Kindern anhand ihrer Reaktion auf das eigene Spiegelbild demonstrieren. Diese ändert sich nämlich mit zunehmendem Alter auf charakteristische Art und Weise. Kinder bis zum Alter von sechs Monaten scheinen das eigene Spiegelbild als einen unterhaltsamen Spielgefährten zu betrachten, der interessiert beobachtet und meist sehr freundlich angelächelt wird. Ab der zweiten Hälfte des ersten Lebensjahres (Piagets Stadium 4) beginnen die Kinder vor einem Spiegel zu experimentieren und bestimmte Bewegungen wiederholt auszuführen, so als wollten sie austesten, was das Spiegelbild alles kann. Sie halten dabei auch hinter dem Spiegel Nachschau, aber ganz offensichtlich noch ohne eine Vorstellung davon zu haben, daß das Baby im Spiegel «ich» ist. Erst ab der zweiten Hälfte des zweiten Lebensjahres verändert sich bei den meisten Kindern die Art und Weise, wie sie vor dem Spiegel reagieren. Sie zeigen nun erstmals angesichts ihres Spiegelbildes Verhaltensweisen, die man als albern, kokett oder verschämt erlebt. Diese Beobachtungen stimmen gut mit Piagets Vorstellungen überein, wonach erst ab der Stufe 6 der sensumotorischen Periode einigermaßen stabile mentale Repräsentationen von Objekten möglich sind. Auch der eigene Körper ist ein solches Objekt mit räumlicher und zeitlicher Ausdehnung.

Um den Zeitpunkt, an dem sich die Kinder im Spiegel selbst erkennen, genauer zu bestimmen, führten Lewis & Brooks (1978) ein originelles Experiment durch. Sie baten die Mütter von 96 Kindern, ihren Babies unbemerkt (während sie vorgaben, ihr Gesicht abzuwischen oder ihnen die Nase zu putzen) einen roten Farbtupfen auf die Nase zu malen. Danach wurde den Kindern ihr Spiegelbild gezeigt. Es wurde beobachtet, ob das Kind angesichts des roten Punktes mit der Hand zu seiner Nase griff. 32 Kinder waren jünger als ein Jahr (nämlich neun und 12 Monate alt), 32 Kinder waren etwa 1 1/2 Jahre alt (15 und 18 Monate) und die restlichen 32 Kinder waren schließlich schon fast zwei Jahre alt (21 und 24 Monate). Kein einziges Kind vor Vollendung des ersten Lebensjahres konnte dabei beobachtet werden, daß es vor dem Spiegel zu seiner Nase griff. Von den Kindern im Alter von etwa 1 1/2 Jahren zeigten 25 Prozent diese Reaktion und aus der Gruppe der etwa Zweijährigen griffen bereits 75 Prozent angesichts des roten Punktes zielsicher zur eigenen Nase.

Ein vergleichbarer Versuch wurde von Gallup (1979) mit Schimpansen durchgeführt. Die Tiere durften zuerst drei Tage lang Erfahrung mit Spiegeln sammeln, danach erhielten sie mit einer völlig geruch- und reizlosen Farbe auf die Stirn eine rote Markierung. Bei den Schimpansen ließ sich danach ein deutlich gesteigertes Interesse am eigenen Spiegelbild beobachten. Sie betasteten vor dem Spiegel interessiert die roten Stellen, um danach ihre Fingerspitzen zu betrachten und daran zu riechen. Schimpansen bzw. nonhumane Primaten können sich ganz offensichtlich im Spiegel selbst erkennen. Weniger hoch entwickelte Affenarten und andere Tiere sind dazu nicht in der Lage (Anderson, 1992).

Die Entdeckung der eigenen Person zeigt sich bei Kindern auch darin, daß sie etwa in dem Alter, in dem sie ihr Spiegelbild erkennen, also etwa um den zweiten Geburtstag, auch beginnen, die Personalpronomina «ich» und «du» zu verwenden und als Reaktion auf das eigene Bild ihren Namen äußern.

Nach der Entdeckung des eigenen Ich wissen die Kinder zwar, daß sie von ihrer Umgebung und von anderen Menschen eine gewisse Unabhängigkeit besitzen, sie müssen aber erst austesten, wie weit ihr Einfluß wirklich reicht. Dies tun sie im Laufe der nächsten Monate, also im Laufe des dritten Lebensjahres, in einer Phase, die in älteren entwicklungspsychologischen Stufenlehren als Trotzalter oder erste Trotzperiode bezeichnet wurde.

9.3.2 Die Entdeckung des Geschlechts

Mit etwa zwei Jahren können die meisten Kinder auf Befragen schon angeben, ob sie ein Mädchen oder ein Bub sind. Diese Bezeichnungen werden wohl aufgrund der starken sozialen Betonung der Geschlechtszugehörigkeit von den Kindern schon so früh erworben, aber vorerst nur wie Namen gebraucht, ohne die damit verbundenen Implikationen begriffen zu haben. Erst später, im Laufe des dritten oder vierten Lebensjahres, beginnt sich das Interesse der Kinder wirklich auf ihr Geschlecht zu konzentrieren. Entsprechende Beobachtungen wurden schon von Freud (1905) berichtet und haben ihn wohl auch dazu veranlaßt, in diesem Alter den Beginn der phallischen Phase anzusetzen (zur Erinnerung: orale Phase im ersten Lebensjahr, anale Phase im zweiten und dritten Jahr, phallische Phase etwa vom dritten bis zum fünften Jahr, Latenzzeit vom sechsten bis zum 12. Jahr, genitale Phase 13. bis 18. Jahr). Die Kinder interessieren sich in dieser Zeit in besonderem Maße für alles, was mit dem Geschlecht zu tun hat, sie entdecken gleichzeitig auch das Vorhandensein ihrer Genitalien und oft auch die Lustgefühle, die davon ausgehen können. Viele Kinder beginnen in diesem Alter zu masturbieren (vgl. Leung & Robson, 1993).

Auf der kognitiven Ebene lernen die Kinder nun auch, nicht nur die eigene, sondern auch die Geschlechtszugehörigkeit anderer Personen richtig zu beurteilen. Zwischen dem richtigen Benennenkönnen von Mädchen und Knaben, Männern und Frauen, bis zur wirklichen Einsicht, daß es sich beim Geschlecht um ein naturgegebenes und (normalerweise) unveränderliches Merkmal handelt, besteht allerdings noch ein großer Unterschied. Entwicklungspsychologen aus der Tradition von Piaget haben diesen Prozeß genauer studiert und in diesem Zusammenhang den Begriff der «Geschlechtskonstanz» eingeführt, die ähnlich wie die Einsicht über die Invarianz von Menge und Zahl erst auf der Stufe der konkreten Operationen vorhanden sein soll. Die zuvor durchlaufenen Stufen werden mit den Begriffen «Geschlechtsidentität» (bloßes Benennenkönnen, etwa zwei Jahre) und «Geschlechtsstabilität» (Wahrnehmen einer gewissen zeitlichen Stabilität der Geschlechtszugehörigkeit, etwa vier Jahre) bezeichnet. Im Vorschulalter wird die Geschlechtskonstanz üblicherweise noch nicht erreicht, was sich anhand von entsprechenden Testfragen recht schön demonstrieren läßt. Vorschulkinder sind beispielsweise oft noch der Ansicht, daß die Geschlechtszugehörigkeit gewechselt werden könne, wenn man sich verkleide, einen anderen Haarschnitt trage und wenn man es nur wirklich wünsche. Überhaupt neigen die Kinder im Vorschulalter noch dazu, die Geschlechtszugehörigkeit weniger mit anatomischen Unterschieden als mit unterschiedlicher Kleidung und Haartracht in Verbindung zu bringen.

Bem (1989) hat dies mit einer Untersuchung von Vorschulkindern (drei bis fünf Jahre alt) demonstriert. Den Versuchsteilnehmern wurden zuerst Photos von nackten Kindern gezeigt, auf denen die Genitalien deutlich erkennbar waren. Das eindeutig als Knabe identifizierbare Kind wurde als «Gaw», das Mädchen mit dem Namen «Kwan» bezeichnet. Die Versuchsteilnehmer wurden zuerst gefragt, welches Geschlecht sie den abgebildeten nackten Kindern zuordnen würden und warum («This is Gaw. What does Gaw look like – a girl or a boy?» und «How do you know?»). Danach wurden ihnen andere Bilder vorgelegt, in denen Gaw und Kwan in Haartracht und Kleidung des anderen Geschlechts zu sehen waren. Gaw hatte beispielsweise eine Damenperücke auf dem Kopf und war mit einer schillernden Bluse gekleidet. Wieder wurden dieselben Fragen gestellt, wobei die Versuchsteilnehmer nun zugeben mußten, daß Gaw jetzt wie ein Mädchen aussah. Schließlich folgte die abschließende Frage: «What is Gaw really – a boy or a girl?». Nach der erfolgten Irreführung durch die Verkleidung konnten nur noch etwa 40 Prozent der am Versuch teilnehmenden Vorschulkinder die korrekte Antwort auf diese Frage geben. Es waren dies ausnahmslos jene Kinder, die bereits die erste «How do you know?»-Frage richtig beantwortet hatten, also jene, die wußten, daß das «wirkliche» Geschlecht anhand der Genitalien bestimmt wird. Dies ist für Kinder dieses Alters keine Selbstverständlichkeit und außerdem auch sehr schwer selbst zu erschließen. Schließlich wird beständig über Männer und Frauen, Mädchen und Knaben gesprochen und zwar üblicherweise ohne daß die Geschlechtsteile der betreffenden Personen öffentlich zur Schau gestellt werden. Für die Kinder sind daher Haartracht und Kleidung die besten Orientierungsmerkmale, wenn sie nicht explizit auf die Bedeutung des anatomischen Unterschieds zwischen den Geschlechtern aufmerksam gemacht werden.

Es gibt zwei Standardverfahren, die bei den Studien zur Entwicklung der Geschlechtskonstanz oft verwendet werden, nämlich den Boy-Girl-Identity-Task von Emmerich & Goldman (siehe Emmerich, Goldman, Kirsh & Sharabany, 1977) und das Gender-Constancy-Interview von Slaby & Frey (1975). Bei beiden Verfahren werden dem Kind standardisierte Fragen gestellt (z. B. Bist Du ein Mädchen oder ein Junge? Wenn Du Dir Mädchenkleider anziehst und Zöpfe machst, bist Du dann ein Mädchen oder ein Junge? Wenn Du erwachsen bist, kannst Du dann eine Mami oder ein Papi werden? Könntest Du auch einen Mami werden?) deren Beantwortung die Einstufung des befragten Kindes ermöglicht. Bei Untersuchungen dieser Art wird meist gefunden, daß volle Geschlechtskonstanz von den Kindern nicht vor dem sechsten oder siebenten Lebensjahr erreicht wird. Trautner (1991) berichtet von eigenen Untersuchungen, die zeigen, daß ein volles Verständnis der Geschlechtskonstanz bei vielen Kindern sogar erst gegen Ende des Grundschulalters beobachtet werden kann.

9.3.3 Geschlechtsrollen und Geschlechtsunterschiede

Welchem Geschlecht jemand angehört, ist bekanntlich eines der wichtigsten zur allgemeinen Charakterisierung eines Menschen herangezogenen Merkmale. Die Geschlechtszugehörigkeit wird in amtlichen Dokumenten festgehalten, geht in die soziale Anrede ein und beeinflußt das menschliche Leben von Anfang an unmittelbar und mittelbar in vielerlei Hinsicht.

Im Vorschulalter lernen die Kinder nicht nur, daß es offensichtlich Frauen und Männer gibt, sondern sie interessieren sich gleichzeitig auch für alle weiteren Informationen bezüglich der Unterschiede zwischen diesen zwei Kategorien von Menschen, d. h. sie erwerben unter anderem auch Wissen über Geschlechtsrollen. Mit dem Begriff Geschlechtsrollen bezeichnet man Verhaltensweisen, Einstellungen und andere psychologische Charakteristika (wie z. B. Fähigkeiten und Interessen), die in einem bestimmten Kulturkreis für Personen des weiblichen bzw. männlichen Geschlechts gesellschaftlich als angemessen betrachtet, von ihnen erwartet oder ihnen vorgeschrieben werden.

In unserer Kultur haben die meisten Erwachsenen recht enge und stereotype Vorstellungen darüber, wie sich Frauen oder Männer zu verhalten haben (Geschlechtsrollenstereotypen). Solche Geschlechtsrollenstereotypen sind aber nicht auf die westlichen Industrienationen beschränkt. Williams & Best (1990) konnten aufgrund von Untersuchungen in 24 verschiedenen Ländern zeigen, daß in praktisch allen Kulturen dieser Erde derzeit folgende Eigenschaften stereotyp einem Geschlecht zugeordnet werden: Schwachheit, Zartheit, Verständnis und Güte den Frauen, Aggression, Kraft, Grausamkeit und Grobheit den Männern. Diese Geschlechtsrollenstereotypen findet man in Ansätzen bereits im Vorschulalter auch bei der Befragung von Kindern.

Vorschulkinder sind im allgemeinen sehr bemüht, sich entsprechend den gängigen Geschlechtsrollenstereotypen für Mädchen oder Knaben, Frauen oder Männer zu verhalten. Die Kinder scheinen, ähnlich wie beim Spracherwerb, ständig auf der Suche nach Regeln zu sein, an denen sie sich orientieren können. Und wie auch beim Erlernen der Grammatik, werden zuerst die Regeln und dann erst die Ausnahmen erlernt. Vorschulkinder tendieren deshalb oft zu einer recht engen und rigiden Interpretation dessen, was für ein Mädchen und was für einen Buben als angemessen zu betrachten sei. Damit schaffen die Kinder selbst Druck zur Anpassung an ein als geschlechtstypisch erachtetes Verhalten, oft gegen die erklärten Intentionen von Eltern und Erziehern.

Die Identifikation mit dem eigenen Geschlecht und der entsprechenden Geschlechtsrolle erfolgt üblicherweise ganz wesentlich über die Vorbildwirkung des gleichgeschlechtlichen Elternteils und von anderen Personen des gleichen Geschlechts, die als Modelle zur Verfügung stehen. Freud (1923) war sogar der Meinung, daß die Identifikation mit dem gleichgeschlechtlichen Elternteil ein zur Bewältigung ödipaler Konflikte absolut notwendiger Abwehrmechanismus sei (vgl. Golombok & Fivush, 1994; Miller, 1993).

Da aber in unserer Gesellschaft die Erziehung von Kindern ein stark von Frauen dominierter Bereich ist (Väter kümmern sich im allgemeinen weniger um die Kinder als Mütter, es gibt kaum männliche Kinder«schwestern» oder Tages«mütter», es gibt so gut wie keine Männer, die in Krabbelstuben arbeiten, kaum Kindergärtner und nur wenige Volksschullehrer und Horterzieher) bekommen die Kinder beiderlei Geschlechts wesentlich mehr differenzierte Information über die weibliche als über die männliche Rolle. Dies ist möglicherweise einer der Gründe für die bei einschlägigen Untersuchungen immer wieder feststellbare Tatsache, daß für die Kinder offenbar die männliche Rolle enger und stereotyper definiert ist. Einerseits kann angenommen werden, daß Knaben durch den Mangel an gleichgeschlechtlichen Modellen im Vergleich zu Mädchen in bezug auf ihre Möglichkeiten zur Geschlechtsrollenidentifikation benachteiligt sind, zum anderen werden Knaben auch heute immer noch für ein von der Geschlechtsrolle abweichendes Verhalten eher getadelt als Mädchen. Während ein knabenhaft agierendes Mädchen im Vorschulalter einfach als «Wildfang» betrachtet wird, erntet ein Knabe, der sich nicht der männlichen Rolle entsprechend zu verhalten weiß, oft deutlich negative Rückmeldungen von Erwachsenen und Gleichaltrigen.

Eine für die Vermittlung von Geschlechtsrollen (leider) immer wichtiger werdende Sozialisationsinstanz ist das Fernsehen. Die vorliegenden Erhebungsdaten zeigen, daß in Deutschland ein durchschnittliches Kind bis zum Schuleintritt bereits etwa 1000 Stunden vor dem Bildschirm verbracht hat (vgl. Charlton & Neumann-Braun, 1993). Auf der Suche nach Regeln zur Erklärung der Welt sind für die Kinder die Bilder von Frauen und Männern, wie sie im Fernsehen präsentiert werden, eine wichtige Informationsquelle zur Entwicklung ihrer Vorstellung von der typischen weiblichen und männlichen Rolle. Die Geschlechtsrollen werden allerdings in Fernsehprogrammen meist auf eine äußerst stereotype Weise präsentiert. Männer werden häufiger als Frauen in interessanten arbeitsbezogenen Situationen gezeigt, in denen sie auf kompetente, aktive und oft auch aggressive Art Probleme lösen, während Frauen relativ häufiger in Liebesbeziehungen gezeigt werden, oft als Sexualobjekte oder als Hilfskräfte, die sich passiv den Wünschen anderer fügen. Inhaltsanalysen von Fernsehprogrammen bestätigen ganz klar diesen Eindruck (z. B. Weiderer, 1993). Im Lichte dieser Überlegungen darf man sich natürlich nicht wundern, daß bei den Kindern schon recht früh Verhaltensweisen festzustellen sind, die ein getreues Abbild der vermittelten Geschlechtsrollenstereotypen darstellen.

Einige geschlechtsspezifische Unterschiede im Vorschulalter, etwa Unterschiede im Spielverhalten, scheinen allerdings weitgehend unabhängig davon aufzutreten, ob die Kinder über die Geschlechtsrollenstereotypen bereits Bescheid wissen oder nicht. In einer Untersuchung von Perry, White & Perry (1984) wurden Kindern im Alter von zwei bis fünf Jahren Karten gezeigt, auf denen typische Spielsachen für Knaben und für Mädchen abgebildet waren. Die Kinder wurden zuerst danach gefragt, welches Spielzeug sie am liebsten hätten und danach, welches Spielzeug ihrer Meinung nach typisch für Mädchen und Buben sei. Interessanterweise zeigte sich, daß die Knaben bereits in einem Alter eine geschlechtstypische Auswahl von Knabenspielzeug trafen, in dem sie noch keineswegs in der Lage waren, das Spielzeug Geschlechtsrollen-stereotypen zuzuordnen. Ein anderer Unterschied zwischen Knaben und Mädchen, der bei entsprechenden Untersuchungen immer wieder schon bei sehr jungen Kindern, nämlich schon im Alter von zwei Jahren, festgestellt wurde, ist die durchschnittlich höhere körperliche Aktivität und Aggressivität der Knaben beim Spiel. (Vergleichbare Ergebnisse findet man auch bei Untersuchungen an Menschenaffen, Affen und anderen Säugetieren.)

Die Unterschiede im Verhalten von Knaben und Mädchen im Vorschulalter haben viele theoretische Diskussionen hervorgerufen, was die Erklärung ihrer Ursachen betrifft. Die gängigsten Ansätze, die zur Ursachenerklärung herangezogen werden sind a) die Theorie der psychosexuellen Identifikation nach Freud, b) Theorien des sozialen Lernens, c) kognitive Theorien und d) biologische Theorien. Eine ausführliche Darstellung bieten Golombok & Fivush (1994).

Wie wirksam die psychologischen und sozialen Einflüsse in diesem Bereich sind, zeigt sich bei der Untersuchung von Kindern, die wegen uneindeutig ausgebildeter Geschlechtsmerkmale zum Zeitpunkt der Geburt dem (in bezug auf ihren Genotyp) falschen Geschlecht zugeordnet worden waren. Sowohl Personen mit XY-Genotyp, die bis zur Pubertät als Mädchen aufgezogen worden waren, als auch Kinder mit XX-Genotyp, die fälschlicherweise als Knaben betrachtet worden waren, hatten in der Regel die jeweilige ihnen gegen ihre genetische Ausstattung zugeordnete Geschlechtszugehörigkeit und die ihnen damit aufgrund sozialer Konventionen aufgezwungenen Geschlechtsrollen weitgehend angenommen.

Daß darüber aber die Auswirkungen biologischer Gegebenheiten nicht übersehen werden sollten, zeigen die Beobachtungen von Ehrhardt und Mitarbeitern (Money & Ehrhardt, 1975; Meyer-Bahlburg, Erhardt & Feldman, 1986) an Mädchen, die in der Fötalzeit vermännlichenden hormonellen Einflüssen ausgesetzt waren, nämlich medizinisch verordneten Gestagengaben an die Mütter während der Schwangerschaft, die bei den Kindern zu einem sogenannten «Gestagen-induzierten Hermaphroditismus» führten, oder einer vermehrten Androgenausschüttung der Nebennierenrinde, die dann zum sogenannten «Adrenogenitalen Syndrom» (AGS) führte. Im Vergleich zu Kontrollgruppen von klinisch unauffälligen Mädchen zeigten die virilisierten Mädchen in der Kindheit im Schnitt deutlich mehr körperliche Aktivität, weniger Interesse an «schöner» Mädchenkleidung, an Puppen und typischem Mädchenspielzeug, dagegen mehr Interesse an typischem Knabenspielzeug (Autos, Pistolen, usw.), sie hatten geringeres Interesse an Babies und Kinderpflege und sie bevorzugten eher männliche Spielgefährten. In bezug auf die Geschlechtsidentität und sexuelle Orientierung der Mädchen zeigte sich hingegen kein Unterschied zur Kontrollgruppe. In einer Reihe von ähnlich angelegten Nachfolgeuntersuchungen wurden weitgehend vergleichbare Ergebnisse berichtet (z.B. Berenbaum & Hines, 1992). Das pränatale endokrine Milieu scheint, wahrscheinlich vermittelt über differentielle Aspekte der Gehirnentwicklung (siehe Thompson, 1992), tatsächlich einen meßbaren Einfluß auf geschlechtsspezifische Verhaltenstendenzen auszuüben.

Thompson (1992, S.159) berichtet auch von Experimenten an Affen, in denen der Mutter eines genetisch weiblichen Affenfetus eine Zeitlang vor der Geburt Testosteron verabreicht wurde, mit dem Ergebnis, daß sie ein von den Genen her weibliches Tier mit einem deutlichen, gut ausgeprägten Penis, wenn auch ohne Hoden, gebar. Nach Messungen des Dominanz- und Aggressionsverhaltens, das männliche und weibliche Affen ganz klar unterscheidet, wären diese Tiere als männlich einzustufen gewesen. In dieselbe Richtung gehen auch Berichte von Pomerantz, Roy & Goy (1988).

Ein gewisser Anteil der erhöhten Aktivität und Aggressivität männlicher Affen und Menschen dürfte also auf (prä- und postnatale) Androgeneinflüsse zurückzuführen sein. Allerdings konnte hier auch eine Beeinflussung in umgekehrte Richtung nachgewiesen werden. Rose, Bernstein & Gordon (1975) konnten zum Beispiel bei Untersuchungen von Rhesusaffenmännchen feststellen, daß deren Testosteronspiegel nach einem erfolgreichen Kampf weiter anstieg, jedoch nach einer Niederlage absank.

Zusammenfassend kann gesagt werden, daß die Geschlechtsidentifikation einer Person wohl von mehreren, miteinander in Beziehung stehenden Faktoren abhängt, deren wichtigste das chromosomale Geschlecht und die davon abzuleitenden biologisch begründeten geschlechtsspezifischen Verhaltenstendenzen, das äußere Geschlechtsbild und das daraufhin zugewiesene Geschlecht sowie die damit in Beziehung stehenden Geschlechtsrollen und Erfahrungen im Rahmen der geschlechtsspezifischen Erziehung sind.

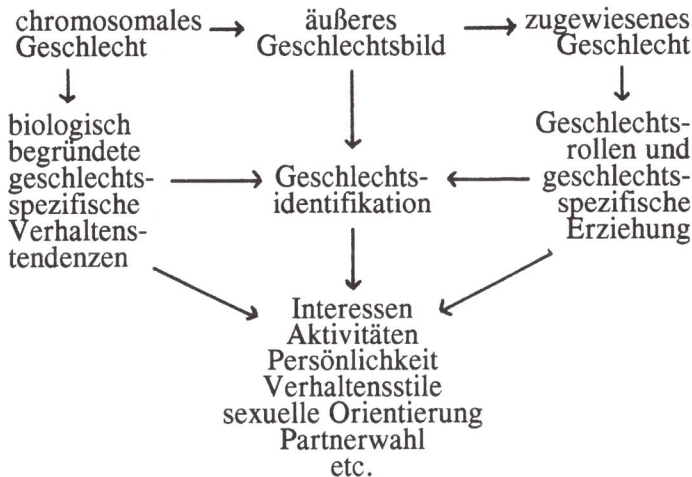

Abbildung 6: Einflußgrößen bei der Geschlechtsidentifikation.

10. Schulalter

Die Zeit vom sechsten bis zum 12. Lebensjahr wird als mittlere Kindheit oder (speziell in Ländern mit sechs- oder siebenstufiger Elementarschule) als Schulalter (school-age) oder als Schulkindzeit bezeichnet. Dieser international weit verbreitete Begriff wird auch hier zur Bezeichnung jener Altersstufe verwendet, in der die Kinder bereits alt genug für den Schulbesuch sind, jedoch noch vor der Pubertät stehen.

Interessanterweise fällt der Schulanfang in praktisch allen industrialisierten Gesellschaften in die Zeit zwischen dem fünften und siebenten Lebensjahr der Kinder. Offensichtlich sind in diesem Alter die reifungsmäßigen Voraussetzungen vorhanden, die eine systematische Beschulung möglich und wünschenswert erscheinen lassen. Auch in nicht-industriellen Gesellschaften läßt sich zu diesem Zeitpunkt eine Änderung der Einstellung und Haltung gegenüber den Kindern beobachten. Es werden ihnen ab diesem Alter neue Rollen zugeschrieben, die mit einer wesentlich erhöhten Verantwortung einhergehen. Die Kinder werden nun beispielsweise zum Hüten des Viehs, zur Beaufsichtigung jüngerer Kinder oder zu Arbeiten im Haus und in der Landwirtschaft herangezogen. Noch bis zum Beginn unseres Jahrhunderts sind auch hierzulande Kinder im Grundschulalter als billige Arbeitskräfte in Fabriken, Bergwerken oder Gewerbebetrieben eingesetzt worden. In Preußen wurde schon 1839 die Beschäftigung von Arbeitnehmern vor dem neunten Lebensjahr in Fabriken, Berg- und Hüttenwerken gesetzlich verboten, im Jahr 1853 wurde diese Grenze auf 12 Jahre angehoben und die tägliche Arbeitszeit bis zum 14. Lebensjahr auf sechs Stunden plus drei Stunden Schulunterricht beschränkt. In Österreich wurde erst in den Jahren 1884 (für den Bergbau) und 1885 (in der Gewerbeordnung) ein Verbot der Beschäftigung von Kindern unter 12 Jahren durchgesetzt. Gesetzliche Bestimmungen dieser Art, zusammen mit der Einführung der allgemeinen Schulpflicht, ermöglichten es, daß in den meisten industrialisierten Ländern seit dem letzten Jahrhundert die Entwicklung der Kinder in der mittleren Kindheit entscheidend durch den Schulbesuch geprägt wird. Deshalb ist es in diesem Alter in der Regel nicht mehr möglich, in unserem Kulturkreis entwicklungspsychologische Prozesse unabhängig vom Schulbesuch zu beschreiben oder zu verstehen.

10.1 Körperliche Entwicklung im Schulalter

Das wohl auffälligste körperliche Merkmal von Kindern im Schulalter sind Zahnlücken. Volksschulkinder haben praktisch immer irgendwo eine Zahnlücke oder einen Zahn, der gerade im Begriffe ist, auszufallen. Die ersten beiden (die unteren Schneidezähne) fallen mit etwa fünf bis sechs Jahren aus, die letzten beiden Milchzähne (die oberen Eckzähne) werden mit etwa 12 Jahren ersetzt. Die neuen bleibenden Zähne wirken meist im Verhältnis zum Kindergesicht optisch noch etwas zu groß.

Im übrigen ist die körperliche Entwicklung im Schulalter gekennzeichnet durch eine Fortsetzung der bereits im Vorschulalter zu beobachtenden Trends. Die Wachstumsgeschwindigkeit nimmt weiter ab, die Verschiebung der Proportionen geht weiter in die gleiche Richtung und beschleunigt sich eher noch. Es kommt bereits um das sechste oder siebente Lebensjahr zu einer deutlichen Verlängerung der Gliedmaßen im Vergleich zum Körper («erster Gestaltwandel»), der Rumpf wird schlanker und gestreckter, der kleinkindhafte Bauch verschwindet und es bildet sich eine Taille aus, der daraus entstehende Gesamteindruck wird mit dem Begriff «Schulkindform» bezeichnet. Diesen körperlichen Charakteristika wurde noch vor einigen Jahrzehnten sehr große Aufmerksamkeit geschenkt, da man glaubte, aufgrund der Beurteilung der körperlichen Proportionen eines Kindes Aussagen über seine Schulreife machen zu können (z. B. Schulreifeprüfung nach Zeller, 1952). Der Zusammenhang zwischen dem körperlichen und psychischen Entwicklungsstand eines Kindes ist jedoch viel zu schwach, um solche Beurteilungen wirklich zur Diagnose der Schulreife bzw. Schulbereitschaft (school readiness) verwenden zu können.

Leider ist das Problem der Beurteilung der Schulbereitschaft eines Kindes aus wissenschaftlicher Sicht bis heute noch nicht befriedigend gelöst. Die dazu entwickelten Tests weisen nämlich eine noch recht unbefriedigende Validität, d. h. eine mangelnde Gültigkeit der auf ihrer Basis getroffenen Vorhersagen auf. Aus der Sicht des Praktikers wird deshalb häufig wieder zusätzlich die Beurteilung des körperlichen Entwicklungsstandes des Kindes als Entscheidungshilfe herangezogen. Zwar ist, so meint man heute, ein ausreichender körperlicher Entwicklungsstand keine Garantie dafür, daß das Kind problemlos eingeschult werden kann, jedoch sollte zumindest ein körperlich auffällig unreifes Kind zu seinem eigenen Schutz um ein Jahr zurückgestellt werden. Zum anderen wird aber in diesem Zusammenhang oft auch die basale Frage aufgeworfen, ob nicht eigentlich die Grundschule grundsätzlich zur Aufnahme aller Kinder der entsprechenden Altersstufe geeignet sein sollte. Aus dieser Sicht lenkt die Frage nach der Schulbereitschaft der Kinder lediglich von der viel wichtigeren Frage nach der Eignung der Schule für die Kinder ab.

In der Schulkindzeit ist bei den Kindern eine laufende Verbesserung ihrer motorischen Leistungen und eine stetige Zunahme ihrer Körperkraft festzustellen. Dies wird in einer großen Anzahl von Untersuchungen belegt, in denen teils die konkret bei bestimmten Bewegungen (z. B. Zusammendrücken eines Griffes mit der Hand) entwickelte Kraft gemessen wurde und teils die Entwicklung der Leistung bei willkürlich ausgewählten sportlichen Übungen (z. B. Laufen, Schlagballwerfen, sit-ups) studiert wurde. Die Ergebnisse der meisten dieser Studien sind mit zwei Sätzen zu beschreiben, nämlich (1) die Leistung der Kinder nimmt mit dem Alter kontinuierlich zu (meist sogar ziemlich linear) und (2) die athletischen Leistungen von Knaben sind im Durchschnitt besser als jene von Mädchen.

Der Geschlechtsunterschied in bezug auf viele körperliche und sportliche Leistungen ist zu Beginn des Schulalters schon vorhanden und nimmt stetig weiter zu. Beim Schlagballwurf beispielsweise werfen die Knaben bereits im Vorschulalter im Durchschnitt weiter als die Mädchen, bis zum Alter von 12 Jahren aber hat sich der Geschlechtsunterschied so verstärkt, daß der Prozentrang 50 der Leistungen der Knaben etwa dem Prozentrang 99,9 bei den Leistungen der Mädchen entspricht. Das bedeutet, daß nur etwa eines von 1000 Mädchen den Schlagball so weit zu werfen vermag wie ein durchschnittlicher Junge (Thomas & French, 1985).

Von diesem Muster gibt es nur wenige Ausnahmen. Mädchen zeigen bessere durchschnittliche Leistungen bei Aufgaben, die eine feine visuomotorische Koordination (Augen-Hand-Koordination) oder ein gutes Balancegefühl erfordern und – interessanterweise – auch bessere Leistungen beim Hüpfen (Williams, 1983). Sie lernen nicht nur früher zu hüpfen als Knaben, sondern sie können im Schulalter im Schnitt auch weiter und schneller hüpfen.

Die Geschlechtsunterschiede in bezug auf die athletischen Fähigkeiten der Kinder sind sicher zum Teil auf Übungseffekte zurückzuführen. Der durchschnittliche Knabe verbringt in unserer Kultur wesentlich mehr Zeit mit Laufen, Fangen und Werfen als das durchschnittliche Mädchen. Bei entsprechenden Untersuchungen zeigt sich immer wieder, daß Knaben vom Vorschulalter an mehr Zeit beim Spiel außer Haus verbringen als Mädchen und daß sie außerdem dabei eher zu sportlichen Wettkämpfen neigen als Mädchen, zum sich aneinander Messen in bezug auf Kraft, Geschwindigkeit und Geschicklichkeit. Die einzige Beschäftigung außer Haus, bei der Mädchen im Schnitt mehr Zeit verbringen als Knaben, ist das Hüpfen (in Österreich z. B. «Kastlhupfen» und «Gummihupfen») und dies ist gleichzeitig auch jene sportliche Aktivität, bei der sie den Knaben überlegen sind.

Zu einem zweiten Teil ist die Überlegenheit der Knaben wahrscheinlich auf körperliche Unterschiede zwischen den Geschlechtern zurückzuführen. Schon im Schulalter sind die Körper der Knaben muskulöser als jene der Mädchen, obwohl sich dieser Unterschied erst später im Jugendalter wirklich dramatisch verschärft (und auf die körperlichen Leistungen auswirkt).

Ein dritter Faktor, der beim Vergleich der sportlichen Leistungen von Mädchen und Knaben dieses Alter eine Rolle spielen dürfte, wird erst seit den achtziger Jahren in empirischen Studien dargestellt. Es handelt sich dabei um eine Art Hemmung der Mädchen im direkten Wettkampf gegen Knaben. Weisfeld,

Weisfeld & Callaghan (1982) beobachteten beispielsweise 12jährige Mädchen und Knaben beim Spiel von «dodge ball» (einer amerikanischen Version von Völkerball). Die Forscher teilten für ihr Experiment sowohl die Knaben wie auch die Mädchen in zwei Gruppen, nämlich gute und schlechte Dodgeball-Spieler. Es zeigte sich, daß die Knaben immer gewannen, wenn sie gegen Mädchen spielten, auch wenn die schlechte Knabenmannschaft gegen die in bezug auf die nötigen Fertigkeiten objektiv weit überlegenen Mädchen antreten muß- te. Die Untersuchungen wurden in zwei unterschiedlichen ethnischen Gruppen durchgeführt und führten sowohl bei Schulkindern in Chicago wie auch bei Kindern von Hopi-Indianern aus einem Reservat in Arizona zu denselben Er- gebnissen. Bei der Analyse der von den Spielen gemachten Videoaufzeichnun- gen fand man, daß die Mädchen den Wettkampf einfach aufgaben, sobald sie gegen Knaben spielen mußten und teilweise mit verschränkten Armen oder miteinander redend auf das Ende der Partie warteten. Wirklichen Kampfgeist zeigten sie nur beim Spiel gegen Mädchen. Bei einer nachträglichen Befragung stellte sich heraus, daß ihnen dieses Verhalten nicht bewußt gewesen war. Es soll erwähnt werden, daß vergleichbare Ergebnisse in vielen ähnlich aufgebau- ten Experimenten, in unterschiedlichen Situationen und in verschiedenen Al- tersstufen (besonders bei Jugendlichen) gefunden wurden.

10.2 Kognitive Entwicklung im Schulalter

10.2.1 Piagets Stadium der konkreten Operationen

Die kognitiven Fähigkeiten eines Kindes von sechs oder sieben Jahren bauen natürlich auf den Entwicklungsschritten des Vorschulalters auf und stellen eine Erweiterung und Verfeinerung dieser «skills» dar. Trotzdem meinte Piaget hier den Übergang zu einer qualitativ neuen Stufe der kognitiven Entwicklung er- kennen zu können, weil die Kinder plötzlich neue und enorm durchschlags- kräftige kognitive Strategien im Umgang mit konkreten Operationen entdek- ken und anwenden können. Piaget nennt die dem Schulkindalter entsprechende Entwicklungsstufe deshalb auch das Stadium der konkreten Operationen. Die- se neu zu entdeckenden Strategien im Umgang mit konkreten Operationen sind Reversibilität, Addition, Subtraktion, Multiplikation, Division und Bilden von Rangreihen. Ein Kind versteht also in dieser Entwicklungsstufe erstmals, daß konkrete Operationen umkehrbar sind, daß durch Hinzufügen einer Sache mehr wird und zwar um ein genau zu bestimmendes Quantum, und durch Ab- ziehen weniger; das Kind beginnt, das Konzept der Vervielfachung und der Teilung zu verstehen. Außerdem begreifen die Kinder nun, daß Objekte gleich- zeitig mehr als einer Kategorie zugehören können und daß die Kategorien zu- einander in einer logischen Beziehung stehen. Die Reversibilität wird dabei als die wichtigste Errungenschaft angesehen, auf der alle anderen aufbauen. Es ist

114

die Fähigkeit, Handlungen nicht nur konkret, sondern auch in der Vorstellung umkehren zu können und in jede beliebige Richtung ablaufen zu lassen. So erfordert beispielsweise das Verständnis der teilweisen Überschneidung von Begriffen und das Verständnis von Ober- und Unterbegriffen (Katze, Hund, Hamster, Haustier, Nagetier, Raubtier, Tier) die Fähigkeit, Klassifikationen mehrmals in verschiedene Richtungen ablaufen zu lassen. Dieses Verständnis für und der selbstverständliche Umgang mit der Inklusion und Exklusion von Klassen entwickelt sich erst im Laufe des Schulalters.

Zu den bei Kindern dieser Altersstufe beliebtesten Spielen gehören deshalb Begriffsratespiele (z. B. «Ich sehe was, das Du nicht siehst», «Stadt-Land», «The game of 20 questions»). Dabei geht es darum, mit möglichst wenigen mit «ja» oder «nein» zu beantwortenden Fragen einen Begriff zu erraten. Je besser der Spieler in der Lage ist, mit Oberbegriffen, Unterbegriffen und einander logisch ausschließenden Kategorien zu arbeiten, desto schneller wird er den gesuchten Begriff finden. Mosher & Hornsby (1966) adaptierten dieses alte Spiel für eine empirische Studie. Sie zeigten sechs-, acht- und elfjährigen Kindern einen Satz von 42 Bildern, auf denen Menschen, Tiere, Pflanzen, Spielsachen, Maschinen usw. abgebildet waren. Die Kinder sollten durch Stellen von ja-nein-Fragen versuchen, dahinterzukommen, an welches dieser Bilder der Versuchsleiter gerade dachte. Die Fragen der Kinder wurden in zwei Kategorien eingeordnet, nämlich Raten («Ist es das?») oder Verwendung von Ober- und Unterbegriffen («Ist es ein Spielzeug?» «Ist es ein rotes Spielzeug?»). Während Sechsjährige fast nur Fragen der ersten Art verwendeten, überwogen bei Achtjährigen bereits die Fragen auf der Basis von Kategorien, eine Strategie, die von den Elfjährigen dann bereits zur Perfektion getrieben wurde.

Wie von den bisherigen Ausführungen abzuleiten, stellen induktive logische Schlußfolgerungen für ein Kind auf der Stufe der konkreten Operationen im allgemeinen kein Problem mehr dar. Die Kinder sind mühelos in der Lage, aus einzelnen Beobachtungen Annahmen über allgemeine Gesetzmäßigkeiten abzuleiten (so ziehen sie etwa aus der Beobachtung des Verhaltens eines Mannes Schlußfolgerungen über das Verhalten von Männern im allgemeinen). Was die Kinder hingegen noch recht schlecht beherrschen, ist deduktives logisches Schlußfolgern. Dieses, so meinte Piaget, wird erst auf der nächsten Stufe der kognitiven Entwicklung, dem Stadium der formalen Operationen, wirklich beherrscht. (Alle A sind B, Josef ist A, ist er auch B?)

10.2.2 Ausgewählte Aspekte der kognitiven Entwicklung

Animismus, Anthropomorphismus. Die Welt des Vorschulkindes und des Schulanfängers ist noch nicht streng nach Lebewesen und unbelebten Dingen getrennt. Die Annahme, daß unbelebte Dinge (z. B. ein rollender Ball) lebendig seien, wird als Animismus bezeichnet. Die Phantasie der Kinder bleibt aber nicht dabei stehen. Oft werden den Dingen auch noch menschliche Eigenschaften zugeschrieben («Der Ball springt, weil er fröhlich ist und er rollt her, weil er weiß, daß ich da bin») Diese Zuschreibung menschlicher Eigenschaften zu Dingen, Pflanzen oder Tieren wird mit dem Begriff Anthropomorphismus bezeichnet.

Die Fähigkeit zur *Unterscheidung zwischen Lebendigem und Unbelebtem* entwickelt sich nach Piaget erst mit etwa sieben Jahren, also im Laufe der Phase der konkreten Operationen. Das für die Kinder wichtigste Unterscheidungskriterium dabei ist die selbständige Bewegung. Deshalb werden Pflanzen erst sehr spät als Lebewesen erkannt (Richards & Siegler, 1986). Einige Aspekte der Schwierigkeiten, die die Kinder bei der Beantwortung der Frage, ob etwas lebt oder nicht, haben, sind aber auch Erwachsenen nicht unbekannt. (Ab wann ist ein Mensch tot? Lebt ein hirntoter Mensch, der an ein Beatmungsgerät angeschlossen ist? Wie lange glauben Sie, lebt eine Pflanze? Lebt eine Blume noch, wenn Sie sie abgeschnitten haben? Leben die Zwiebeln in Ihrem Kühlschrank noch? Welche Bestandteile Ihres Müslis betrachten Sie als noch lebend?)

Eng mit der Unterscheidung zwischen Lebendigem und Unbelebtem verknüpft ist auch das *Verständnis für den Tod*. Ein kognitives Verständnis für die Implikationen des Todes, nämlich daß es sich dabei um ein irreversibles Aufhören aller Lebensfunktionen handelt, das früher oder später alle Lebewesen betrifft, auch alle Menschen und sogar einen selbst, ist ebenfalls ungefähr zur gleichen Zeit festzustellen.

Auch das Konzept zur *Beurteilung der Zeitdauer* entwickelt sich erst in der Phase der konkreten Operationen. Vor dem Alter von etwa sieben Jahren verstehen die meisten Kinder die Frage einfach nicht richtig, wenn sie Angaben über die Länge einer Zeitstrecke machen sollen. Von einer schönen Demonstration dieses Faktums berichten Levin, Wilkening & Dembo (1984). Kinder hatten als Versuchsteilnehmer die Gelegenheit, zwei Puppen zu beobachten, die in einigem Abstand hintereinander ins Puppenbettchen «zum Schlafen» gelegt wurden und dann kurz hintereinander wieder «aufgeweckt» und aus dem Bettchen genommen wurden. Die Kinder sollten angeben, welche der beiden Puppen längere Zeit geschlafen hatte. Vor dem Alter von sieben Jahren orientieren sich die Kinder bei der Beantwortung dieser Frage ausschließlich an dem Ende der Zeitstrecke, ohne den Anfang ins Kalkül zu ziehen. Jene Puppe, die später aufgestanden war, hatte ihrer Meinung nach längere Zeit geschlafen.

Piaget (1955) hat bei seinen Studien zum Zeitkonzept von Kindern Modelleisenbahnzüge verwendet, wovon er jeweils zwei nebeneinander (auf zweigleisigen Strecken) unterschiedlich lange fahren ließ. Die Kinder sollten angeben, welcher der beiden Züge für längere Zeit gefahren war. Ähnlich wie bei der vorigen Studie orientierten sich Kinder vor dem Alter von sieben bis acht Jahren bei ihren Antworten üblicherweise nur an dem Ort, an dem jeder Zug zum Stehen gekommen waren. Jener Zug, der weiter gekommen war, war für die Kinder auch länger gefahren, unabhängig von der Lage seines Startpunktes und unabhängig von seiner Reisegeschwindigkeit.

Lesenlernen: Von allen Kulturtechniken, die ein Kind in der Schule lernt, ist die Fähigkeit zu lesen wohl am wichtigsten. Das Lesen ist eine Grundvoraussetzung für die meisten später zu erwebenden Fertigkeiten. Kindern, die das Lesen nicht erlernen, fehlt gewissermaßen der Schlüssel zum «kulturellen Werkzeugschrank». Praktisch alle Kinder, mit Ausnahme von schwer geistig Behinderten oder Hirngeschädigten, erwerben eine gewisse Sprachkompetenz. Die Kommunikation mit Hilfe von Worten (oder im Falle von Gehörlosigkeit, mit Gesten) scheint eine der menschlichen Art gewissermaßen «eingebaute» Fähigkeit zu sein. Sprache taucht bei fast allen Kindern zwischen ein und drei Jahren erstmals auf. Wenn sie bis zur Pubertät nicht erworben wurde, wird sie wahrscheinlich nie mehr erworben werden. Für das Lesen trifft dies alles keineswegs zu. Lesen ist keine biologische Erbschaft, sondern eine durch entsprechenden Unterricht zu erwerbende Kulturtechnik. Lesefertigkeiten werden selten bei Kindern unter 2 1/2 Jahren festgestellt, jedoch gibt es keine obere Altersgrenze für ihren Erwerb. Einige Personen lernen das Lesen und Schreiben erst als Erwachsene, manche lernen es nie (vgl. Schenk-Danzinger, 1990). Die Schätzungen der Rate von Analphabeten in Europa gehen bis etwa 5 Prozent, in der Bevölkerung der USA sogar bis 10 Prozent.

Wegen der ausgesprochen großen Bedeutung, die in einer westlichen Industriegesellschaft die Lesefertigkeit eines Kindes für die weitere Schullaufbahn und damit für sein ganzes weiteres Leben hat, ist die Problematik des Lesens und Schreibens schon relativ früh im Blickpunkt der psychologischen Forschung gestanden. Insbesondere die Beschäftigung mit Kindern, die extreme Probleme beim Erwerb des Lesens und Schreibens haben (Legasthenie, spezifische Lese-Rechtschreibschwäche), brachte interessante Ergebnisse und auch Anregungen auch für eine optimale Gestaltung des Unterrichts. Das Störungsbild der spezifischen Lese-Rechtschreibschwäche ist definiert durch erschwertes Erlernen des Lesens und ungewöhnlich viele Rechtschreibfehler bei sonst normaler oder sogar überdurchschnittlicher Intelligenz. Das Vorliegen von Seh- oder Hörstörungen muß durch entsprechende Untersuchungen ausgeschlossen worden sein. Eine Lese-Rechtschreibschwäche tritt bei etwa 5 Prozent der Schulkinder auf, wobei Knaben mindestens dreimal häufiger betroffen sind als Mädchen. Die bei psychologischen Untersuchungen der betroffenen Kinder am häufigsten festzustellenden Schwierigkeiten sind phonologische (oder phonematische) Probleme, das sind einerseits spezifische Probleme bei der Lautdiskrimination (z. B. Unterscheidung zwischen «Beet» und «Bett») und andererseits Probleme bei der korrekten Zuordnung von Schriftzeichen (Graphemen) zu akustisch-sprachlicher Information (Phonemen). Zur Überprüfung der letzgenannten Fertigkeit eignet sich das Lesen von Pseudowörtern, z. B. «Barf» oder «Walp», das den lese-rechtschreibgestörten Kindern in der Regel nicht möglich ist. Besonders ungünstig wirkt sich für die betroffenen Kinder Leseunterrricht nach der Ganzheitsmethode aus, weil dabei genau die von ihnen am dringendsten benötigten Teilfertigkeiten nicht ausreichend geübt werden. Darüber hinaus werden die betroffenen Kinder meist erst relativ spät auffällig, weil sie über lange Zeit die in der Schule vorkommenden Wortbilder einfach auswendig lernen können, ohne wirkliche Lesefertigkeiten zu erwerben. Zur Behandlung der Lese-Rechtschreibschwäche eignen sich deshalb am besten hohe Dosen herkömmlichen Leseunterrichts, nämlich einfaches Lautieren auf der Ebene von Graphemen und Phonemen, verbunden mit Lautdiskriminationsübungen. Auf diese Weise gelingt es oft, besonders wenn das Training frühzeitig durchgeführt werden kann, den Kindern jene Fertigkeiten zu vermitteln, die sie brauchen, um wenigstens durchschnittliche Leser zu werden und in ihrer weiteren Schullaufbahn nicht allzusehr beeinträchtigt zu sein.

Weil die Störung aber in der Regel nicht frühzeitig diagnostiziert wird, haben die betroffenen Kinder, bevor sie zur Behandlung kommen, oft schon mehrere Jahre äußerst frustrierender Erfahrungen im Zusammenhang mit dem Schulbesuch hinter sich. Die daraus resultierende Demotivation und Verzweiflung und die oft daraus resultierenden sekundären psychischen Probleme oder Störungen (z. B. Beeinträchtigung des Selbstwerts, Schulphobie, Störungen des Sozialverhaltens) machen daher meist einen breiteren psychologischen Behandlungsansatz nötig.

Zur Langzeiteffizienz verschiedener Behandlungsstrategien liegt derzeit erst sehr wenig Information vor. Unbehandelt aber, soviel läßt sich sagen, ist die Prognose für die von einer Lese-Rechtschreibschwäche betroffenen Kinder ungünstig, die Probleme bleiben meist bis zum Ende der Schulzeit bestehen, die Störung verschwindet im allgemeinen nicht von selbst.

10.2.3 Metakognitive Fertigkeiten: Denkstrategien, Lernstrategien

Das Wissen, das jemand über sein eigenes Denken hat, nennt man Metakognition. Im Laufe ihrer Entwicklung erwerben die Kinder allmählich auch Wissen über die eigenen kognitiven Prozesse. Sie müssen beispielsweise zur Kenntnis nehmen, daß bestimmte Dinge schwerer im Gedächtnis zu behalten sind als andere oder daß sie bestimmte Dinge einfach vergessen. Sie entdecken aber auch, daß man etwas tun kann, um Lernprozesse zu erleichtern oder um das Vergessen zu verhindern. Solche Strategien werden als metakognitive Fertigkeiten (metacognitive skills) bezeichnet. Bei Vorschulkindern sind metakognitive Fertigkeiten kaum ausgebildet, sie verbessern sich aber bei Kindern im Schulalter rapide und beeinflussen später in zunehmendem Maße die Schulleistungen der Kinder. In der Folge sollen einige Beispiele für metakognitive Strategien gegeben werden.

Verbale Mediation. Einige Lernaufgaben, beispielsweise das Diskriminationslernen, werden wesentlich erleichtert, wenn der Lernende in der Lage ist, seine jeweiligen Annahmen in Worte zu fassen. Durch diese Strategie, die verbale Mediation genannt wird, erhält er ausformulierte Annahmen, die dann ähnlich wie Hypothesen zu verwenden sind, sein weiteres Verhalten steuern

118

und deren Richtigkeit in der Folge geprüft werden kann (z. B. «Wähle bei den folgenden Aufgaben immer das mittelgroße Symbol!»). Die Verwendung solcher verbaler Mediatoren beschleunigt das Lösen vieler Aufgaben ungemein.

Einprägen durch Wiederholen. Mit etwa acht Jahren haben die meisten Kinder entdeckt, daß das fortwährende Wiederholen von Gedächtnisinhalten eine gute Möglichkeit darstellt, das Vergessen zu verhindern oder wenigstens zu verzögern. Von Fünfjährigen wird diese Strategie dagegen noch kaum verwendet. Demonstriert wurde dies in einer Untersuchung von Flavell, Beach & Chinsky (1966) mit fünfjährigen und achtjährigen Kindern. Vom Untersucher wurde auf drei oder vier aus einer größeren Anzahl von Bildern gezeigt und die Kinder wurden aufgefordert, nach einer Pause von 15 Sekunden in derselben Reihenfolge auf dieselben Bilder zu zeigen. Um zu erfassen, welche Kinder in der Pause eine laufende Wiederholung der Inhalte durchführten, wurden die Lippenbewegungen aller Versuchsteilnehmer beobachtet. Bei fast allen Achtjährigen aber nur bei 10 Prozent der Fünfjährigen konnten entsprechende Lippenbewegungen festgestellt werden.

Kategorisierung und Elaboration. Beim Lernen und Behalten von Listen, z. B. Einkaufslisten, ist es bekanntlich leichter, die Liste nach Kategorien geordnet (Getränke, Gemüse, Waschmittel) zu lernen und zu behalten als in einer sonstigen beliebigen Reihenfolge. Die assoziative Nähe von Begriffen, die in die gleiche Kategorie fallen, erleichtert die Aufgabe beträchtlich.

In einer Arbeit von Schneider & Sodian (1988) wurde die Anwendung solcher metakognitiver Strategien bei 4- und 6jährigen studiert. Die Kinder hatten die Aufgabe, eine Reihe von Personenbildern (z. B. König, Polizist, Tänzerin) so in kleinen Spielzeughäuschen zu verstecken, daß sie sie später möglichst leicht wiederfinden könnten. Die Spielzeughäuschen sahen alle weitgehend gleich aus, außer daß sie mit Bildchen verschiedener Objekte dekoriert waren (z. B. einer Krone, einem Polizeiwagen, einem Kamm). Nachdem alle Personenbilder versteckt waren, erhielten die Kinder noch einmal einen gleichen Satz von Personenbildern und wurden gebeten, nun von jeder Person den jeweiligen Zwilling aus seinem Häuschen zu nehmen. Die Sechsjährigen konnten diese Aufgabe deutlich besser lösen als die Vierjährigen. Sie hatten nämlich zu einem großen Prozentsatz die Personenbilder in jenen Häuschen versteckt, die mit Objektbildern aus der gleichen Kategorie dekoriert waren, d. h. sie hatten Kategorisierung als metakognitive Strategie angewandt. Dort wo dies nicht so einfach möglich war (z. B. Tänzerin und Kamm) hatten sie oft eine kleine Geschichte erfunden («Die Tänzerin benötigt einen Kamm, denn sie muß bei ihrem Auftritt hübsch aussehen!»), um eine Verknüpfung der Begriffe herzustellen. Diese Strategie wird Elaboration genannt und wird in der späteren Schul- und Jugendzeit immer wichtiger (z. B. beim Vokabellernen).

Zu den metakognitiven Strategien gehört auch die Fähigkeit, Ablenkungen auszublenden und sich auf eine bestimmte Aufgabe ganz zu konzentrieren, es gehört dazu auch die Fertigkeit, die Reihenfolge der nötigen Schritte bei der Ausführung von Aufgaben genau zu planen, usw. Alle diese Fertigkeiten werden von den Kindern im allgemeinen mit zunehmendem Alter immer besser beherrscht. Dabei lassen sich aber große interindividuelle Unterschiede feststellen. Es erscheint einleuchtend, daß Kinder, die wissen, wie und wann welche dieser Strategien gewinnbringend einzusetzen sind, einen enormen Vorteil in bezug auf ihre Schulleistungen haben.

10.3 Sozial-emotionale Entwicklung im Schulalter

10.3.1 Soziale Kognition

Kinder lernen im Laufe ihrer Entwicklung nicht nur etwas über die Charakteristika der Objekte, die sie umgeben, sondern auch etwas über die Eigenschaften der Menschen, mit denen sie zu tun haben, einschließlich der eigenen. Der Begriff «soziale Kognition» bezieht sich auf das Verständnis für das Denken und Fühlen von Menschen und für die Art und Weise, wie sich Menschen zueinander verhalten. (Beispiel: Unterscheiden zu können, was jemand «im Spaß» und «im Ernst» sagt.) Diese Fähigkeiten beziehen sich nicht nur auf die Einschätzung des Verhaltens und Erlebens anderer Personen sondern auch auf das eigene. Weil es eine Art von Wissen über mentale Prozesse ist, handelt es sich auch bei sozialen Kognitionen um metakognitive Fertigkeiten. Es sind die Fertigkeiten, die man braucht, um soziale Beziehungen eingehen zu können.

Schon recht früh entwickelt sich beispielsweise die Fähigkeit, verschiedene Gesichtsausdrücke wahrzunehmen und entsprechend zu reagieren (siehe z. B. die bereits erwähnten Untersuchungen von Ahrens, 1954 über die Bedeutung der Mundpartie zur Auslösung des Lächelns; vgl. auch die Universalität der Bedeutung des Gesichtsausdrucks in allen Kulturen der Welt: Lächeln, Weinen, finster Dreinblicken braucht nicht gelernt zu werden, braucht nicht übersetzt zu werden und ist auch bei blinden Babies zu beobachten). Wesentlich später entwickelt sich dagegen die Fähigkeit, gespielten und echten Gesichtsausdruck zu unterscheiden. Erst im Schulkindalter beginnen die Kinder, echte und vorgetäuschte Emotionen im Gesichtsausdruck anderer zu unterscheiden.

Dies ist insofern erstaunlich, als sie selbst bereits im Vorschulalter beginnen, im Rollenspiel (z. B. in der Rolle des zornigen Vaters) den der auszudrükkenden Emotion entsprechenden Gesichtsausdruck nachzuahmen. Allerdings können Vorschulkinder in der Regel Emotionen noch nicht so gut nachahmen, daß sie auch einen Erwachsenen täuschen würden. Das ist wahrscheinlich auch der Grund dafür, daß die meisten Kinder erst im Laufe des Schulalters einigermaßen überzeugend lügen können. Die Kinder lernen üblicherweise erst mit etwa acht Jahren, Gefühle vorzutäuschen, die sie nicht haben und diese Fähigkeit ist im allgemeinen früher zu beobachten als die umgekehrte Fähigkeit, vorhandene Gefühle zu verdecken, also echte Emotionen nicht zu zeigen. Und doch ist auch dies eine Leistung, die von den Kindern im Laufe des Sozialisa-

120

tionsprozesses im Schulalter gefordert wird. Von einem Schulkind wird erwartet, daß es bei Enttäuschungen nicht gleich zu toben beginnt, wird erwartet, daß es seinem Zorn nicht gleich handgreiflich Ausdruck verleiht, wird vielfach erwartet, daß es höflich ist, das heißt, auch verbal nicht das äußert, was es sich denkt (z. B. daß das soeben erhaltene Geburtstagsgeschenk ziemlich uninteressant ist) und wird erwartet, daß es dazu auch den entsprechenden Gesichtsausdruck aufsetzt. Als Erzieher sollte man sich dieser Schwierigkeiten bewußt sein und wenigstens wissen, welche Leistung man von einem Kind verlangt, wenn man beispielsweise von ihm erwartet, auch nach mehreren Mißerfolgen in einem Spiel noch gelassen zu reagieren.

Im Schulalter entwickeln die Kinder auch das Verständnis dafür, daß Personen unterschiedlich reagieren und daß diese Unterschiede stabile psychologische Charakteristika darstellen. Man merkt dies daran, daß (ab einem Alter von etwa sieben Jahren) von den Kindern zur Beschreibung von Personen nicht mehr nur oberflächliche Charakteristika wie Haarfarbe, Körpergröße, Wohnort, usw. herangezogen werden, sondern Aussagen über ihre Persönlichkeitseigenschaften und daß aufgrund dieser zugeschriebenen Persönlichkeitseigenschaften den Kindern Vorhersagen über das wahrscheinliche Verhalten der jeweiligen Person möglich werden. Da die Kinder sieben oder acht Jahre gebraucht haben, um soweit zu kommen, ist es verständlich, daß sie zuerst in bezug auf die Beurteilung der Persönlichkeitseigenschaften anderer Menschen zur Schwarz-weiß-Malerei neigen. Die Verarbeitung widersprüchlicher Information über ein und dieselbe Person macht zu Beginn des Schulalters noch ausgesprochene Schwierigkeiten. Die Kinder neigen in diesem Fall dazu, einen Teil der Information einfach auszublenden. Donaldson & Westerman (1986) berichten beispielsweise von einer Studie, in der sie Achtjährigen von einem Arzt erzählt haben, der zum Dieb wurde. Die meisten Kinder äußerten auf Befragen die Ansicht, daß er dann kein Arzt mehr gewesen sein könne, denn ein Arzt sei gut und ein Dieb sei schlecht und beides gleichzeitig sei ja wohl nicht möglich.

10.3.2 Die Gruppe der Gleichaltrigen, Freundschaftsbeziehungen

Im Laufe des Schulkindalters bekommt der Umgang mit Gleichaltrigen (peer group) und Freunden im Rahmen der täglichen Aktivitäten eines Kindes eine zentrale Bedeutung.

Zur Entwicklung von Sozialkontakten mit Gleichaltrigen eine kurze chronologische Rückblende: Die ersten Zeichen eines gewissen Interesses an Gleichaltrigen kann man bei Kindern etwa im Alter von einem halben Jahr beobachten. Wenn man zwei Kinder dieses Alters nebeneinander auf den Boden setzt, werden sie einander anschauen, einander anlächeln und vielleicht auch versuchen, einander anzugreifen, an den Haaren zu ziehen, oder ähnliches. Gegen Ende des ersten Lebensjahres werden diese Verhaltenstendenzen noch deutlicher, jedoch ziehen es die Kinder ganz offensichtlich immer noch vor, allein zu spielen, wenn sie die Wahl haben. Miteinander spielen sie nur, wenn sich keine Alternative bietet, d. h. wenn kein anderes «Spielzeug» vorhanden ist. Erst ab einem Alter von etwa drei oder vier Jahren verbringen die meisten Kinder ihre Zeit eindeutig lieber mit Gleichaltrigen als allein. Wie bereits erwähnt, werden im Vorschulalter dabei üblicherweise gleichgeschlechtliche Spielkameraden bevorzugt.

Im Schulalter wird diese Präferenz des Spiels mit Gleichaltrigen, wie auch die Tendenz zur Geschlechtertrennung in den Peerbeziehungen der Kinder noch deutlicher. Im Laufe der Volksschulzeit verbringen die Kinder ihre Zeit am liebsten mit Gleichaltrigen und zwar meist mit Gleichaltrigen des gleichen Geschlechts. Es wird von Volksschulkindern oft sogar als Beleidigung verstanden, wenn über einen Jungen gesagt wird, er habe ein Mädchen gern oder über ein Mädchen, es möge einen Jungen. Erst in der Sekundarstufe, also etwa ab der fünften Schulstufe, beginnt sich dieses Muster langsam zu verändern, wenngleich Knaben-Mädchen oder Mädchen-Knaben-Beziehungen noch immer Grund für viele Spötteleien sind.

Wenn man Kinder im Schulkindalter fragt, was nach ihrer Meinung eine Gleichaltrigengruppe zusammenführt und zusammenhält (O'Brien & Bierman, 1988), so ist die häufigste Antwort, daß es die gemeinsame Aktivität sei («etwas gemeinsam machen»), die eine Gruppe zu einer Gruppe mache. Im Gegensatz dazu sind es für Jugendliche gemeinsame Einstellungen und Werte, die eine Gruppe definieren. Dies zeigt, daß bei Kindern im Schulalter auch in bezug auf zwischenmenschliche Kontakte noch eine ähnliche Konkretheit vorherrscht, wie bei ihren kognitiven Funktionen.

Freundschaften im Sinne einer relativ stabilen Präferenz für bestimmte Spielgefährten sind ebenfalls bereits unter Vorschulkindern festzustellen. Bei Verhaltensbeobachtungen von Hinde, Titmus, Easton & Tamplin (1985) zeigte sich etwa, daß etwa 50 Prozent der Vierjährigen einen Spielgefährten oder eine Spielgefährtin hatten, mit dem oder der sie deutlich öfter und länger spielten als mit anderen Kindern. Jedoch bekommen auch Freundschaftsbeziehungen (der «beste Freund» und die «beste Freundin») erst im Schulalter eine wirklich zentrale Bedeutung für die Kinder. Auch bei den Freundschaften ist dabei eine klare Geschlechtertrennung zu beobachten. Während im Vorschulalter immerhin etwa ein Drittel der Freundschaftsbeziehungen gemischtgeschlechtliche sind, sind im Schulkindalter stabile Freundschaftsbeziehungen über die Geschlechtergrenzen hinweg praktisch nicht zu beobachten.

10.3.3 Beliebtheit und Unbeliebtheit

Zur Frage, was es eigentlich ist, das ein Kind in seiner Gleichaltrigengruppe zu einem beliebten oder unbeliebten Mitglied macht, werden schon seit Jahrzehnten Informationen zusammengetragen. Im Laufe der letzten zehn Jahre wurden zur Beantwortung dieser Frage in zunehmendem Maße sogenannte zweidimensionale soziometrische Modelle verwendet. Bei den einschlägigen wissenschaftlichen Studien werden die Kinder zuerst auf der Basis der Anzahl ihrer positiven und negativen Nennungen bei soziometrischen Befragungen in fünf Statusgruppen eingeteilt, die als «popular» (beliebt), «rejected» (abgelehnt), «neglected» (nichtbeachtet), «controversial» (kontroversiell) und «average» (durchschnittlich) bezeichnet werden. Um die sonstigen Charakteristika der Kinder in diesen Statusgruppen erfassen zu können, werden sie danach im Hinblick auf eine Reihe von abhängigen Variablen untersucht und miteinander verglichen, etwa in bezug auf ihre kognitiven Fähigkeiten, in bezug auf verschiedene Aspekte ihrer sozialen Kompetenz und ihrer kommunikativen Fertigkeiten und auf andere als möglicherweise relevant erachteten Merkmale. Kurz zusammengefaßt zeichneten sich beliebte Kinder bei solchen Untersuchungen üblicherweise durch eine Kombination von guten kognitiven und guten sozialen Fertigkeiten und eine geringe Tendenz zu aggressiven Handlungen aus. Die abgelehnten Kinder wiesen hingegen im Schnitt schlechtere kognitive und soziale Fertigkeiten auf. Vor allem aber tendierten sie darüber hinaus in hohem Maße zu aggressivem und/oder verschlossenem Verhalten. Bei den nichtbeachteten Kindern wurden meist als einzige Auffälligkeiten Defizite ihrer Fertigkeiten bei sozialen Interaktionen gefunden und die kontroversiellen Kinder zeichneten sich schließlich durch eine Kombination von hoher Aggressionsbereitschaft mit sehr guten sozialen Fertigkeiten aus. Ob es sich bei diesen Charakteristika um die Ursachen für den soziometrischen Status der Kinder oder um die Auswirkungen desselben handelt, oder ob eine noch komplexere Beziehung zwischen den erfaßten Variablen vorliegt, kann aufgrund der in fast allen Studien verwendeten korrelativen Versuchsmethodik leider nicht beurteilt werden. Die erwähnten Ergebnisse und alle Untersuchungen, auf denen sie beruhen, sind in einer Übersichtsarbeit von Newcomb, Bukowski & Pattee (1993) genauer dargestellt.

Sehr interessant sind einige Studien, in denen prospektiv das weitere Schicksal von unbeliebten und aggressiven Kindern untersucht wurde. Dabei zeigte sich, daß sowohl Abgelehntwerden durch die Gleichaltrigen als auch Aggressivität im Schulkindalter eine erhöhtes Risiko für Verhaltensprobleme und emotionale Störungen in Jugend und Erwachsenenalter vorherzusagen erlaubt. In der Arbeit von Kupersmidt & Coie (1990) wurden beispielsweise Kinder, die im Alter von 11 Jahren von ihren Klassenkameraden abgelehnt wurden und Kinder, die in dieser Altersstufe durch besonders aggressives Verhalten aufgefallen waren, bis zum 18. Lebensjahr weiter beobachtet und es wurde ihre weitere Entwicklung mit der ihrer unauffälligen Klassenkameraden verglichen. Es zeigte sich, daß sowohl bei den abgelehnten wie auch bei den aggressiven Kindern später im Laufe des Jugendalters ein erhöhtes Risiko für das Auftreten externalisierender Verhaltensprobleme festzustellen war. Die aufgetretenen Probleme reichten von Schuleschwänzen und Abbruch der Schulausbildung, über Vormerkungen in den Polizeiakten bis zu Verurteilungen wegen Gewaltdelikten. Der Zusammenhang zwischen Unbeliebtheit bei den Peers und dem späteren Auftreten der erwähnten Probleme kann dabei auf mindestens drei verschiedene Arten erklärt werden.

1. kann angenommen werden, daß die Ablehnung durch die Gleichaltrigen selbst als Stressor wirkt und als solcher die weitere Entwicklung der Kinder negativ beeinflußt,

2. kann vermutet werden, daß für die abgelehnten Kinder der stresshemmende Effekt einer guten sozialen Einbettung wegfällt, sodaß sie in stärkerem Ausmaß auch durch Stress aus anderen Quellen belastet werden, und

3. könnte es sein, daß die Ablehnung durch die Peers einen psychologischen «Marker» darstellt, der nicht ursächlich mit den später auftretenden Problemen zusammenhängt, sondern nur die Gefahr einer zu erwartenden atypischen Entwicklung signalisiert.

10.3.4 Aggressivität

Wie bereits erwähnt, können ähnliche Effekte wie für abgelehnte Kinder auch für aggressive Kinder festgestellt werden. Eron & Huesmann (1990) haben beispielsweise in einer über 22 Jahre laufenden Longitudinalstudie das weitere Schicksal von Kindern verfolgt, die als Achtjährige durch besondere Aggressivität (und die daraus resultierende Ablehnung) aufgefallen waren. Sie fanden, daß viele Mitglieder dieser Gruppe auch im Alter von 30 Jahren durch verschiedene Formen von Aggressivität auffielen, etwa durch die Anzahl von Verurteilungen wegen kriminellen Verhaltens («Vorstrafen»), durch ihre Anzahl von Vormerkungen in der Verkehrssünderkartei, durch Strafen wegen Fahrens unter Alkohol- und Drogeneinfluß, Aggressivität gegen den Ehepartner und durch außergewöhnliche Strenge bei der Bestrafung der eigenen Kinder. Wenn die Unbeliebtheit eines Kindes in mangelndem sozialen Geschick und hoher Aggressivität wurzelt, muß man also befürchten, daß es auch in Zukunft und in anderen Umgebungen sozial isoliert sein wird. Die betroffenen Kinder werden dann offenbar mehr und mehr in jene Umgebung gedrängt, in der ihr Verhalten noch einigermaßen akzeptiert wird, nämlich in Gruppen von ebenfalls aggressiven oder delinquenten Kindern. Für die Kinder erhöht sich damit die Wahrscheinlichkeit, den Schulbesuch vorzeitig abzubrechen, selbst delinquent zu werden und/oder psychiatrische Behandlung zu benötigen (Dishion, Patterson, Stoolmiller & Skinner, 1991).

Einen Zugang zur Erklärung der erstaunlichen zeitlichen Stabilität der Aggressivität von Kindern bietet die Erforschung bestimmter Aspekte ihrer kognitiven Prozesse. In einschlägigen Untersuchungen (z. B. Dodge, 1980) konnte immer wieder gefunden werden, daß aggressive Kinder das Verhalten anderer auf besondere Art wahrnehmen und interpretieren. Sie tendieren dazu, die

Handlungen anderer als feindselig wahrzunehmen. Bei Fragen zu hypothetischen, mehrdeutigen Ereignissen (z. B. ein Kind wird von einem Ball getroffen, ein anderes Kind stößt ein Spielzeug um, usw.) vermuten aggressive Kinder mit höherer Wahrscheinlichkeit böse Absichten und halten es dann eher für gerechtfertigt, auf solche «Feindseligkeiten» aggressiv zu reagieren. Diese Grundhaltung der aggressiven Kinder beruht umgekehrt allerdings wieder auf ganz realen Erfahrungen, denn aggressive Kinder werden tatsächlich häufig zur Zielscheibe des feindseligen Verhaltens anderer Kinder, wodurch ein schwer zu durchbrechender Kreislauf von Gewalt und Gegengewalt entsteht. Aggressive Kinder werden allmählich von Gleichaltrigen abgelehnt und dann in antisozialer Weise behandelt. Diese Art des Umgangs verstärkt den Kreislauf des aggressiven Verhaltens und hält ihn weiter aufrecht.

Als Einflußfaktoren für das Auftreten aggressiver Verhaltensweisen werden unter anderem biologische, konstitutionelle und psychosoziale Faktoren diskutiert.

Biologische Einflüsse: Etwa vom zweiten Lebensjahr an gibt es deutliche Geschlechtsunterschiede im Bereich der Aggression. Aggressives Verhalten wird häufiger von Knaben als von Mädchen provoziert und auch selbst gezeigt. Diese Geschlechtsunterschiede lassen sich dann in fast allen Altersstufen feststellen und werden in der Pubertät und im frühen Erwachsenenalter besonders auffällig. Manche Psychologen sehen in der Tatsache, daß diese Geschlechtsunterschiede in allen (bisher untersuchten) Kulturen dieser Erde und bei fast allen uns näher verwandten Tierarten festzustellen sind, Belege für biologische Einflußfaktoren. In diesem Zusammenhang wird dann üblicherweise darauf hingewiesen, daß der Testosteronspiegel bei männlichen Jugendlichen signifikant mit Reizbarkeit, geringer Frustrationstoleranz und erhöhter Aggressionsbereitschaft korreliert. Soziale Einflüsse sind davon aber kaum zu trennen, denn auch die Sozialisationsbedingungen für Knaben und Mädchen unterscheiden sich in bezug auf den Umgang mit aggressivem Verhalten. Aggressivität ist an die Stereotypen der Männlichkeit gebunden und wird entsprechend von Knaben erwartet und dadurch häufig implizit gefördert.

Zu den konstitutionellen Faktoren zählt man das «Temperament» von Kindern, worunter möglicherweise angeborene und sehr zeitstabile Unterschiede in bezug auf die Reizbarkeit und das Aktivitätsniveau von Kindern verstanden werden. Kinder, die schon als Säuglinge reizbar, sehr aktiv und schwer zu beruhigen waren, sind mit erhöhter Wahrscheinlichkeit auch noch als Dreijährige ängstlich, hyperaktiv und feindselig und neigen eher zu aggressivem Verhalten. Die Frage bleibt allerdings unbeantwortet, inwieweit dies auf die Überforderung der Eltern im Erziehungsprozeß, also auf soziale Einflüsse zurückzuführen ist.

Unter den sozialen Einflüssen kommt vor allem den familiären Bedingungen ein hervorragender Stellenwert zu. Nach der Sicht der sozialen Lerntheorie stellen aggressive Verhaltensweisen des Kindes eine direkte Reaktion auf die unmittelbare soziale Umwelt dar. Die unangemessenen kindlichen Verhaltensweisen werden einerseits im Sinne eines Modellernens vom Verhalten wichtiger Bezugspersonen übernommen (aggressives Verhalten wird besonders leicht durch Nachahmung erworben), andererseits durch irritiertes und problematisches Erziehungsverhalten der Eltern gegen deren Willen weiter gefördert (Distanzierte und unfreundliche Beziehung zum Kind, Verleugnung der Probleme, Zuwendung nur für aggressives Verhalten, damit intermittierende Verstärkung problematischen Verhaltens, Versagen beim Registrieren von Regelverletzungen und bei der sofortigen angemessenen Belohnung und Bestrafung von Verhalten; vgl. Perry, Perry & Boldizar, 1990; Steinhausen, 1993). Die Ursachen des unangemessenen elterlichen Erziehungsstils sind oft in anhaltender familiärer Disharmonie, vor allem in chronischen Partnerkonflikten der Eltern zu suchen. Einflußreiche aggressive Modelle finden sich weiters oft unter den Gleichaltrigen und vor allem in den Massenmedien, speziell in Fernsehen und Videos. Schließlich ist das Klima in Schule und Gesellschaft in bezug auf seinen Beitrag zur Förderung von Gewalt nicht außer acht zu lassen (vgl. z. B. Bründel & Hurrelmann, 1994).

Angesichts der Tatsache, daß hohe Aggressivität im Kindesalter, wie gezeigt wurde, eine eher ungünstige Prognose erwarten läßt, sind rechtzeitig einsetzende und effiziente therapeutische Maßnahmen von großer Wichtigkeit für die betroffenen Kinder und auch für ihre Eltern. Klassische Psychotherapie ist in diesem Fall wegen mangelnder Effizienz nicht indiziert. Familienorientierte Verhaltenstherapie bietet dagegen eine realistische Chance für das Erreichen einer Besserung. Die therapeutische Vorgangsweise orientiert sich an Theorien des sozialen Lernens und an Behandlungsprogrammen, wie sie etwa von Patterson (1975, 1982) oder Petermann & Petermann (1993a,b) publiziert worden sind (siehe auch Petermann & Warschburger, 1995). Im wesentlichen bezwekken die therapeutischen Interventionen eine Förderung der sozialen Kompetenzen der betroffenen Kinder und eine Verstärkung von erwünschten prosozialen Verhaltensweisen durch konsequente Belohnung, gleichzeitig die Reduktion des offenen oder versteckten aggressiven Verhaltens durch konsequente Bestrafung und drittens eine Veränderung der unangemessenen und irritierten Reaktionen und Verhaltensweisen der Eltern, mit dem Ziel, ihre erzieherische Handlungsfähigkeit wiederzugewinnen.

10.3.5 Zur Entwicklung des moralischen Urteils

Der Schulbesuch bringt es mit sich, daß die Kinder gezwungen sind, über Jahre hinweg einen Teil des Tages in der Schule zu verbringen und dabei Erfahrungen mit der Schülerrolle zu sammeln. SchülerIn zu sein bedeutet unter anderem meist, einer oder eine von vielen zu sein und sich mit einer Lehrperson auseinandersetzen zu müssen, die unterrichtet, Aufgaben stellt und von der die Güte der Bewältigung der gestellten Aufgaben dann auch beurteilt wird. Da die Lehrperson für alle Kinder gleichermaßen zur Verfügung stehen soll, kann man, im Gegensatz zu den Verhältnissen im Elternhaus, nur sehr begrenzt mit einem Eingehen auf individuelle Bedürfnisse rechnen. Diese Bedingungen verändern sich auch dann nicht wesentlich, wenn die Lehrperson wechselt, oder wenn man in eine andere Klasse kommt. Unter diesen Umständen kann man nur hoffen, daß die Lehrperson wenigstens alle Kinder einigermaßen gleich behandelt, ohne einige zu bevorzugen oder zu benachteiligen. Darüber hinaus ergibt sich zwangsläufig auch die Notwendigkeit, in der Gruppe der Gleichaltrigen zu irgendwelchen Formen eines geregelten kooperativen Zusammenlebens zu gelangen. Wohl unter dem Einfluß solcher Erfahrungen entwickelt sich bei Kindern im Schulalter das Verständnis für Gleichheit und Gleichberechtigung und ein starker Sinn für Gerechtigkeit. Gerechtigkeit wird in dieser Zeit zu einem wesentlichen Moralbegriff.

Schon Piaget (1932) hat sich mit der Entwicklung der Moral beim Kind auseinandergesetzt. Vermutlich ist sein Werk als Antwort auf das im Jahre 1925 erschienene Buch von Emile Durkheim über moralische Erziehung zu betrachten (Trautner, 1991). Durkheim hatte darin die Auffassung vertreten, daß Moral durch Anpassung des Individuums an gesellschaftliche Normen entstehe. Piaget wollte hingegen mit seinen auf empirische Untersuchungen gestützten Ausführungen zeigen, daß diese – wie er es nannte – «heteronome» Zwangsmoral nur den Anfang der Moralentwicklung darstellt, die später (etwa am Ende der Schulkindzeit) von einer reiferen «autonomen» Moral abgelöst wird. Im Stadium der heteronomen Moral entscheiden äußere Instanzen (Eltern, Polizei, Gott) über moralisch richtiges oder falsches Verhalten und sanktionieren die Nichteinhaltung der vorgegebenen Regeln. Im Stadium der autonomen Moral entscheiden jedoch die Personen selbst nach inneren Wertmaßstäben, was richtig oder falsch ist. In diesem Sinne ist das Gerechtigkeitsempfinden des Schulkindes der erste feststellbare reife Moralbegriff eines Kindes.

Die Ansätze von Piaget wurden vom amerikanischen Psychologen Lawrence Kohlberg in einem mehr als 30 Jahre dauernden Forschungsprogramm weitergeführt und verfeinert. Kohlbergs Arbeit (z. B. Kohlberg, 1980, 1984) beruhte wesentlich auf Interviews von Probanden, denen Geschichten vorgelesen wurden, in denen der Hauptdarsteller in ein moralisches Dilemma gerät, sodaß jede seiner Handlungsmöglichkeiten aus verschiedenen Gründen gleichzeitig moralisch richtig oder falsch ist. Im Anschluß an die Präsentation jeder Geschichte sollten die Versuchsteilnehmer jeweils das ihrer Meinung nach in diesen Situationen richtige Verhalten nennen und außerdem begründen, warum es moralisch richtig sei.

Zur Illustration sei die wohl bekannteste dieser Geschichten kurz dargestellt: Die Geschichte handelt von Heinz, einem Mann, dessen Frau unheilbar an Krebs erkrankt war. Es gab nur ein Medikament, von dem die Ärzte vermuteten, daß es sie möglicherweise retten könnte. Es war eine Radiumverbindung, die erst kürzlich von einem Apotheker in derselben Stadt entdeckt worden war. Das Medikament war schon sehr teuer in der Herstellung, aber der Apotheker verlangte dafür den zehnfachen Preis, den ihn die Herstellung gekostet hatte. Er hatte 200 Dollar für das Radium gezahlt und verlangte 2000 Dollar für eine kleine Menge des Medikaments. Heinz, der Mann der erkrankten Frau, ging zu allen, die er kannte, um sich das Geld auszuborgen, aber er bekam nur 1000 Dollar zusammen. Er erklärte dem Apotheker, daß seine Frau im Sterben liege und bat ihn, das Medikament billiger abzugeben oder ihn später bezahlen zu lassen. Aber der Apotheker sagte: «Nein, ich habe das Medikament entdeckt und ich will damit Geld verdienen». In seiner Verzweiflung brach Heinz in die Apotheke ein, um das Medikament für seine Frau zu stehlen. Nachdem den Versuchspersonen diese Geschichte erzählt worden war, sollten sie Fragen der folgenden Art beantworten: War es richtig, daß Heinz das Medikament stahl? Darf man in einer solchen Situation das Gesetz übertreten? Falls ja, was wäre gewesen, wenn Heinz seine Frau nicht liebte? Hätte das irgend etwas an der Lage geändert? Wie hätte Heinz entscheiden müssen, wenn die todkranke Frau eine Fremde gewesen wäre? Wäre der Diebstahl auch dann gerechtfertigt? usw

Kohlberg fand, daß das Antwortverhalten seiner Versuchspersonen durch ein dreistufiges Modell der moralischen Entwicklung am besten erklärbar sei. Die drei Ebenen (oder Niveaus) wurden von ihm als «präkonventionell», «konventionell» und «postkonventionell oder prinzipiengeleitet» bezeichnet. Außerdem können nach seiner Meinung pro Ebene jeweils zwei Unterstufen unterschieden werden:

Moralische Urteile auf der *präkonventionellen Ebene* beruhen nach Kohlberg auf dem Wunsch nach Vermeidung von Bestrafung und auf der Einsicht der überlegenen Macht von Autoritäten. Moralisch richtig ist Gehorsam, das Einhalten von Regeln, deren Übertretung mit Strafe bedroht ist (Unterstufe 1: Gehorsam zur Vermeidung von Bestrafung). Ebenfalls auf der präkonventionellen Ebene angesiedelt sind moralische Urteile, die auf Überlegungen zur Erzielung eines persönlichen Vorteils beruhen (Unterstufe 2: Verfolgen eigener Interessen und Bedürfnisse).

Auf der *konventionellen Ebene* wird erkannt, daß es sich bei moralischen Regeln um soziale Erwartungen und Übereinkünfte handelt, die Vorrang vor den individuellen Interessen erhalten müssen. Moralisch richtig ist auf diesem Niveau, den Erwartungen zu entsprechen, die einem in einer bestimmten sozialen Rolle (z. B. als Sohn, Bruder, Freund) entgegengebracht werden. Moralisch richtig ist es, sich gut zu benehmen, ehrenwerte Absichten zu verfolgen, sich um andere zu sorgen und insgesamt ein guter Mensch zu sein (Unterstufe 3: zwischenmenschliche Erwartungen). Gesetze regeln auch den Beitrag des einzelnen zur Entwicklung der Gesellschaft. Durch persönliche Pflichterfüllung müssen die entsprechenden gesellschaftlichen Institutionen aufrechterhalten werden, um einen Systemzusammenbruch zu verhindern, zu dem es kommen müßte, wenn die Gesetze von den Mitgliedern eines Gemeinwesens nicht beachtet würden («wenn das jeder täte»). Gesetze sind zu befolgen, außer sie widersprechen eklatant anderen als noch wichtiger erachteten sozialen Verpflichtungen (Unterstufe 4: soziales System und Gewissen).

128

Auf der *postkonventionellen oder prinzipiengeleiteten Ebene* schließlich wird der Systemaspekt moralischen Handelns noch stärker unter dem Gesichtspunkt des Gesellschaftsvertrags ins Kalkül gezogen. Es wird erkannt, daß von Menschen in verschiedenen Ländern und Kulturen viele unterschiedliche Meinungen vertreten werden und daß die meisten Normen und Werte gruppenspezifisch und damit relativ sind. Diese «relativen» Regeln sollten aber trotzdem im allgemeinen befolgt werden, weil sie in der gegebenen Gesellschaft den sozialen Vereinbarungen entsprechen und im allgemeinen dazu dienen, den größten Nutzen für die größtmögliche Zahl von Personen bringen. Darüberhinaus gibt es jedoch gewisse absolute Werte und Rechte, wie Leben, Freiheit und Gerechtigkeit, die von jeder Gesellschaft zu respektieren sind (Unterstufe 5: Gesellschaftsvertrag). Das moralische Urteil in bezug auf diese Werte wird in der letzten Stufe weitgehend unabhängig von Gesetzen und beruht auf einem Gefühl direkter persönlicher Verpflichtung gegenüber universellen ethischen Grundwerten, beispielsweise der Gleichheit aller Menschen und der Achtung vor der Würde des Individuums. Wenn spezielle Gesetze einer Gesellschaft gegen diese Werte verstoßen, dann werden diese Gesetze bewußt übertreten und das Handeln richtet sich nach den genannten übergeordneten ethischen Prinzipien (Unterstufe 6: universelle ethische Prinzipien).

Kohlbergs Theorie ist in einer Vielzahl von Studien empirisch überprüft worden, wobei man als Hauptergebnis zweifellos feststellen kann, daß die in den einzelnen Stichproben am häufigsten festgestellte Stufe der moralischen Entwicklung (Modalstufe) mit dem Durchschnittsalter der jeweils untersuchten Personen ansteigt, und daß in allen bisher untersuchten Kulturen im allgemeinen bis zum Erwachsenenalter die Argumentationsmuster der konventionellen Ebene erreicht werden. Außerdem konnte gezeigt werden, daß Jugendliche mit Verhaltensstörungen oder Personen, die als psychopathisch diagnostiziert worden waren, häufig eine starke moralische Unterentwicklung aufweisen und meist auf der präkonventionellen Ebene denken und argumentieren.

Schwierigkeiten für Kohlbergs Modell als allgemein gültige psychologische Theorie ergeben sich aber aus der Tatsache, daß in einigen ländlichen Untersuchungsstichproben außerhalb des westlichen Kulturkreises (z. B. in Stichproben von Eskimos oder in Stichproben aus der Landbevölkerung in der Türkei, in Kenia und in Ladakh, Indien) überhaupt keine Personen gefunden werden konnten, die auf der postkonventionellen Ebene argumentierten (Snarey, 1985). Es ist daher zu diskutieren, inwieweit Kohlbergs Theorie eine ungerechtfertigte Generalisierung des in westlichen demokratischen Industriegesellschaften vorherrschenden Denkstils ist, ein Ethnozentrismus, der ein kulturabhängiges liberales Gerechtigkeitskonzept zum allgemeingültigen Maßstab erhebt.

Angegriffen wurde Kohlberg auch von Seiten feministischer Psychologinnen, die seine Theorie als sexistisch bezeichneten. Es gebe, so argumentierte beispielsweise Carol Gilligan (1984), einen wesentlichen Geschlechtsunterschied in bezug auf das moralische Urteil, der Kohlberg vollkommen entgangen sei. Während Männer nach Gilligan eine Moral der Gerechtigkeit (morality of justice) entwickeln, sei ein reifer Moralbegriff bei Frauen demgegenüber viel mehr auf Fürsorge für andere ausgerichtet (morality of caring). Diese Moral der Fürsoge sei gesellschaftlich nicht weniger wertvoll als die männliche Gerechtigkeitsmoral, werde aber nach Kohlbergs Theorie nicht als hohe Stufe der Moralentwicklung erkannt. Dadurch würden Frauen benachteiligt, weil sie bei Kohlberg mit weniger großer Wahrscheinlichkeit eine hohe Einstufung in bezug auf ihre moralische Entwicklung erreichen könnten. Gilligan untermauerte ihre Annahmen mit Untersuchungen an Erwachsenen, in denen sie zeigen konnte, daß sich Frauen zu einem wesentlich größeren Prozentsatz an einer Moral der Fürsorge orientieren (z. B. Gilligan & Attanucci, 1988).

Bei den empirischen Untersuchungen zum unterschiedlichen Abschneiden von Frauen und Männern (vgl. Walker, 1984) wurde allerdings mit Kohlbergs Untersuchungsmethode im Schnitt keine niedrigere Stufe des moralischen Urteils von weiblichen Probanden gefunden, sofern man das Ausbildungsniveau und die berufliche Stellung der befragten Frauen und Männer vergleichbar hielt.

Die Unterschiede zwischen städtischer und ländlicher Bevölkerung und zwischen den sozialen Schichten der Bevölkerung eines Landes führen dagegen zu deutlichen, statistisch signifikanten Lokationsunterschieden: In städtischen Stichproben erreicht ein größerer Prozentsatz der Befragten bei der Beantwortung der Kohlberg-Aufgaben hohe Einstufungen als in ländlichen Stichproben und die Mitglieder höherer sozialer Schichten erzielen im Schnitt höhere Einstufungen als Personen aus der Unterschicht.

10.3.6 Zur Entwicklung des moralischen Handelns

Die Alltagserfahrung lehrt, daß die Befähigung zu einem «treffsicheren» moralischen Urteil und die Äußerung einer bestimmten moralischen Einstellung oft ziemlich wenig mit den dann tatsächlich zu beobachtenden Handlungen einer Person zu tun hat. Bereits in den Zwanzigerjahren unseres Jahrhunderts wurden von Hartshorne & May (1928–1930), einem Theologen und einem Psychologen, großangelegte empirische Untersuchungen über das Widerstehen von Versuchungen durchgeführt. Dabei wurden insgesamt über 11'000 Kinder und Jugendliche zwischen acht und sechzehn Jahren in Situationen gebracht, in denen es nicht leicht war, verschiedenen Versuchungen zum Stehlen, Lügen und Betrügen zu widerstehen. Die Untersuchungen wurden in den verschiedensten Umgebungen durchgeführt, auf dem Spielplatz, in der Schule, in Sportvereinen und in der Kirche. In einer typischen Situation durften die Kinder beispielsweise an einem Geschicklichkeitsspiel, z. B. Korbballwerfen, teilnehmen. Die Versuchspersonen wurden einzeln drangenommen und darauf aufmerksam gemacht, daß sie nur bis zu einer bestimmten Linie an den Korb herangehen und diese keinesfalls überschreiten dürften. Durch die Gestaltung der Situation wurden dann unterschiedlich große Anreize geschaffen, die Regeln zu verletzen, so wurde beispielsweise für eine gute Trefferzahl beim Korbballwerfen eine hohe Belohnung ausgesetzt. Nach einiger Zeit der Anwesenheit des Versuchsleiters verließ dieser unter einem Vorwand den Raum und ließ die Versuchsperson im Glauben zurück, sie könne nun eine Zeitlang unbeobachtet allein weitermachen. Tatsächlich wurde über eine Kamera beobachtet, was die Versuchsteilnehmer machten, wie lange es dauerte, bis sie und wie oft sie gegen die Regeln verstießen.

Die Auswertung der Versuchsreihen zeigte, daß ehrliches Verhalten nicht durch unterschiedliche Persönlichkeitseigenschaften der Kinder im Sinne von «Anständigkeit» zu erklären war. Die Kinder konnten nicht in eine ehrliche und eine unehrliche Gruppe unterteilt werden, sondern es hing hauptsächlich von den äußeren Bedingungen ab, wie ein Kind reagierte. Ehrliches Verhalten trat beispielsweise am ehesten in jenen Situationen auf, in denen die Gefahr des Entdecktwerdens sehr groß war. Hartshorne & May zogen demnach auch den ernüchternden Schluß aus ihren Daten, daß es sich bei «Anständigkeit» nicht um ein stabiles Persönlichkeitsmerkmal des Menschen handle, sondern daß es von der jeweiligen Situation abhängt, ob sich ein Mensch «anständig» verhalte oder nicht.

Diese Schlußfolgerung hat, wie man sich vorstellen kann, viele Nachuntersuchungen angeregt, die jedenfalls in einem Punkt zu weitgehend übereinstimmenden Ergebnissen führten: Ehrliches Verhalten hängt mehr von der Situation als von der Person ab. Das konkrete Verhalten hängt unter anderem davon ab, wie groß für den einzelnen der Druck ist, ein bestimmtes Ziel unter allen Umständen erreichen zu wollen (z. B. gute Noten zu bekommen) und wie hoch er die Gefahr einschätzt, bei einer Unredlichkeit erwischt zu werden.

Jedoch hat sich in vielen Nachuntersuchungen auch gezeigt, daß trotz der starken Situationsabhängigkeit des Verhaltens bei den Kindern doch auch ein gewisses Ausmaß an individueller Konsistenz festgestellt werden kann. Anders ausgedrückt kann man sagen, daß es in fast jeder Untersuchung wenigstens einige Kinder gab, die sich relativ konsistent ehrlich oder unehrlich verhielten. Ob es sich dabei aber um die Persönlichkeitseigenschaft «Ehrlichkeit» handelte, die diese Effekte bewirkte, oder ob diese Kinder vielleicht nur alle gebotenen Anreize zum Schummeln nicht attraktiv genug fanden, oder die Wahrscheinlichkeit, dabei erwischt zu werden, subjektiv generell als zu hoch einschätzten, kann bislang nicht entschieden werden. Was sich hingegen recht deutlich abzeichnet, ist die wichtige Rolle von Verhaltensmodellen (vgl. Humphrey, 1984). Tatsache ist, daß auch Kinder, die normalerweise recht ehrlich sind, zum Schummeln verführt werden können, wenn sie sehen, «daß es auch alle anderen tun», ohne dafür bestraft zu werden.

11. Jugendalter

Der Begriff Jugendalter oder Adoleszenz wird in dieser Darstellung zur Bezeichnung jener Lebensphase gebraucht, die zwischen Kindheit und Erwachsenenalter liegt. Sie umfaßt damit ungefähr die Zeit vom 12. bis zum 20. Lebensjahr. Diese Grenzen sind aber sowohl nach unten wie auch nach oben äußerst unscharf. Erschwert wird die Verwendung des Begriffes «Jugendalter» zusätzlich durch die Tatsache, daß er in einigen Gesetzestexten (z. B. Jugendschutzgesetz, Jugendwohlfahrtsgesetz, Jugendstrafrecht ...) juristisch definiert wurde, und zwar als Altersstufe, die vom 14. bis zum 18. Lebensjahr reicht. Wegen der erheblichen interindividuellen Unterschiede kommt man aus pädagogisch-psychologischer Sicht in zunehmendem Maße davon ab, Altersgrenzen anzugeben, stattdessen werden die Grenzen eher nach biologischen oder soziologischen Kriterien definiert. So ist der Beginn des Jugendalters etwa biologisch einigermaßen klar festzulegen durch das Einsetzen geschlechtlicher Reifungsprozesse, das Eintreten der Menarche (erste Monatsblutung) bei den Mädchen und das Auftreten der ersten Ejakulation (Samenerguß) bei den Knaben. Der Abschluß dagegen ist viel schwieriger zu bestimmen. Als Markierung für das Ende des Jugendalters wird oft der Eintritt ins Berufsleben, bzw. das Erreichen der wirtschaftlichen Selbständigkeit vorgeschlagen. Soziologisch betrachtet ist das Jugendalter also jener Zeitabschnitt, in dem ein Mensch den Status als Kind bereits verloren, aber den Erwachsenenstatus noch nicht erlangt hat.

In Anbetracht der relativ langen Zeitspanne, die sie umfaßt, ist es verständlich, daß die Adoleszenz von verschiedenen Wissenschaftern in weitere Abschnitte unterteilt wird (z. B. Präadoleszenz, frühe Adoleszenz, eigentliche Adoleszenz, Spätadoleszenz, Postadoleszenz u. ä.). Remschmidt (1992) meint, daß eine Einteilung in wenigstens zwei Phasen sinnvoll sei. Die erste Phase, jene der Pubertät, ist gekennzeichnet durch den relativ plötzlichen Verlust des Status der Kindheit, durch eine Fülle von verunsichernden und beunruhigenden Veränderungen im physischen und psychischen Bereich, wobei der Pubertierende aber noch nicht in der Subkultur der Jugendlichen Fuß gefaßt hat. In der zweiten Phase kommt es dann zu einer zunehmenden Reorganisation, das heißt, die Jugendlichen finden Kontakt zu Gleichaltrigen und gewinnen an Orientierung. Allerdings ist die Übernahme des Status als Erwachsener noch nicht gelungen, sondern es entstehen Probleme mit der Identitätsfindung und die Auseinandersetzung mit den herkömmlichen Strukturen der Gesellschaft wird geführt.

Das Jugendalter ist kein naturgegebener Lebensabschnitt, sondern ist stark abhängig von der jeweiligen Gesellschaftsform. Bei Naturvölkern existiert beispielsweise überhaupt keine mit unserem Jugendalter vergleichbare Lebensphase, sondern der Übergang von der Kindheit zum Erwachsensein erfolgt nach der Geschlechtsreifung recht abrupt über einen Initiationsritus. Die Existenz einer Jugendphase für beide Geschlechter, wie wir sie heute in unserem Kulturkreis kennen, hat zwei gesellschaftliche Voraussetzungen, nämlich zum einen die gesellschaftliche Notwendigkeit einer langen Ausbildungsphase für Männer und für Frauen, also einen großen Bedarf an qualifizierten Arbeitskräften beiderlei Geschlechts und zum anderen die ökonomische Möglichkeit, eine solche lange Ausbildungsphase für die gesamte nächste Generation auch zu finanzieren. Beides trifft erst in neuester Zeit und nur in industrialisierten Gesellschaften zu. Vorher war auch in unserem Land «Jugend» nur ein Privileg der höheren Schichten und auch dort vornehmlich eines des männlichen Geschlechts.

Durch die Ausbreitung der westlichen Zivilisation und Industriegesellschaft nivellieren sich die Unterschiede zwischen den Gesellschaften dieser Erde in zunehmendem Maße und damit gleicht sich die Situation der Jugendlichen in vielen Ländern an jene an, die bei uns bzw. in den USA vorzufinden ist. Die in unserer Gesellschaft im Laufe der letzten zwei, drei Jahrzehnte zu beobachtende weitere Verlängerung von Ausbildungszeiten hat zum Entstehen einer noch nie dagewesenen Größe der Gruppe von Jugendlichen geführt und die Bildung einer (weitgehend verkommerzialisierten) Jugendlichensubkultur ermöglicht, wie sie ebenfalls bislang noch nie existiert hat. Durch die Wirkung der über die Massenmedien vermittelten Klischees ist gegenwärtig eine fortschreitende internationale Vereinheitlichung der Phänomene der Jugendphase festzustellen.

Im Rahmen der geschilderten gesellschaftlichen Entwicklungen wird jedoch die Abgrenzung zwischen Jugendalter und Erwachsenenalter immer schwieriger. Die erwähnte Verlängerung der Ausbildungszeiten in vielen Berufen führt heute dazu, daß die Auszubildenden, beispielsweise die Absolventen von Universitätsstudien, am Ende ihrer Ausbildung manchmal bereits das 30. Lebensjahr überschritten haben. Sie sind zwar finanziell in der Regel noch von ihren Eltern abhängig, führen aber oft schon mit einem Partner einen eigenen Haushalt, vielleicht sogar schon mit eigenen Kindern. Dazu kommt noch, daß der Vorsprung der Elterngeneration in bezug auf Wissen und Erfahrung sich im Alltag zunehmend weniger deutlich manifestiert. Im Gegenteil, in einer schnellebigen Zeit des technischen Fortschritts sind Jugendliche in Alltagssituationen oft sogar besser informiert und orientiert als die Erwachsenen (z. B. bei der Benützung eines Computers und neuer technischer Geräte). Auch das (manchmal geradezu grotesk anmutende) Bemühen der Erwachsenengeneration, sich ein möglichst jugendliches Aussehen und Auftreten zu bewahren, trägt noch zusätzlich dazu bei, die Grenzen zwischen Jugendlichen und Erwachsenen zu verwischen. Auf die Frage nach der oberen Grenze des Jugendalters gibt es dementsprechend keine verbindliche Antwort mehr. Die meisten Entwicklungspsychologinnen und Entwicklungspsychologen setzen diese Grenze heute willkürlich irgendwo zwischen dem 19. und dem 21. Lebensjahr an.

11.1 Körperliche Entwicklung im Jugendalter

11.1.1 Pubertätswachstumsschub, Kraft und Koordination

Der Beginn der Pubertät ist durch einen nochmaligen Wachstumsschub gekennzeichnet, also eine Zunahme der Wachstumsgeschwindigkeit. Vor diesem Wachstumsschub sind Mädchen und Knaben annähernd gleich groß. Der Wachstumsschub tritt bei Mädchen im Schnitt um zwei Jahre früher ein als bei Knaben und erreicht nicht dieselbe Stärke, wodurch schließlich die um etwa 12 cm geringere Durchschnittsgröße von Frauen im Vergleich zu Männern entsteht. Das größte Wachstum im Rahmen dieses Wachstumsschubs wird bei den Mädchen im Schnitt mit etwa 12 Jahren (etwa 8 cm pro Jahr), bei den Knaben mit 14 Jahren (etwa 9,5 cm pro Jahr) festgestellt. Die individuellen Abweichungen von diesen Durchschnittsangaben, d. h. die Unterschiede im Entwicklungstempo sind im Jugendalter oft sehr groß und für die Betroffenen auch oft ein Grund zur Beunruhigung. Bei beiden Geschlechtern dauert der Wachstumsschub ungefähr viereinhalb Jahre. Der Zeitpunkt des Pubertätseintritts dürfte weitgehend genetisch bestimmt sein. Bei Kindern mit sehr frühem Pubertätseintritt ist meist zu erfahren, daß auch Mutter und Vater früh in die Pubertät gekommen sind.

Die Veränderung der Körperproportionen im Pubertätswachstumsschub vollzieht sich nach allgemeinen Gesetzmäßigkeiten. Zunächst erfolgt eine Steigerung des Wachstums von Händen und Füßen, von Armen und Beinen, dann von Hüften und Schultern und erst zuletzt wird der Rumpf vom Wachstumsschub erfaßt. Relativ gering ist das Kopfwachstum, da Schädel- und Gehirnwachstum bekanntlich der übrigen Reifung vorauseilen. Innerhalb des

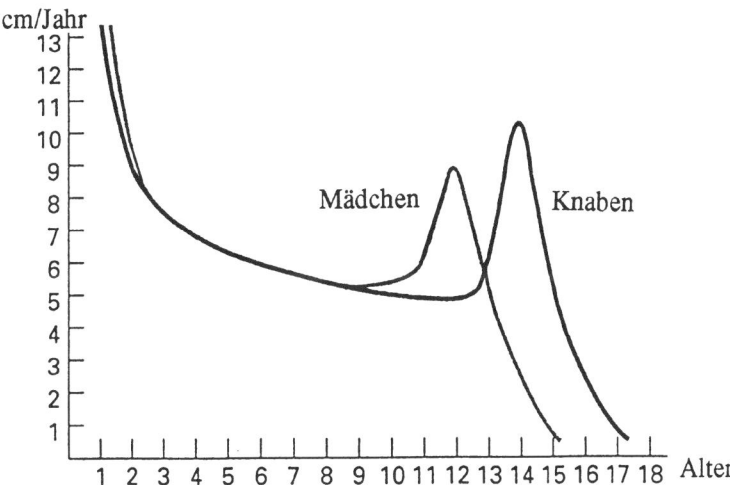

Abbildung 7: Durchschnittlicher Größenzuwachs von Mädchen und Knaben in den ersten 18 Lebensjahren (nach Bee, 1992).

Schädelwachstums wachsen die Gesichtsknochen rascher als die übrigen Teile, so daß es zu einer Streckung des Gesichts kommt. Mit einer leichten Verspätung zum Wachstum des Skeletts und der Muskulatur nimmt schließlich auch die Körperkraft zu.

In bezug auf die Kraft wird im Laufe des Jugendalters der Unterschied zwischen den Geschlechtern immer deutlicher (Beispiele Armzugkraft und Armstoßkraft). Das Muskelwachstum und damit der Kraftzuwachs ist bei den Knaben im Schnitt deutlich größer als bei den Mädchen. Dafür sind einerseits soziokulturelle Faktoren (Wichtigkeit sportlicher Leistungen für Knaben, gezieltes Training) verantwortlich, andererseits sind daran aber sicher auch biologische Faktoren beteiligt. Androgene fördern bekanntlich die Muskelentwicklung, die männlichen Körperproportionen bieten für bestimmte Bewegungsabläufe eine günstigere Hebelwirkung, bei Knaben nimmt im Schnitt u. a. das Atemvolumen, Blutvolumen und die Anzahl der roten Blutkörperchen stärker zu als bei Mädchen, alles Faktoren, die das Durchhalten körperlicher Anstrengung erleichtern. Die letztgenannten Geschlechtsunterschiede sind im Alter von 12 Jahren noch nicht vorhanden, entwickeln sich im Laufe des Jugendalters und bleiben im Erwachsenenalter bestehen.

In einigen Untersuchungen wurde gezeigt, daß während der Pubertät und Adoleszenz bei beiden Geschlechtern Unsicherheiten in bezug auf die motorische Koordination auftreten. Diese gewisse Ungeschicklichkeit ist zum Teil wahrscheinlich auf die rasche Wachstumsgeschwindigkeit und besonders auf die Unterschiede in der Wachstumsgeschwindigkeit einzelner Bereiche zurückzuführen. Dadurch wird das Bild vom eigenen Körper (body image), das sich im Kindesalter etabliert hat, beispielsweise das Schema der Auge-Hand-Koordination, gestört und muß sich auf dem neuen Niveau erst wieder einspielen.

Auf der endokrinen Ebene (Unterschied zwischen exokrinen und endokrinen Drüsen: erstere sondern ihr Sekret, z. B. Schweiß, Tränen oder Verdauungssäfte, auf die Körperoberfläche oder in eine Körperhöhle ab, letztere geben ihr Sekret, Hormone, direkt in die Blutbahn ab) wird der Pubertätswachstumsschub vorwiegend durch die Ausschüttung von Wachstumshormonen und Schilddrüsenhormonen angeregt und schließlich durch das Wirksamwerden der Sexualhormone zum Stillstand gebracht.

11.1.2 Geschlechtsreifung: Hormonelle Aspekte

Hormone sind für viele der im Zusammenhang mit der Geschlechtsreifung auftretenden Veränderungen verantwortlich. Einen wesentlichen Anteil an der Auslösung der endokrinen Veränderungen während der Pubertät hat die Hypophyse (Hirnanhangdrüse). Sie sitzt an der Unterseite des Zwischenhirns und ist mit Nervenbahnen mit dem Hypothalamus verbunden, dem wichtigsten Koordinationszentrum für das autonome Nervensystem (z. B. Kontrolle und Steuerung von Körpertemperatur, Wach- und Schlafrhythmus, Blutdruck und Atmung, Wasserhaushalt, Schweißsekretion, Hunger und Sättigung, Lust und Unlust). Der Hypothalamus übt seine Kontrolle über zahlreiche Körperfunktionen zum Teil über die Steuerung der Hypophyse aus. Hypothalamus und Hypophyse bilden zusammen ein übergeordnetes Kontrollsystem für die anderen Hormondrüsen des Körpers. Die Hormone, die sie freisetzen, wirken auf die peripheren Hormondrüsen (z. B. Schilddrüse, Nebennierenrinde, Hoden bzw. Eierstöcke) ein und regen damit die Ausschüttung von deren Hormonen an. Die von den aktivierten peripheren endokrinen Drüsen abgegebenen Hormone wirken dann wieder auf Hypothalamus und Hypophyse zurück und regulieren wiederum die Aktivität dieser Steuerzentralen, ein Beispiel für eine Steuerung durch Rückkopplung (feedback).

Wenn die Zellen des Hypothalamus einen gewissen Reifestand erreicht haben, senden sie erstmals Signale an die Hypophyse, die die Freisetzung von Hypophysenhormonen bewirken, die dann ihrerseits wiederum die Hormonproduktion von Schilddrüse, Nebennieren und Geschlechtsdrüsen, also von Hoden oder Eierstöcken, anregen. Die nun ausgeschütteten Androgene, Östrogene (und bei Mädchen zusätzlich Gestagene) bewirken in Wechselwirkung mit den Hypophysenhormonen und anderen Hormonen die Geschlechtsreifung und beeinflussen den weiteren Verlauf der körperlichen Entwicklung.

Im Rahmen dieser Entwicklung in der Pubertät beginnen sich Mädchen und Knaben erstmals in ihrem nachgeburtlichen Leben auch in bezug auf ihren hormonellen Status wesentlich zu unterscheiden, nämlich in bezug auf das im Blutplasma festzustellende Verhältnis von weiblichen zu männlichen Sexualhormonen. Bei den Mädchen steigern die Eierstöcke ihre Östrogenproduktion während der Pubertät auf etwa die sechsfache Menge, bei den Knaben produzieren die Hoden nun etwa zwanzigmal soviel Testosteron wie in der Kindheit. Zwar befinden sich im Blutkreislauf von Knaben und Mädchen auch nach der Pubertät weiterhin sowohl Östrogene wie auch Androgene, aber die Geschlechter beginnen sich nun in bezug auf das Verhältnis von weiblichen zu männlichen Sexualhormonen deutlich zu unterscheiden. Während sich bei den Mädchen das Verhältnis von Östradiol zu Testosteron zugunsten der weiblichen Sexualhormone verschiebt, ist das Umgekehrte bei den Knaben festzustellen. Bei jungen Männern liegt der Androgenspiegel um 20 bis 60 Prozent höher als bei jungen Frauen und bei diesen ist wiederum der Östrogenspiegel zwischen 20 und 30 Prozent höher als bei den Männern.

Weitgehend unbekannt ist bis jetzt, durch welche Auslösemechanismen die erwähnte Aktivität von Hypothalamus und Hypophyse in Gang gesetzt wird. Angesichts der großen Altersunterschiede beim Beginn des Einsetzens der Pubertät kann es ganz offensichtlich nicht das Alter allein sein, das diese Prozesse in Gang setzt. Interessant in diesem Zusammenhang sind die Hypothesen von Frisch & Revelle (1970), die vermuten, daß das Erreichen eines bestimmten Körpergewichts (und die damit verbundenen Veränderungen im Stoffwechsel) die entsprechende hypothalamische Aktivität auslöst. Mit dieser Hypothese gut in Einklang zu bringen ist jedenfalls das Phänomen der Vorverlegung der Geschlechtsreife während des letzten Jahrhunderts. Tatsächlich trat während der letzten 125 Jahre bei den Mädchen in Europa die Menarche im Schnitt relativ konstant zu jenem Zeitpunkt auf, zu dem sie etwa ein Gewicht von 47 kg erreicht hatten. Das Alter, zu dem dieses kritische Gewicht erreicht wurde, hat sich allerdings durch verbesserte Ernährungsbedingungen beständig nach vor verlegt.

11.1.3 Zeitlicher Ablauf der Geschlechtsreifung und Akzeleration

Der Ablauf der Reifungsvorgänge folgt bei beiden Geschlechtern einer festgelegten Reihenfolge. Bei den Mädchen ist im Schnitt mit etwa 10 ½ Jahren der Beginn des Auftretens der Schambehaarung festzustellen, etwa mit 11 Jahren der Beginn der Brustentwicklung, mit 12 wird die maximale Wachstumsgeschwindigkeit im Pubertätswachstumsschub erreicht und mit durchschnittlich 13 Jahren folgt die erste Menstruation (Menarche), die ersten fruchtbaren Zyklen stellen sich aber erst ein bis zwei Jahre nach der Menarche ein. Bei den Knaben sind die vergleichbaren Reifungsschritte um etwa zwei Jahre später zu beobachten: im Schnitt mit 12 ½ Jahren der Beginn der Schambehaarung, mit 13 Jahren die beginnende Penisvergrößerung und erst mit 14 das Erreichen der maximalen Wachstumsgeschwindigkeit. Über den Zeitpunkt der ersten Ejakulation gibt es keine genaueren statistischen Angaben, da es sich dabei – im Vergleich zur Menarche der Mädchen – um ein noch «privateres» Ereignis handelt, das von den Knaben üblicherweise (nämlich von rund zwei Drittel) bei der Selbstbefriedigung festgestellt wird.

Der Zeitpunkt des Beginns der geschilderten Reifungsabläufe ist bei beiden Geschlechtern bemerkenswert variabel, die obigen Zeitangaben sind Mittelwerte von Meßwertreihen, die eine Standardabweichung von mehr als einem Jahr aufweisen. Das bedeutet, daß innerhalb der normalen Entwicklungsvarianten sehr große zeitliche Unterschiede zwischen Frühentwicklern und Spätentwicklern möglich sind, die so weit gehen, daß die Frühentwickler einer Alterskohorte den gesamten Reifungsprozeß schon hinter sich haben und alle sekundären Geschlechtsmerkmale aufweisen, ehe die altersgleichen Spätentwickler auch nur die ersten Anzeichen einer beginnenden Geschlechtsreifung zeigen. Dies hat oft Rückwirkungen auf das psychische Befinden und die weitere Entwicklung der Jugendlichen.

In bezug auf den Zeitpunkt des Eintretens der Reifungsvorgänge wurde, wie bereits erwähnt, seit dem letzten Jahrhundert eine ständige Vorverlegung (Akzeleration) beobachtet. Die frühesten statistischen Daten in bezug auf das durchschnittliche Menarchealter stammen aus dem vorigen Jahrhundert und zeigen bei norwegischen Mädchen ein durchschnittliches Menarchealter von mehr als 17 Jahren. Im Jahr 1890 lag in Deutschland das durchschnittliche Menarchealter etwas über dem 16. Lebensjahr, heute liegt es beim 13. Lebensjahr. Ein ähnlicher Trend wird auch für das Größenwachstum berichtet, der durchschnittliche Größenzuwachs gemessen bei Kindern im Vorschulalter und bei jungen Erwachsenen betrug im Laufe des letzten Jahrhunderts etwa 1 cm pro Jahrzehnt. Für diese Akzelerationsphänomene werden Verbesserungen der sozialen und gesundheitlichen Bedingungen verantwortlich gemacht, insbesondere bessere Ernährung und bessere Gesundheitsvorsorge, aber auch die stärkere Reizzufuhr im Kindesalter.

11.1.4 Zum Zusammenhang von Hormonen und Sexualverhalten

Die Frage nach dem Zusammenhang zwischen der Ausschüttung von Sexualhormonen und dem sexuellen Verhalten und Erleben von Menschen wurde oft gestellt und ist nur sehr schwer zu beantworten. Von vielen Forschern wird jedoch bei beiden Geschlechtern die Plasmakonzentration von Testosteron mit der Auslösung sexuellen Verhaltens in Zusammenhang gebracht.

Bei der Untersuchung und Befragung von Knaben konnten beispielsweise deutliche Korrelationen zwischen der Höhe ihres Plasmatestosteronspiegels und dem Auftreten nächtlicher Samenergüsse, der Masturbationshäufigkeit, dem erstem Verliebtsein, der Häufigkeit von Geschlechtsverkehr und der Häufigkeit der Beschäftigung mit sexuellen Dingen festgestellt werden. Der Anstieg des Plasmatestosteronspiegels beim Knaben in der Pubertät ist ausgesprochen steil und wird in etwa 10 Monaten durchlaufen. Genau in dieser Zeit steigt auch die Intensität des Auftretens der erwähnten sexuellen Reaktionen. Jedoch läßt sich aus diesen Zusammenhängen kein eindeutiger Schluß in bezug auf die Verursachung sexueller Verhaltensweisen ziehen, denn Verliebtheit, Masturbation und Orgasmus kommen bei beiden Geschlechtern schon vor der Pubertät vor.

Hinweise für den großen Einfluß des Testosteronspiegels auf das Sexualverhalten findet man aber auch, wenn man nach den Auswirkungen plötzlichen Testosteronentzugs fragt, wie er zum Beispiel bei der Kastration eines Mannes passiert. Erfolgt die Kastration vor der Pubertät, resultiert Impotenz. Erfolgt die Kastration nach der Pubertät, so kommt es generell sofort zu einem abrupten Nachlassen sexueller Bedürfnisse, wobei aber in vielen Fällen auch nach der Kastration noch eine begrenzte sexuelle Aktivität aufrechterhalten werden kann.

Ein weiterer Hinweis für den engen Zusammenhang zwischen Testosteron und sexuellen Bedürfnissen ist in der Tatsache zu sehen, daß die Zufuhr von Testosteron, wie sie bei der Behandlung bestimmter Krankheiten (z. B. Hypogonadismus bei Männern) erfolgt, oft zu einer auffallenden Steigerung der sexuellen Bedürfnisse und der Potenz der Behandelten führt.

Auch bei Frauen werden Zusammenhänge zwischen der Höhe des Plasmaspiegels von Testosteron bzw. androgen wirkenden Substanzen (z. B. bei der Zufuhr von Anabolika zu Dopingzwecken) und der Aktivierung sexueller Bedürfnisse und Verhaltensweisen diskutiert. Bei entsprechenden Untersuchungen zeigte sich aber, daß zwar bei Knaben und Männern eine recht direkte Korrelation zwischen der Höhe des Testosteronspiegels und ihrem sexuellen Verhalten besteht, jedoch bei Mädchen und Frauen bislang nur in wenigen Untersuchungen ein Zusammenhang zwischen der Höhe ihres Androgenspiegels (incl. Testosteron) und dem Ausmaß ihrer sexuellen Interessen und ihrer nicht-koitalen sexuellen Aktivitäten (Masturbation) nachgewiesen werden konnte. Es gibt aber mindestens ebensoviele Studien, in denen entsprechende Zusammenhänge bei Mädchen und Frauen nicht gefunden werden konnten. Die Häufigkeit des Geschlechtsverkehrs korreliert bei Mädchen und Frauen üblicherweise nicht mit dem Testosteronspiegel, sondern ist vielmehr abhängig von sozialen Bedingungen und zwischenmenschlichen Beziehungen (Brooks-Gunn & Furstenberg, 1989). Aus Ergebnissen dieser Art kann geschlossen werden, daß beim weiblichen Geschlecht die Zusammenhänge zwischen hormonell-biologischen Faktoren und dem Sexualverhalten, falls es solche überhaupt gibt, jedenfalls nur sehr schwach ausgeprägt sind und die sexuelle Aktivität von Mädchen weitaus stärker von sozialen Einflüssen abhängig ist als jene von Knaben.

Darüberhinaus wurde bei der Befragung von Frauen oft gefunden, daß sie sich in der ersten Hälfte des Monatszyklus, der überwiegend unter dem Einfluß von Östrogenen steht, als zufriedener, aktiver und sexuell leichter stimulierbar erleben als in der zweiten Hälfte des Zyklus, die unter Progesteroneinfluß steht. Auch solche Beobachtungen lassen sich mit der Annahme einer Aktivatorwirkung von Hormonen hinsichtlich psychischer Abläufe vereinbaren, logisch schlüssige Beweise für einen direkten Einfluß der Hormone auf sexuelle Verhaltensweisen und Emotionen sind sie jedoch nicht.

Neben der absoluten Höhe des Plasmahormonspiegels scheint auch noch ein anderer Hormoneffekt zu existieren, nämlich die Anpassungsleistungen des Organismus auf Abweichungen vom gewohnten Hormonspiegel. Zum Beispiel sind erwachsene Frauen offenbar an die Schwankungen ihrer Hormonkonzentrationen während des Menstruationszyklus gewöhnt, während junge Mädchen darauf noch recht irritiert zu reagieren scheinen. Brooks-Gunn & Warren (1989) fanden in diesem Zusammenhang, daß hohe Östrogenspiegel nur bei erwachsenen Frauen mit Aktiviertheit und Wohlbefinden in Zusammenhang stehen, während viel Östrogen bei pubertierenden Mädchen eher mit Depressivität und verminderter Impulskontrolle korreliert. Auch in anderen Studien hat sich gezeigt, daß die Stimmungslage von Personen oft nicht so sehr von der Höhe ihrer Hormonspiegel per se abhängt, oft auch nicht einmal von den Fluktuationen, sondern vom Ausmaß der Abweichungen von jenen Hormonkonzentrationen, an die die jeweilige Person gewöhnt ist.

Diese Beobachtungen sprechen insgesamt dafür, daß die Sexualhormone zwar nicht direkt ein bestimmtes Verhalten oder eine bestimmte Stimmungslage hervorrufen, daß von ihnen aber das Auftreten von Verhaltensweisen und Gefühlen im Sinne einer Aktivatorfunktion gefördert wird. Die endokrinen

140

Veränderungen in der Pubertät führen offenbar zu einer größeren Empfänglichkeit für sexuell stimulierende Einflüsse und fördern so die entsprechenden psychischen Abläufe und Funktionen. Darüber hinaus ist jedoch offensichtlich noch eine ganze Reihe anderer Faktoren (z. B. Erziehung, Erfahrung, soziale Normen) für die individuelle Ausprägung sexueller Bedürfnisse und Aktivitäten einer Person verantwortlich.

11.1.5 Auswirkungen früher oder später Geschlechtsreifung

In unserer Kultur scheint bei den meisten Menschen die Erwartung zu bestehen, daß die Geschlechtsreifung normalerweise zwischen dem 12. und dem 14. Lebensjahr zu erfolgen hat. Eine Reifung vor diesem Intervall wird als «zu früh» angesehen, eine Reifung danach als «zu spät». Dies bedeutet, daß die meisten Mädchen, aber nur die Frühentwickler unter den Knaben innerhalb dieser sozial erwarteten Zeitspanne geschlechtsreif werden. Dementsprechend nahm man an, daß diese beiden Gruppen, die normal entwickelten Mädchen und die früh entwickelten Knaben die besten Voraussetzungen für ihr psychisches Wohlbefinden vorfinden. Und exakt dies wird bei einschlägigen Untersuchungen auch immer wieder gefunden. Mädchen fühlen sich im Schnitt am attraktivsten, haben die besten Schulleistungen und sind am beliebtesten, wenn sie weder zu früh noch zu spät sexuell reifen, während für Knaben die psychologisch beste Situation die der Frühentwickler ist. Die psychologisch ungünstigste Position ist offenbar jene der frühreifen Mädchen und der ausgesprochenen Spätentwickler unter den Knaben (Tobin-Richards, Boxer & Petersen, 1983).

Die frühreifen männlichen Jugendlichen werden wegen ihres männlicheren Aussehens öfter für Führungsfunktionen (Mannschaftskapitän, Klassensprecher, u. ä.) ausgewählt, auch wird ihnen seitens der Erwachsenen eher Verantwortung übertragen und es werden ihnen weniger lang Beschränkungen auferlegt (z. B. was Ausgehen betrifft). Frühentwickelte Knaben zeigen daher im Schnitt mehr Selbstsicherheit und Gelassenheit und sie sind beliebter und anerkannter unter den Gleichaltrigen als die gleichalten Spätentwickler. Die Frühentwickler unter den Knaben haben außerdem noch den zusätzlichen Vorteil, daß sie meist dem athletischen Körperbautyp angehören, der ohnehin über alle Altersstufen (auch von den Mädchen) als der attraktivste eingestuft wird und dem sehr gute sportliche Leistungen möglich sind. Die Spätentwickler unter den Knaben sind dagegen benachteiligt durch ihre vergleichsweise geringe Körpergröße und Kraft, die ihre Chancen bei Wettkämpfen und Auseinandersetzungen stark beeinträchtigen und auch die Chancen minimieren, von Mädchen bewundert zu werden, was sich beides wiederum auf das Selbstwertgefühl und auch auf die soziometrische Position in der Gruppe auswirkt.

Einige der Vorteile für die frühentwickelten Knaben scheinen sich noch bis ins Erwachsenenalter fortzusetzen. Bei Längsschnittuntersuchungen, in denen

Frühentwickler und Spätentwickler bis zum 30 Lebensjahr beobachtet wurden (Jones, 1957, 1965), fand man beispielsweise, daß die frühentwickelten Knaben auch noch als Erwachsene im Schnitt ausgeglichener und verantwortungsbewußter waren und ein aktiveres Sozialleben hatten als die ehemaligen Spätentwickler. In einigen Bereichen jedoch scheint sich der Vorteil der Frühentwickler später für sie zum Nachteil umzukehren. Wahrscheinlich weil typisch männliche Attribute und Verhaltensweisen ihr Prestige in der Adoleszenz begründet hatten, neigen Frühentwickler als erwachsene Männer mit erhöhter Wahrscheinlichkeit zu einer eher rigiden und stereotypen Interpretation der männlichen Rolle, während die Spätentwickler dagegen im Schnitt flexiblere und an die jeweilige Situation besser angepaßte Verhaltensweisen zeigen. Sie haben oft bereits im Laufe der Jugendzeit kompensatorisch andere Fähigkeiten für den zwischenmenschlichen Umgang, beispielsweise Sensibilität und kommunikative Fertigkeiten, stärker ausgebildet, um bei Mädchen beliebt zu werden. Diese Fertigkeiten machen sich offensichtlich später im Erwachsenenleben bezahlt. Spätentwickler berichten jedenfalls über vergleichsweise bessere Beziehungen zu ihren Frauen und Kindern als Frühentwickler (Ames, 1957).

Im Gegensatz zu den Knaben wird von den Mädchen eine frühe körperliche Entwicklung eher als ungünstig und als Stress erlebt. Da die betroffenen Mädchen verglichen mit ihren Altersgenossen beiderlei Geschlechts im Aussehen sehr von der Norm abweichen, sind sie oft in bezug auf ihr Erscheinungsbild besonders selbstunsicher. Sie zeigen in der Folge im Schnitt auch mehr disziplinäre Probleme und schlechtere Schulleistungen als die durchschnittlich oder spät Entwickelten. Letzterer Unterschied wird von einigen Forschern darauf zurückgeführt, daß die frühentwickelten Mädchen durch ihr früh erwachendes Interesse an Männern (oder das Interesse der Männer an ihnen) vom Lernen abgelenkt werden. Andere Autoren wiederum vermuten, daß der erwähnte Unterschied in den Schulleistungen davon herrührt, daß die spätentwickelten Mädchen durch besonderes Interesse an Lernen, Bildung und Kultur ihren mangelnden Erfolg bei Männern kompensieren.

11.2 Kognitive Entwicklung im Jugendalter

11.2.1 Piagets Stadium der formalen Operationen

Nach Piagets Ansicht ist die Periode der Adoleszenz durch eine weitere qualitative Veränderung in bezug auf die intellektuellen Fähigkeiten gekennzeichnet, die das Erreichen einer höheren Stufe des Denkens markiert, nämlich das Stadium der formalen Operationen.

Die kognitive Entwicklung führt von der sensumotorischen Periode ausgehend bis zum Stadium der formalen Operationen unter anderem zu Veränderungen in bezug auf einen wichtigen Aspekt, nämlich in bezug auf das Ausmaß, in welchem das Denken auf die unmittelbare Erfahrung und Anschauung im Hier und Jetzt angewiesen ist. In der sensumotorischen Periode hat das Kind ein gewisses praktisches Verständnis seiner Erfahrungswelt entwickelt, aber ein Zweijähriges kann noch kaum als «Denker» beschrieben werden. Im Stadium der konkreten Operationen hat das Kind einige wirkungsvolle grundlegende Fertigkeiten entwickelt, die für das Denken notwendig sind, es ist aber noch immer sehr stark von der konkreten Erfahrung abhängig, daher auch die Bezeichnung «konkrete Operationen». Erst im Stadium der formalen Operationen wird die Fähigkeit zum völlig abstrakten Denken erworben, mit dem Ergebnis, daß die Person sowohl induktiv wie auch deduktiv schlußfolgern kann, wobei sie sich weniger auf das inhaltliche Zutreffen der Sätze und Aussagen konzentriert, sondern vielmehr auf ihre Form und ihren Wahrheitswert. Es entsteht dabei fast zwangsläufig auch eine wachsende kritische Sicht der Welt als Folge der Erkenntnis, daß das tatsächlich Vorhandene lediglich eine beschränkte Teilmenge des Möglichen und Denkbaren darstellt.

Das voll ausgebildete Denken auf der Stufe von formalen Operationen ist erkennbar am Beherrschen folgender Teilfertigkeiten (Neimark, 1984):

1. Beherrschen kombinatorischer Operationen: Allgemeine systematische Verfahren, um einen Überblick z. B. über die Menge möglicher paarweiser Anordnungen (Kombinationen) aus n Objekten zu gewinnen oder alle möglichen Anordnungen (Permutationen) dieser Objekte zu bestimmen. Sind zum Beispiel die ersten drei Buchstaben des Alphabets (ABC) gegeben, so gibt es drei mögliche Buchstabenpaare (AB, AC, BC) ohne Beachtung der Reihenfolge und sechs Permutationen der Reihenfolge aller drei (ABC, ACB, BCA, BAC, CAB, CBA). Bei diesem einfachen Beispiel kann die Antwort durch Probieren gefunden werden, was bereits auf der Stufe der konkreten Operationen möglich ist. Mit wachsendem n muß man jedoch zu einem systematischen Verfahren greifen, beispielsweise Konstanthalten der ersten Objekte und Variieren der übrigen. Die allgemeine Permutationsformel ist eine algebraische Beschreibung des Verfahrens, das von formal-operatorischen Denkern zur Lösung solcher Probleme angewandt wird.

2. Verständnis für Proportionen, die Fähigkeit, die Gleichheit von Verhältnissen festzustellen, bei Variationen auf zwei Variablen, wie zum Beispiel bei Gewicht und Preis einer Ware.

3. Fähigkeit zur Koordination zweier Bezugssysteme. Zum Beispiel bei der Überlegung, ob es auf einer Bergroute einen Punkt gibt, der von einem Bergsteiger beim Abstieg zur gleichen Uhrzeit passiert wird, wie beim Aufstieg am Vortag, wenn Aufstieg und Abstieg gleich rasch erfolgen. Die Antwort ist «ja», was klar wird, wenn man sich zwei Bergsteiger denkt, die sich gleichzeitig am gleichen Tag in entgegengesetzte Richtungen bewegen. Sie *müssen* sich an einem bestimmten Punkt treffen. Die Fähigkeit, verschiedene Bezugssysteme gleichzeitig zu beachten und zu koordinieren, liegt allem relativistischen Denken zugrunde.

4. Verständnis für den Begriff des mechanischen Gleichgewichts. Das Gleich-
gewicht ist aus Piagets Sicht eng verwandt mit der Proportion.

5. Verständnis für den Wahrscheinlichkeitsbegriff: Wahrscheinlichkeiten werden bekanntlich als Verhältniszahlen ausgedrückt, deren Zähler und Nenner
im allgemeinen durch kombinatorische Berechnungen gefunden werden
müssen. Deshalb setzt ihr Verständnis das Verständnis sowohl von kombina-
torischen Operationen als auch von Proportionen voraus.

6. Verständnis für den Begriff der Korrelation: Dieser bezieht sich auf das Ausmaß, in dem zwei Merkmale kovariieren und ist wiederum eng verwandt mit
dem Wahrscheinlichkeitsbegriff.

7. Multiplikative Kompensationen: Ein Beispiel wäre die Erhaltung des Volumens bei gleichzeitiger Variation von Masse und Temperatur. Bei Aufgaben
dieser Art muß das Zusammenspiel dreier Variablen gleichzeitig beachtet
werden, weshalb solche Erhaltungsbegriffe erst auf der Stufe der formalen
Operationen beherrscht werden.

8. Verständnis für Erhaltungsformen, die die empirische Entdeckung überstei-
gen, beispielsweise für den Begriff der Energie, der Leistung, der Trägheit
o. ä.

Ähnlich wie die Invarianzaufgaben bei den konkreten Operationen wurden
von Piaget und seinen Mitarbeitern auch Aufgaben zur Feststellung des Be-
herrschens formaler Operationen entwickelt: «farbige Jetons», «die Balkenwaage», «die Pendelaufgabe», «die Chemikalien». Bei der erstgenannten Aufgabe sind beispielsweise kombinatorische Probleme zu bewältigen. (Wenn
vier verschiedenfarbige Jetons gegeben sind, wie viele Paare von Jetons mit
jeweils unterschiedlichen Farbkombinationen lassen sich dann daraus bilden?). Bei der Balkenwaagenaufgabe (siehe Abb. 8) soll entschieden werden,
ob der Balken auch waagerecht bliebe, wenn die Sperre, durch die er in dieser
Postition arretiert wurde, gelöst würde, bzw. zu welcher Seite sich der Balken
neigen würde. Voraussetzung für korrekte Vorhersagen bei dieser Aufgabe ist
das Verständnis für die formale Bestimmung des Drehmoments aus Gewicht
mal Länge des Hebelarms. Bei der Pendelaufgabe schließlich soll von den Probanden durch konkretes Probieren bestimmt werden, von welchen Faktoren
die Schwingungsfrequenz eines Pendels abhängt. Zur Verfügung stehen verschieden lange Pendel mit verschieden schweren Pendelgewichten. Formale
Denker finden die richtige Antwort relativ rasch durch systematische Variation eines Faktors bei gleichzeitigem Konstanthalten des anderen. Ähnliche
Fertigkeiten der experimentellen Variablenkontrolle werden auch für die Lösung der Chemikalienaufgabe benötigt, bei der durch Mischen verschiedener
farb- und geruchloser Flüssigkeiten ein bestimmtes Ergebnis, nämlich das
Auftreten gelber Farbe bei einer Mischung, erzielt werden soll.

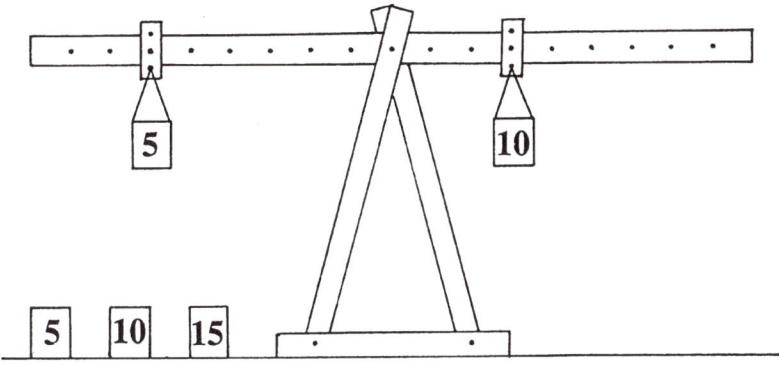

Abbildung 8: Darstellung einer Balkenwaage, wie sie von Piaget bei seinen Versuchen verwendet wurde.

Im Gegensatz zum Stadium der konkreten Operationen wird das Stadium formaler Operationen offenbar keineswegs von allen geistig nichtbehinderten Menschen erreicht. Der Prozentsatz der Personen, die auf der formalen Ebene denken, wird in westlichen Industrienationen derzeit auf etwa 50 bis 60 Prozent geschätzt. In Ländern mit traditionellen Kulturen dürfte er niedriger liegen. Der Prozentsatz formaler Denker steigt mit der Dauer der Schulbildung und ist in Städten höher als in ländlichen Gebieten. Für die meisten Aspekte eines normalen Lebensvollzugs reicht offensichtlich das Beherrschen konkreter Operationen aus. Es kann angenommen werden, daß die meisten Jugendlichen grundsätzlich die Möglichkeit hätten, das Denken in formalen Operationen zu erwerben, daß jedoch nur diejenigen tatsächlich von dieser Möglichkeit Gebrauch machen, für die sich die Notwendigkeit dazu ergibt. Diese ergibt sich üblicherweise im Laufe einer längeren Schulausbildung und außerdem eher in hochtechnisierten und in städtischen Lebenswelten.

11.3 Sozial-emotionale Entwicklung im Jugendalter

11.3.1 Entwicklungsaufgaben nach Havighurst

Besonders im Zusammenhang mit den sozial-emotionalen Aspekten der Entwicklung im Jugendalter wird klar, daß Entwicklung nicht etwas ist, das von selbst passiert, sondern daß die Jugendlichen selbst aktiv bestimmte Entwicklungsaufgaben bewältigen müssen. Havighurst (1972, Erstveröffentlichung schon im Jahr 1952) definierte diesen Begriff folgendermaßen: Eine Entwicklungsaufgabe ist eine Aufgabe, die sich in einer bestimmten Lebensperiode des Individuums stellt. Ihre erfolgreiche Bewältigung führt zu Glück und Erfolg, während Versagen das Individuum unglücklich macht, auf Ablehnung durch die Gesellschaft stößt und zu Schwierigkeiten bei der Bewältigung späterer Aufgaben führt. Havighurst hat einige solcher Entwicklungsaufgaben für das Jugendalter formuliert:

1. Akzeptieren der eigenen körperlichen Erscheinung und effektive Nutzung des Körpers
2. Erwerb der männlichen bzw. weiblichen Rolle
3. Erwerb neuer und reiferer Beziehungen zu Altersgenossen beiderlei Geschlechts
4. Gewinnung emotionaler Unabhängigkeit von den Eltern und anderen Erwachsenen
5. Vorbereitung auf die berufliche Karriere
6. Vorbereitung auf Heirat und Familienleben
7. Gewinnung sozial verantwortungsbewußten Verhaltens
8. Aufbau eines Wertsystems und ethischen Bewußtseins zur Orientierung für das Handeln

Zusätzlich wurden von deutschen Autoren (Dreher & Dreher, 1985) noch drei weitere Aufgaben formuliert:

9. Identität: Über sich selbst im Bilde sein
10. Sexualität: Aufnahme intimer Beziehungen mit einem/r Partner/in
11. Lebensplan: Entwicklung einer Zukunftsperspektive

Dreher & Dreher (1985) befragten in einer empirischen Untersuchung deutsche Jugendliche zwischen 14 und 16 Jahren nach der Wichtigkeit, die sie den einzelnen angeführten Entwicklungsaufgaben (außer Nr. 7) zumessen. Auf den ersten drei Rangplätzen rangierten für beide Geschlechter Berufsausbildung, Identität und Peerkontakte. In bezug auf die weiteren Rangplätze zeigten sich deutliche Unterschiede zwischen den Angaben von Mädchen und Knaben. Die weitere Rangreihe für die Mädchen: Werte, Körper, Lebensplan, Ablösung, Familie, Sexualität, weibliche Rolle. Rangreihe für die Knaben: Lebensplan, Werte, Körper, Sexualität, männliche Rolle, Ablösung, Familie. Die aus der Sicht der Jugendlichen hohe subjektive Wichtigkeit der Beschäftigung mit schulischer Ausbildung und mit der eigenen Identität wurde bei Befragungen in den verschiedensten Ländern immer wieder festgestellt.

11.3.2 Identität

Unter Identität versteht man die Definition einer Person als einmalig und unverwechselbar und zwar sowohl durch die Person selbst wie auch durch ihre

146

soziale Umgebung. Zum persönlichen Erleben von Identität gehört einerseits das Gefühl einer zeitlichen Kontinuität des Selbst, zum anderen die grundsätz- Stehrghurl liche Übereinstimmung des Selbstbildes mit dem Bild, das sich die anderen von einem machen. Dazu gehört es auch, verschiedene Elemente der eigenen Identität erfolgreich miteinander zu vereinbaren, sich mit den eigenen Mängeln und Unzulänglichkeiten auseinanderzusetzen und sich als zugehörig zu einer bestimmten Gruppe mit bestimmten Werten und Idealen zu definieren. Der Prozeß der Identitätsfindung erstreckt sich zwar über die gesamte Lebensspanne, die Probleme im Zusammenhang mit der Identitätsfindung werden jedoch während der Adoleszenz besonders deutlich, schon allein deshalb, weil in dieser Phase große Veränderungen, z. B. in bezug auf Körper und Sexualität, an der Tagesordnung sind. Die Gewinnung von Identität wird daher als eine zentrale Entwicklungsaufgabe für das Jugendalter angesehen.

Der Begriff der Identität ist untrennbar mit den Arbeiten und Veröffentlichungen des Psychoanalytikers Erik Erikson (z. B. Erikson, 1974) verbunden. Erikson formulierte eine Theorie der psychosozialen Entwicklung und ein Modell des menschlichen Lebenszyklus in acht Phasen, das sich teilweise mit Freuds Modell der psychosexuellen Entwicklung deckt. Erikson hat seinen Ansatz aber ganz bewußt als Modell der psychosozialen Entwicklung des Menschen konzipiert und insoferne von anderen aus der Psychoanalyse hervorgegangenen Konzepten abgegrenzt. Zum weiteren Verständnis sollen hier die Phasen kurz erläutert werden, für eine ausführliche Darstellung sei auf Miller (1993) und Flammer (1988) verwiesen.

Der erste Entwicklungsabschnitt, der von Erikson beschrieben wird, deckt sich zeitlich mit Freuds oraler Phase (erstes Lebensjahr). In dieser Zeit entscheidet sich nach Erikson, ob der Säugling in der Lage ist, ein grundlegendes Gefühl des Vertrauens zu entwickeln (Urvertrauen vs. Urmißtrauen). Dieses Vertrauen kann, wenn die Bedingungen dazu geeignet sind, aus der Beziehung des Kindes mit seiner ersten Bezugsperson entstehen und wird das ganze weitere Leben beeinflussen.

Im zweiten Abschnitt, der sich zeitlich mit der analen Phase deckt (zweites und drittes Lebensjahr), kommen die Anforderungen der Sauberkeitserziehung auf das Kind zu. Bei einer erfolgreichen Bewältigung der Entwicklungsaufgaben dieser Phase wird nach Erikson die Grundlage für das Empfinden persönlicher Autonomie gelegt, der negative Ausgang läßt Scham und Zweifel entstehen.

Die dritte Phase von Eriksons Modell deckt sich zeitlich mit Freuds phallischer Phase (viertes und fünftes Lebensjahr). Erikson stimmt mit Freud auch darin überein, daß in dieser Phase von den Kindern die ödipale Situation zu bewältigen sei, weist aber deutlicher auf die psychosozialen Folgen des Geschehens hin, die seiner Meinung nach im günstigen Fall in der Gewinnung eines Gefühls von erfolgreicher Initiative, im ungünstigen Fall im Erwerb überwältigender Schuldgefühle durch ein allzu strenges Gewissen bestehen.

In der darauf folgenden Latenzzeit (etwa sechstes bis 12. Lebensjahr) müssen sich die Kinder mit den Anforderungen von Schule und Unterricht auseinandersetzen und haben die Möglichkeit, sich dabei als kompetent und fleißig zu erleben, während der negative Ausgang dieser Phase durch den Erwerb tiefer Minderwertigkeitsgefühle gekennzeichnet ist.

Die Adoleszenz (analog zu Freuds genitaler Phase, von Erikson angesetzt etwa vom 13. bis zum 18. Lebensjahr) ist die Zeit der Identitätsfindung. Die Adoleszenz ist insoferne eine zur Identitätssuche und Identitätsfindung in besonderem Maße herausfordernde Phase, als in relativ kurzer Zeit eine Vielzahl massiver Veränderungen auf den Jugendlichen einstürmt. Die Geschlechtsreifung bringt einen «neuen» Körper hervor, mit dessen sexuellen Impulsen die Heranwachsenden nicht vertraut sind, der gleichzeitig eintretende soziale Druck, sich für eine bestimmte Ausbildung zu entscheiden, zwingt die Jugendlichen, unter einer Vielzahl möglicher Rollenmodelle eine Wahl zu treffen und sich intensiv mit der eigenen Zukunft auseinanderzusetzen. Die Identitätsfindung in der Phase der Adoleszenz fällt jenen Jugendlichen am leichtesten, die die vorhergehenden Entwicklungsabschnitte erfolgreich bewältigen konnten. Denn zur erfolgreichen Meisterung der Ansprüche, die das Jugendalter mit sich bringt, ist eine Portion Vertrauen in sich und in andere nötig, gehört die Fähigkeit zu autonomem Handeln, gehört ein gewisses Maß von Initiative und Kompetenz. Gelingen die geforderten Integrationsleistungen nicht, droht eine Identitätsdiffusion. Es fehlt dann der Persönlichkeit gewissermaßen der innere Zusammenhalt und sie wirkt zersplittert. Der Jugendliche ist dann extrem unsicher in bezug auf einen oder mehrere Aspekte seiner Identität, etwa in bezug auf seine Berufswahl oder seine sexuelle Orientierung. Die Folgen sind ein Gefühl von Verwirrung, aber auch Versuche, Halt zu gewinnen durch ideologische Radikalität oder durch Flucht in eine irreale Welt, eine Anfälligkeit für Drogen oder Askese, für religiöse Sekten oder die Beschäftigung mit bizarren und ausgefallenen Interessen.

Die weiteren Phasen von Eriksons Entwicklungsmodell gehen über jene von Freud hinaus. Es ist dies das frühe Erwachsenenalter (19. bis 25. Lebensjahr) in dem die wichtigste Entwicklungsaufgabe darin besteht, Bindung und Intimität zu einem Partner oder einer Partnerin zu schaffen, andernfalls Isolation droht, das Erwachsenenalter (etwa 26. bis 40. Lebensjahr), in dem sich entscheidet, ob ein Mensch generativ ist oder in seiner Entwicklung stagniert und schließlich die Phase des späten Erwachsenenalters, das von Erikson ab dem Überschreiten des 40. Lebensjahres angesetzt wird. In diesem letzten Abschnitt beginnt der Mensch zu begreifen, daß sein Leben nur ein kleiner Beitrag zu der viel umfassenderen Geschichte der Menschheit ist, hat im Idealfall seine persönliche Integrität erreicht und kann den Verlauf seines Lebens akzeptieren. Andernfalls drohen Trauer und Verzweiflung über ein Leben, das doch nicht mehr zu ändern ist, und es entsteht Angst vor dem nahenden Tod.

11.3.3 Peerkontakte

Im Übergangsfeld zwischen Kindheit und Erwachsenenalter gewinnt die Gruppe der Gleichaltrigen eine besondere Bedeutung als Sozialisationsinstanz und Quelle sozialer Unterstützung. Die Peergruppe wirkt auf drei Ebenen, nämlich a) im Sinne einer Jugendlichensubkultur als große Gemeinschaft von Personen mit ähnlichen Interessen, Vorlieben und Werthaltungen, b) als konkrete Clique, der ein Jugendlicher angehört oder angehören möchte und c) als Freundschaft zwischen Einzelpersonen, die spezifische Bindungserfahrungen ermöglicht.

Die Elemente der jugendlichen Subkultur werden, wie bereits erwähnt, durch die enge internationale Verflechtung und den Einfluß der Massenmedien in verschiedenen Ländern einander immer ähnlicher. Jugendliche, jedenfalls aus Industrieländern, verstehen einander dadurch in bezug auf ihre Interessen und Vorlieben über Grenzen und Sprachbarrieren hinweg. So bestehen beispielsweise Ähnlichkeiten der kollektiven Erwartungen bezüglich des Aussehens von Jugendlichen, bezüglich ihres Auftretens und bestimmter Umgangsformen und in bezug auf gemeinsame Normen und Wertvorstellungen. Innerhalb der Jugendsubkultur gibt es allerdings eine weitere starke Differenzierung zwischen spezifischen Gruppenstilen (z. B. große Unterschiede zwischen Gruppen von Umweltschützern, Discofans und Skinheads).

Beim Einfluß der Peergruppe wird oft zwischen einer Oberflächenstruktur und einer Tiefenstruktur unterschieden (z. B. Schmidt-Denter, 1988). Der Begriff der Oberflächenstruktur bezieht sich auf eigentlich oberflächliche Merkmale, etwa bestimmte Kleidungsgewohnheiten, eine bestimmte Haartracht oder bestimmte Umgangsformen, die sich von Kohorte zu Kohorte ziemlich schnell ändern und im Grunde nichts besonderes zu bedeuten haben. Diese Einflüsse bleiben die altersspezifischen Erscheinungen einer bestimmten Generation, auch wenn die Jugendlichen selbst darin einen geschichtlichen Meilenstein zu erblicken meinen (wie z. B. im Falle der Hippie-Kultur). Gemeinsam ist ihnen aber die Funktion einer demonstrativen Abgrenzung von der Welt der Erwachsenen. Gerade an diesen Oberflächlichkeiten entzünden sich deshalb die meisten Meinungsverschiedenheiten und Konflikte zwischen Eltern und Jugendlichen.

Bleibende Bedeutung für das weitere Leben hat hingegen die Tiefenstruktur des Peer-Einflusses. Damit ist die symmetrische Beziehungsebene zwischen Gleichaltrigen gemeint, die ein Experimentierfeld zur Vermittlung von Informationen und Übung zahlreicher sozialer und nichtsozialer Fertigkeiten bietet, die später für das Erwachsenenalter von Bedeutung sind. Dieser Teil des Einflusses der Peers scheint für die menschliche Entwicklung nahezu unentbehrlich zu sein, da er wichtige Funktionen bei der Orientierung, beim Aufbau von Kompetenzen und in bezug auf die Vermittlung sozialer Unterstützung erfüllt. Dies betrifft natürlich ganz besonders die Kontakte mit dem anderen Geschlecht. Im Rahmen von mehr oder minder ritualisierten Veranstaltungen (Parties, Tanz, Disco) bietet sich den Jugendlichen beispielsweise die Gelegenheit, sich ein weitgehend zutreffendes Bild von der eigenen Attraktivität für andere machen zu können. Das ist eine wichtige Information, da diesbezügliche Unsicherheiten und grobe Fehleinschätzungen in der Folge bei der Auswahl möglicher Partner fast zwangsläufig zu Frustrationen und damit zu einer Verstärkung der Unsicherheit führen würden. Peerkontakte bieten aber auch ein Übungsfeld für die Bewältigung aggressiver Auseinandersetzungen. Die förderliche Wirkung von Peerkontakten wurde u. a. für die soziale Kontakt- und Kooperationsfähigkeit, für das Verständnis sozialer Regeln, für die Moralentwicklung, die Kontrolle von Aggression, den Erwerb sexuellen Wissens und die Sprachentwicklung nachgewiesen (vgl. Schmidt-Denter, 1988).

Darüber hinaus sind für die Jugendlichen die Bindungs- und Unterstützungsfunktionen der Gleichaltrigen wichtig. Ähnlich wie bei den Beziehungen Erwachsener bietet eine Freundschaft eine sichere Ausgangsbasis für explorative Lernerfahrungen und außerdem Unterstützung bei der Bewältigung von Belastungssituationen. Weitere Bedeutung kommt den Peers schließlich für die Emanzipation vom Elternhaus zu, bei der sich die Jugendlichen gegenseitig Rückhalt gewähren können.

Zweifellos erfüllen die Peerkontakte im Jugendalter eine wichtige Sozialisationsfunktion. Ihr Einfluß auf das Verhalten und die soziale Entwicklung der Jugendlichen ist ganz offensichtlich. Trotzdem stellen Gleichaltrigenbeziehungen nur einen Teilaspekt des umfassenden sozialen Systems dar, in dem die Jugendlichen leben und damit nur einen Ausschnitt aus der Vielfalt ihres gesellschaftlichen Lebens.

11.3.4 Sexualität im Jugendalter

In unserer Gesellschaft findet man kaum einen Erwachsenen, der nicht Fragen, Sorgen oder Probleme im Zusammenhang mit Sexualität hat. Sexualität stellt in der Tat einen komplexen und oftmals verwirrenden Aspekt des menschlichen Lebens dar (vgl. z. B. Meyer, 1994). Die Art und Weise wie Menschen mit ihrem geschlechtlichen Verlangen, ihren sexuellen Wünschen, ihren Wertvorstellungen und den dazugehörigen sozialen Normen umgehen, entscheidet darüber, ob dieser Bereich zu einer Quelle großer persönlicher Befriedigung oder einer Quelle von Angst, Sorgen, Kummer und Schmerz wird. Zweifellos stellt die Adoleszenz in diesem Zusammenhang eine Art von kritischer Phase dar, in der sich sexuelle Bedürfnisse und sexuelles Verhalten entwickeln und die dazugehörigen Einstellungen, Normen und Werte etablieren. Die körperliche Reifung auf der einen Seite, reale und phantasierte soziale Erwartungen und relativ unklare Botschaften von seiten der Elterngeneration machen die Beschäftigung mit Sexualität für die Jugendlichen zu einer schwierigen, gleichzeitig aber auch aufregenden Aufgabe.

Alle Theorien zur Entwicklung im Jugendalter weisen der Sexualität eine ganz zentrale Rolle bei der Bewältigung des Übergangs von der Kindheit ins

Erwachsenenalter zu. Die Aufgabe, die dabei zu bewältigen ist, besteht darin, die mit der Pubertät auftauchenden sexuellen Bedürfnisse mit den anderen Aspekten des persönlichen und sozialen Lebens zu vereinbaren und auf eine befriedigende Art zu kanalisieren. Besonders wichtig ist es, die eigenen sexuellen Bedürfnisse, Wünsche und Verhaltensweisen in ein positives Bild des eigenen Selbst integrieren zu lernen, den sexuellen Teil der eigenen Identität annehmen zu können. Schwierig wird diese Aufgabe unter anderem durch die Tatsache, daß der Ausdruck von Sexualität, im Gegensatz zu vielen anderen unserer Aktivitäten, einer Beziehung zu einer anderen Person bedarf (wenn man von Masturbation einmal absieht). Der sexuelle Selbstausdruck erlaubt, ja erfordert eine einzigartige Enthüllung des eigenen Selbst vor einer anderen Person, eine Enthüllung, die sowohl zu positiven wie auch zu negativen Konsequenzen führen kann. Einerseits bietet die sexuelle Begegnung die Möglichkeit, eine zutiefst befriedigende intime Beziehung zu erleben, in der auch der eigene Selbstwert bestätigt und gestärkt wird, andererseits können falsche Entscheidungen in diesem Zusammenhang ausgesprochen destruktive Wirkungen auf das eigene Selbstbild haben und zu Angst, Schuldgefühlen und einem tiefen Gefühl der Wertlosigkeit führen. Für Jugendliche, zu deren Entwicklungsaufgaben ja gerade der Aufbau eines Gefühls für die eigene Identität und für ihren Platz in der Welt zählt, ist die Bewältigung dieser Probleme von großer Bedeutung.

Um die Rolle der Sexualität im Jugendalter richtig verstehen zu können, muß man nicht nur ihre biologischen Bedingungen, sondern auch die wichtigsten psychologischen und sozialen Einflußfaktoren kennen. Auf der biologischen Ebene (siehe die Ausführungen zur körperlichen Entwicklung im Jugendalter) wird Sexualität zu einem zentralen Thema durch die Reifung der Geschlechtsorgane, das Auftreten der biologischen Fortpflanzungsfähigkeit und dem damit zusammenhängenden Anstieg des Sexualtriebs. Gleichzeitig beginnt sich auf der psychologischen Ebene, nicht zuletzt auch auf der Basis verbesserter kognitiver Leistungsfähigkeit, eine erhöhte Bereitschaft und Fähigkeit zur Übernahme von Erwachsenenrollen zu entwickeln, wobei die sexuellen Aspekte dieser Rollen mit eingeschlossen sind. Der Einfluß der Herkunftsfamilie nimmt ab und die Bedeutung der Gruppe der Gleichaltrigen nimmt zu. Die Peers sind es, die einen wesentlichen Anteil an der Formung von Haltungen und Einstellungen und der Formulierung von Lebenszielen haben und die jetzt einen wichtigen Beitrag zur Entwicklung sozialer Fertigkeiten leisten. All dies spielt sich vor einem gesellschaftlichen Hintergrund ab, durch den soziale Normen und Werte in bezug auf Weiblichkeit und Männlichkeit, Sexualität, «richtiges» und «falsches» Verhalten vermittelt werden. Diese sozialen Erwartungen in bezug auf gesellschaftlich akzeptiertes Sexualverhalten sind von Kultur zu Kultur stark unterschiedlich, sind üblicherweise unterschiedlich für Frauen und Männer und außerdem auch abhängig von der sozialen Schichtzugehörigkeit, der Art und Stärke der religösen Bindung und vom Bildungsniveau.

Sexuelles Verhalten Jugendlicher wird oft nur unter dem Aspekt seiner Gefährlichkeit für den normalen Ablauf der Entwicklung abgehandelt und in Zusammenhang gebracht mit Schulversagen, Verwahrlosung, Alkoholabusus, Drogenmißbrauch und Delinquenz. Aus der Sicht des Entwicklungspsychologen wird hier der Standpunkt vertreten, daß sexuelle Aktivitäten Jugendlicher keineswegs *per se* als Problemverhalten betrachtet werden können, sondern ein normatives Ereignis im Laufe des Jugendalters und frühen Erwachsenenalters darstellen, das sowohl zu positiven wie auch zu negativen Konsequenzen führen kann (vgl. Moore & Rosenthal, 1993).

Die Relativität der in einer bestimmten Kultur zu einer bestimmten Zeit in bezug auf die Sexualität Jugendlicher geltenden Normen läßt sich auf zweierlei Art demonstrieren: Erstens durch den Vergleich verschiedener Kulturen zum selben Zeitpunkt und zweitens durch Vergleich verschiedener Zeitpunkte in ein und derselben Kultur. Auch wenn man nur die letzten 100 Jahre betrachtet, kann man beispielsweise in den westlichen Industrienationen eine starke Veränderung der gesellschaftlichen Haltung und Einstellung zur Sexualität Jugendlicher feststellen. Was die Klarheit der sozialen Normen in bezug auf sexuelle Dinge betraf, scheint das Leben noch zu Beginn unseres Jahrhunderts wesentlich einfacher gewesen zu sein als heute. Die Erziehung von Mädchen diente dazu, sie auf die Rolle der Hausfrau und Mutter vorzubereiten, sie hatten im übrigen ihre Jungfräulichkeit zu bewahren, als Voraussetzung um einmal eine «gute Partie» machen zu können. Knaben wurden auf die Rolle als alleinige Familienerhalter vorbereitet, wobei von ihnen erwartet wurde, sich sexuell «die Hörner abzustoßen» bevor sie die Rolle des Familienvaters einnahmen. Für die Sexualität in Jugendalter bedeutete dies ganz klar eine Haltung der Doppelmoral, in der für Mädchen und Knaben völlig verschiedene Standards galten.

Heute sind die diesbezüglichen sozialen Normen bei weitem nicht mehr so klar und rigide definiert. Die Vorstellungen von richtigem und falschem Sexualverhalten sind weniger deutlich abgrenzbar und die Unterschiede zwischen den männlichen und weiblichen Geschlechtsrollen sind weniger groß, wenngleich immer noch vorhanden. Am stärksten verändert haben sich im Laufe dieser Entwicklung in den letzten Jahrzehnten die Geschlechtsrollenstereotypen für die Mädchen, worauf in der Folge noch mehrmals hinzuweisen sein wird. In diesem Zusammenhang ist auch zu berücksichtigen, daß der Zeitpunkt der Eheschließung immer weiter nach hinten verlegt wurde, während die Geschlechtsreifung der jungen Leute zu einem immer früheren Zeitpunkt eintritt. Diese Verlängerung der Phase zwischen Eintritt der Geschlechtsreife und Familiengründung führte gemeinsam mit der Tatsache, daß Empfängnisverhütung wesentlich einfacher geworden ist, zu einer Entkopplung von Sexualität, Heirat und Schwangerschaft. Als Folge davon sind Verbote vorehelichen Geschlechtsverkehrs nicht mehr so einfach durchzusetzen. Kompliziert wird die Lage allerdings durch die sich immer deutlicher abzeichnende Bedrohung durch AIDS, die sowohl die Jugendlichen (und die sexuell aktiven Erwachsenen) wie die Gesellschaft insgesamt vor eine völlig neue Situation stellt, in der wahrscheinlich recht bald zum Zwecke des Überlebens einige Anpassungsreaktionen erforderlich sein werden.

11.3.4.1 Autoerotisches Verhalten

Darunter werden erotische Phantasien und Selbstbefriedigung verstanden. Verständlicherweise gibt es relativ wenige verläßliche empirische Daten zu diesem Thema, weil autoerotische Aktivitäten stets als ziemlich private und recht peinliche Angelegenheit betrachtet wurden und wohl noch immer werden. In unserem Kulturkreis wurde Masturbation in den letzten Jahrhunderten als schädlich betrachtet und in der Erziehung dementsprechend mit allen zur Verfügung stehenden Mitteln bekämpft. Auch Ärzte und Psychologen warnten vor den Folgen von Selbstbefriedigung, unter denen Krebs, Herzkrankheiten, Hysterie, Impotenz, Schwachsinn, Epilepsie und Geisteskrankheiten vermutet wurden.

Heute wird Selbstbefriedigung als ein ganz normaler Teil der menschlichen Sexualität betrachtet. Es gibt keinerlei Hinweise dafür, daß daraus irgendwelche körperlichen oder psychischen Schäden oder spätere sexuelle Probleme resultieren würden. Im Gegenteil, Masturbation bei Jugendlichen kann unter anderem auch dazu beitragen, die eigene sexuelle Reaktion kennenzulernen und die sexuelle Identität zu festigen. Schon Kinsey, Pomeroy, Martin & Gebhard (1953) haben beispielsweise aufgrund ihrer Daten darauf hingewiesen, daß Frauen, die als Jugendliche bereits gelernt haben, wie sie durch Selbstbefriedigung zum Orgasmus kommen können, beim Geschlechtsverkehr mit höherer Wahrscheinlichkeit zum Höhepunkt kommen als Frauen, denen diese Vorerfahrung fehlt. Trotzdem reagieren manche Eltern auch heute noch entsetzt, wenn sie entdecken, daß ihr Teenager (oder Schulkind, oder Vorschulkind) masturbiert und drohen den Kindern dann alle möglichen Konsequenzen an. Die Auswirkungen einer solchen Verurteilung und die oft daraus resultierenden massiven Schuldgefühle der Kinder scheinen in diesem Zusammenhang das wirklich Gefährliche zu sein. Als Indikator für eine potentiell problematische Entwicklung ist Selbstbefriedigung nur dann zu sehen, wenn sie als Flucht vor sozialen Kontakten und als Ersatz für Beziehungen, bei denen sich die Jugendlichen minderwertig fühlen, exzessiv betrieben wird. Aber auch dann ist sie nicht die Ursache der Probleme, sondern eine Reaktion darauf.

Wie bereits erwähnt, ist es schwer, zu verläßlichen Angaben über die Verbreitung von Masturbation im Jugendalter zu kommen (vgl. Moore & Rosenthal, 1993). Jedenfalls ist die Selbstbefriedigung die häufigste Quelle eines Orgasmus für Jugendliche beiderlei Geschlechts. Es kann weiters angenommen werden, daß fast alle Knaben und die meisten Mädchen Erfahrungen mit Masturbation haben. Die verfügbaren Informationen deuten darauf hin, daß in den Industrieländern derzeit gegen Ende der Adoleszenz (mit 19 Jahren) etwa 90

Prozent der Männer Masturbationserfahrung haben (oder es angeben), ein Prozentsatz, der seit den ersten vergleichbaren Untersuchungen in den vierziger Jahren relativ stabil geblieben ist. Bei den Frauen hingegen ist der Anteil derer, die Erfahrungen mit Masturbation angeben, im Laufe der letzten Jahrzehnte in allen Altersgruppen deutlich gestiegen. Der Prozentsatz am Ende der Adoleszenz liegt derzeit bei etwa 60 Prozent und hat sich damit seit den Vierzigerjahren genau verdoppelt.

Trotz dieses Trends zu einer Angleichung der Geschlechter bleibt der Unterschied in bezug auf das Masturbationsverhalten weiterhin einer der massivsten der zur Zeit in der Psychologie bekannten Geschlechtsunterschiede (vgl. Oliver & Hyde, 1993). Erstens masturbieren mehr Männer als Frauen und zweitens tun dies Männer im Schnitt auch häufiger als Frauen. Die Masturbationsfrequenz steht darüber hinaus bei beiden Geschlechtern auch in Zusammenhang mit dem Bildungsniveau und mit der Stärke der religiösen Bindung. Sie steigt mit dem Bildungsniveau und sinkt mit der Stärke religiöser Überzeugungen.

11.3.4.2 Partnerbezogenes Sexualverhalten

Partnerbezogenes sexuelles Verhalten baut sich im Laufe des Jugendalters in einer Abfolge von Stufen auf, wobei entsprechende Untersuchungen darauf hinweisen, daß die Sequenz, die dabei durchlaufen wird, jedenfalls in unserem Kulturkreis, relativ stabil ist. Zuerst haben die Jugendlichen wenig oder gar keinen Kontakt zum anderen Geschlecht. Dann verabreden sich Mädchen und Knaben und gehen miteinander aus. Dabei kommt es zu den ersten Formen sexuellen Kontakts, bestehend vor allem aus Zungenkuß und Berühren der Brüste des Mädchens über der Kleidung (leichtes Petting; in allen bisher untersuchten Kulturen nehmen in der Regel bei der Anbahnung sexueller Interaktionen die Knaben die aktivere, die Mädchen die passivere Rolle ein). Später intensivieren sich die sexuellen Kontakte durch gegenseitige Reizung der Geschlechtsteile der Partner bis zum Orgasmus (intensives Petting). Schließlich kommt es zum Geschlechtsverkehr.

Auch homosexuelle Aktivitäten sind während des Jugendalters (vor allem unter Knaben) nicht selten. Schon in den klassischen Umfragen von Kinsey, Pomeroy & Martin (1948) und Kinsey, Pomeroy, Martin & Gebhard (1953) hatten 37 Prozent der befragten Männer und 14 Prozent der befragten Frauen angegeben, mindestens einmal in ihrem Leben beim Kontakt mit einem gleichgeschlechtlichen Partner einen Orgasmus erlebt zu haben. Die berichteten homosexuellen Erlebnisse hatten dabei zum allergrößten Teil in der Jugend der Befragten stattgefunden. Im Erwachsenenalter behielten schließlich nur 6 Prozent der Männer und 2 Prozent der Frauen gleichgeschlechtliche sexuelle Kontakte bei. Aufgrund der Daten von Kinsey et al. dürfte allerdings die Verbreitung homosexueller Aktivitäten im Jugendalter etwas überschätzt worden sein.

Nach den heute zur Verfügung stehenden Informationen kann man davon ausgehen, daß etwa 20 bis 30 Prozent der Jugendlichen beiderlei Geschlechts bis zu einem gewissen Grad homosexuelle Regungen bei sich wahrnehmen und ein etwa gleich großer Prozentsatz der männlichen Jugendlichen diese auch in konkretes Verhalten umsetzt (McConaghy, 1993). Der Prozentsatz weiblicher Jugendlicher mit konkreten lesbischen Erfahrungen liegt mit etwa 6 Prozent wesentlich niedriger (vgl. von Sydow, 1993).

In bezug auf die Häufigkeit von (heterosexuellem) Geschlechtsverkehr bei Jugendlichen haben sich in den westlichen Industrienationen während der letzten Jahrzehnte drastische Kohorteneffekte im Sinne eines früheren Beginns und einer größeren Verbreitung von sexuellen Aktivitäten, wiederum besonders bei den Mädchen, ergeben. Bei über die Jahrzehnte vergleichbaren Untersuchungen in Amerika hatte in den sechziger Jahren beispielsweise weniger als ein Drittel der weiblichen 19jährigen angegeben, bereits Geschlechtsverkehr gehabt zu haben. Zu Beginn der siebziger Jahre lagen die vergleichbaren Zahlen bei 54 Prozent und bei den Erhebungen zu Beginn der achziger Jahre waren es schon 73 Prozent der 19jährigen Frauen, die angaben, bereits einmal Geschlechtsverkehr gehabt zu haben (Hofferth, Kahn & Baldwin, 1987). Bei den Knaben wurden über die letzten Jahrzehnte in bezug auf die vergleichbaren Häufigkeitsangaben zwar ebenfalls Zunahmen verzeichnet, es waren jedoch keine so dramatischen Kohorteneffekte festzustellen wie bei den Mädchen. Die entsprechenden Prozentsätze für die 19jährigen Männer liegen etwa in gleicher Höhe wie die letztgenannten Angaben der jungen Frauen. Es sieht derzeit so aus (Boeger, 1994; Moore & Rosenthal, 1993), als wäre während des letzten Jahrzehnts bis heute auch keine weitere Erhöhung dieser Zahlen mehr eingetreten (über die Gründe dafür kann spekuliert werden: AIDS?, weniger permissives gesellschaftliches Klima?). Bei der Interpretation all dieser Angaben sollte berücksichtigt werden, daß die bloße Tatsache, einmal einen Koitus gehabt zu haben, keineswegs gleichzusetzen ist mit kontinuierlicher sexueller Aktivität. Frägt man nach einer solchen, fallen alle entsprechenden Zahlen naturgemäß wesentlich niedriger aus, wie z. B. Jensen, DeGaston & Weed (1994) in einer empirischen Arbeit gezeigt haben.

Man kann insgesamt davon ausgehen, daß heute in den meisten westlichen Industrieländern beinahe drei Viertel der Jugendlichen bis zum Alter von 19 Jahren die ersten Erfahrungen mit Geschlechtsverkehr gemacht haben. Das heißt, daß bei den Jugendlichen die Aufnahme vorehelichen Geschlechtsverkehrs bereits eher die Regel als die Ausnahme darstellt. Es bestehen dabei allerdings sehr große interindividuelle, regionale und schichtspezifische Unterschiede. Dies läßt sich auch anhand von Daten aus einer österreichischen Untersuchung von Nöstlinger & Wimmer-Puchinger (1994) recht eindrucksvoll demonstrieren. Bei dieser Befragung von 1100 Jugendlichen, die im Schnitt 17 Jahre alt waren, berichteten beispielsweise in den städtischen Stichproben 85 Prozent der männlichen Lehrlinge aber nur 36 Prozent der befragten männlichen Schüler von ersten Erfahrungen mit Geschlechtsverkehr. Auf dem Land waren es nur 80 Prozent der

Lehrlinge und sogar nur 16 Prozent der Schüler, die angaben, schon einmal mit einer Partnerin Geschlechtsverkehr gehabt zu haben.

Problematisch ist die insgesamt doch recht große Verbreitung sexueller Aktivitäten im Jugendalter einerseits wegen der Gefahr einer unerwünschten Schwangerschaft und andererseits wegen der Gefahr einer HIV-Infektion oder der Ansteckung mit einer anderen sexuell übertragbaren Krankheit. Die kundige Anwendung verläßlicher Verhütungs- und Schutzmaßnahmen ist nämlich noch lange nicht so verbreitet, wie dies wünschenswert wäre. Bei den oben erwähnten Umfragen zum Sexualverhalten weiblicher amerikanischer Jugendlicher gaben beispielsweise im Jahr 1982 nur 50 Prozent der sexuell aktiven Mädchen an, jemals irgendeine Form von Verhütungsmitteln verwendet zu haben. Obwohl diesbezüglich die Lage in Europa etwas günstiger zu sein scheint, verhüten auch in Deutschland etwa 30 Prozent der Mädchen und 50 Prozent der Knaben beim ersten Geschlechtsverkehr überhaupt nicht (Boeger, 1994). Auch in der bereits erwähnten Studie von Nöstlinger & Wimmer-Puchinger (1994) gaben 40 Prozent der sexuell aktiven Jugendlichen an, nicht bei jedem Geschlechtsverkehr zu verhüten. Während die Rate der überhaupt verhütenden Jugendlichen in dieser österreichischen Studie mit 74 Prozent im internationalen Vergleich sehr hoch lag, läßt die Häufigkeit der Kondombenützung aber durchaus noch zu wünschen übrig: Immerhin 46 Prozent der Burschen hatten beim ersten Geschlechtsverkehr und sogar 66 Prozent beim jüngst zurückliegenden Geschlechtsverkehr kein Kondom verwendet. Die berichteten Daten aus anderen westlichen Industrienationen ergeben ein ähnliches Bild. Verhütungsmittel insgesamt werden von den Jugendlichen recht unregelmäßig und Kondome im besonderen noch immer zu selten gebraucht.

Der Gebrauch von Verhütungsmitteln ist unter anderem deshalb zu wenig verbreitet, weil die Jugendlichen oft fürchten, sie könnten damit die Spontaneität ihrer Beziehung verderben oder verraten, daß sie Geschlechtsverkehr *erwarten* (Mussen, Conger, Kagan & Huston, 1993). Der offene Wunsch nach Geschlechtsverkehr wird außerdem bei jungen Frauen noch sehr viel weniger akzeptiert als bei jungen Männern. Die sexuelle Doppelmoral zeigt sich in diesem Zusammenhang auch heute noch in der Meinung, für eine junge Frau sei es eher angemessen, sich von der Leidenschaft des Augenblicks hinreißen zu lassen als einen sexuellen Kontakt bewußt zu planen und vorbeugend Verhütungsmaßnahmen zu treffen (vgl. dazu Morrison, 1985). Meyer (1994) weist außerdem darauf hin, daß die AIDS-bedingte Verwendung von Kondomen bei wahrscheinlich nicht wenigen Menschen doch gewisse Vorbehalte gegenüber dem Partner wachrufen dürfte. Der Partner wird damit als möglicher Infizierter und als möglicher Infizierer erlebt, von einem Makel behaftet, auf den das Kondom hinzuweisen scheint, obwohl seine Verwendung eigentlich eine allgemein sinnvolle Maßnahme darstellt. Sexualität wird unter solchen Umständen dann eher als gegenseitiger Austausch von Lust mit Vorbehalten erlebt statt als uneingeschränkte Hingabe.

11.3.4.3 Geschlechtsunterschiede in der sexuellen Motivation

Daten aus vielen unterschiedlichen Quellen lassen den Schluß zu, daß es deutliche Unterschiede zwischen Frauen und Männern in bezug auf ihre Erfahrungen mit, ihre Erwartungen an Sexualität und ihre Motivation zu sexuellen Aktivitäten gibt. Auch wenn man Jugendliche darüber befragt, findet man in ihren Antworten heute wie schon vor Jahrzehnten weitgehend die gleichen geschlechtsspezifischen Unterschiede. Die entsprechenden Antworten laufen im allgemeinen darauf hinaus, daß Mädchen angeben, sexuelle Kontakte aus Liebe und aus dem Bedürfnis nach einer emotional für beide befriedigenden Partnerschaft eingegangen zu sein, während die Knaben dazu tendieren, sexuelle Kontakte eher als «Unterhaltungsprogramm» zur Entspannung und zum unmittelbaren Vergnügen der Beteiligten zu verstehen. Auf die Frage nach dem Hauptgrund für den ersten Geschlechtsverkehr antwortet eine junge Frau mit größter Wahrscheinlichkeit, sie habe es aus Liebe zum Partner gemacht oder, in den neueren Untersuchungen immer häufiger, einfach aus Neugierde, die wahrscheinlichste Antwort eines jungen Mannes bezieht sich auf sein sexuelles Verlangen. Nur wenige Mädchen (und Frauen), aber der Großteil der Knaben (und Männer), geben an, sie könnten sich vorstellen, sexuelle Kontakte auch ohne Liebe, nur um der Lust willen, einzugehen. Für Männer scheint Sexualität viel stärker durch persönlichen Lustgewinn motiviert zu sein, für Frauen dagegen in größerem Ausmaß durch die Qualität der Beziehung zum Partner. Eine tragfähige emotionale Beziehung zum Partner (oder wenigstens die Aussicht auf eine solche) ist für Frauen im Hinblick auf die Entscheidung zur Aufnahme von Geschlechtsverkehr oft jedenfalls wichtiger als genitale Lust. Zusätzlich ist für ihre Entscheidung auch noch der sozioökonomische Status des Partners von nicht unwesentlicher Bedeutung. Je höher der Status eines Mannes, desto eher sind Frauen zum Geschlechtsverkehr mit ihm bereit (vgl. z. B. Townsend & Levy, 1990). Diese und viele andere Geschlechtsunterschiede in bezug auf sexuelle Motivation und sexuelles Verhalten führen bereits seit Jahrzehnten zu regen Diskussionen im Hinblick auf die Erklärung ihres Zustandekommens. Die bekanntesten Erklärungsmodelle sind (neben Theorien des sozialen Lernens und neopsychoanalytischen Theorien) dabei wohl jene der feministischen Theoretikerinnen (vgl. von Sydow, 1993) und jene der Evolutionstheoretiker (siehe z. B. Buss & Schmitt, 1993; McConaghy, 1993). Grundzüge dieser Positionen sollen in der Folge kurz dargestellt werden:

In vielen feministischen Beiträgen wird auf *Geschlechtsunterschiede in der sexuellen Selbstkenntnis* hingewiesen. Eine Reihe von Befunden deutet nämlich darauf hin, daß zwischen jungen Männern und Frauen im Schnitt massive Unterschiede in bezug auf sexuelles Wissen und sexuelle Selbstkenntnis bestehen, die teilweise auf biologischen Gegebenheiten, teilweise aber auch auf Erziehungs- und Sozialisationseinflüsse beruhen dürften. Auf biologischen Gegebenheiten insofern, als sexuelle Erregung beim männlichen Geschlecht generell auffälliger und leichter wahrnehmbar ist als beim weiblichen. Bereits kurz nach der Geburt sind bei Knaben die ersten reflexartigen Erektionen zu beobachten, wie sie bei ihnen nicht nur in der Kindheit sondern während ihres ganzen weiteren Lebens immer wieder auftreten werden. Es ist daher für Knaben relativ leicht, um nicht zu sagen eigentlich unvermeidlich, zu entdecken, daß eine Stimulation des Penis zu angenehmen Empfindungen führt. Für ein Mädchen ist es durch die relativ verborgene Lage der Klitoris wesentlich schwieriger, zu analogen Erfahrungen zu kommen. Das führt zu unterschiedlich großen Anteilen von Knaben und Mädchen, die bis zum Jugendalter Masturbationserfahrung haben, was wiederum dazu führt, daß die meisten Knaben in bezug auf ihre sexuellen Reaktionen schon recht gut trainiert sind, wenn sie schließlich in der Adoleszenz mit Mädchen zusammenkommen. Ihre sexuellen Gefühle sind bereits klar auf die Geschlechtsteile, auf den Penis konzentriert, während der Großteil der Mädchen diese Konzentration auf die Sexualorgane nicht kennt und stattdessen gelernt hat, unspezifische und unlokalisierte romantische Gefühle zu kultivieren. Die Mädchen sind vergleichsweise erfahren in bezug auf das Sprechen über Gefühle und Liebe, in bezug auf ihre körperliche sexuelle Reaktion sind sie jedoch oft noch völlig unerfahren, bei den Knaben verhält es sich genau umgekehrt.

Die biologisch-anatomisch begründbaren Unterschiede werden durch die üblichen in unserer Gesellschaft herrschenden Sozialisationsbedingungen noch weiter verstärkt: Der Penis, das wichtigste Sexualorgan des Mannes, wird bereits Babies gegenüber benannt und beispielsweise bei der Körperpflege oder beim Sauberkeitstraining ins Zentrum der Aufmerksamkeit gerückt, das homologe Organ der Frau, die Klitoris, wird dagegen üblicherweise einem Mädchen gegenüber überhaupt nicht benannt, ihre Existenz wird praktisch weitgehend geleugnet. Mädchen und junge Frauen wissen daher oft gar nicht, welche Bedeutung die Klitoris hat. Dies ist sogar dann noch festzustellen, wenn sie Sexualkundeunterricht erhalten haben, weil die systematische Verleugnung der Lustorgane der Frau meist auch im Rahmen des Aufklärungsunterrichts fortgesetzt wird. Die Klitoris wird dabei üblicherweise nicht erwähnt und von angenehmen Gefühlen im Zusammenhang mit der Darstellung der Geschlechtsorgane wird hauptsächlich bei Männern gesprochen. Nach den einschlägigen Lehrbuchtexten zur Sexualkunde beginnt die Sexualität zwischen Mann und Frau mit dem Steifwerden des Gliedes des Mannes, führt dann zum Geschlechtsverkehr und endet mit dem Samenerguß des Mannes, der, wie durchgängig behauptet wird, für beide Partner am allerschönsten ist (vgl. von Sydow, 1993).

Ein weiterer Aspekt, auf den im Zusammenhang mit den Geschlechtsunterschieden in der sexuellen Motivation immer wieder hingewiesen wird, betrifft die *sexuelle Fremdbestimmung der Frau*. Diese läßt sich beispielsweise anhand der in Abbildung 9 gezeigten Graphik demonstrieren, in der der Verlauf von Messungen des sexuellen Interesses und der Häufigkeit partnerbezogener sexueller Aktivität von Männern und Frauen über die Lebensspanne stilisiert dargestellt wird. Das Ausmaß des sexuellen Interesses wird beispielsweise

158

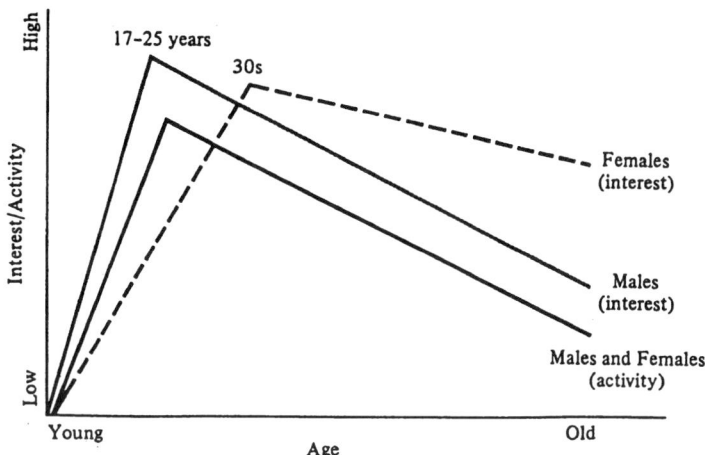

Abbildung 9: Sexuelles Interesse und sexuelle Aktivität von Männern und Frauen über die Lebensspanne (nach Hayslip & Panek, 1993).

durch Fragen nach der Wichtigkeit, die jemand der Sexualität in seinem Leben beimißt, nach der Häufigkeit und Intensität sexueller Phantasien und auch durch Fragen nach der Masturbationsfrequenz erfaßt, die partnerbezogene sexuelle Aktivität meist durch Fragen nach der Koitusfrequenz. Im Vergleich zu jenem des durchschnittlichen Mannes, der bereits kurz nach der Pubertät über maximales sexuelles Interesse berichtet, ist das sexuelle Interesse der durchschnittlichen Frau in jungen Jahren geringer und steigt erst langsam, bis etwa zum 35. Lebensjahr, auf seinen Maximalwert an. Die tatsächliche sexuelle Aktivität von Frauen hängt jedoch, wie zu sehen ist, weniger von ihrem eigenen, sondern eher vom sexuellen Interesse ihrer männlichen Partner ab.

Auf einer allgemeineren Ebene läßt sich zeigen, daß in unserem Kulturkreis *männliche Definitionsgewalt* darüber besteht, was in bezug auf Sexualität als normal und als abnorm, was als zumutbar und was als behandlungsbedürftig zu betrachten sei. Diese Perspektive impliziert dann oft die Erklärungs- und Behandlungsbedürftigkeit scheinbar defizitärer Aspekte weiblicher Sexualität, wobei man im Grunde natürlich die Betrachtungsweise genausogut umdrehen und beispielsweise fragen könnte, wie es eigentlich dazu kommt, daß viele Männer der genitalen Lust in ihrem Leben einen so abnorm wichtigen Platz einräumen. Eindrucksvolle Beispiele für diese männliche Definitionsgewalt ließen sich in der Fachliteratur über den «vaginalen Orgasmus» finden, um den sich Generationen von Frauen vergeblich bemüht haben, während sie die Erkenntnisse der «Wissenschaft» für wahrer erachtet haben als ihre eigenen Erfahrungen.

Schließlich muß noch erwähnt werden, daß *Sexualität für Frauen* im allgemeinen *mit höheren Risiken* verknüpft ist als für Männer. Eine Schwangerschaft belastet die Frau unvergleichlich mehr als den Mann, auch eine eventuelle Abtreibung ist für sie körperlich wie seelisch belastend und selbst erwünschte Kinder belasten die Frau im Schnitt mehr als ihren Partner, da unter Männern immer noch weniger Bereitschaft vorhanden ist, für das Wohlergehen von Kindern zu sorgen und z. B. berufliche Opfer zu bringen. Frauen werden außerdem eher Opfer von Gewalt und sexuellen Übergriffen und sind heute darüberhinaus stärker gefährdet, durch heterosexuelle Kontakte mit dem HIV-Virus infiziert zu werden als Männer.

Erfahrungen der geschilderten Art werden nicht nur immer wieder von einzelnen Frauen gemacht, sondern gehören gewissermaßen zum kollektiven Erfahrungsgut des weiblichen Teils der Menschheit. Es erscheint unmittelbar einleuchtend, daß Frauen, die den erwähnten Risiken erfolgreich begegnen konnten, einen Selektionsvorteil hatten, wodurch über viele Generationen für die dazugehörigen Einstellungen, Motive und Präferenzen möglicherweise auch eine genetisch-biologische Basis geschaffen wurde. Darauf beziehen sich evolutionstheoretische Überlegungen zur Entstehung von Geschlechtsunterschieden, die in der «Sexual Strategies Theory» (z. B. Buss & Schmitt, 1993) bislang am deutlichsten ausgearbeitet wurden. Die Grundannahmen dieses Ansatzes sind die folgenden:

1. In unserem Verhalten und Erleben kommen evolutionäre Selektionsprozesse zur Auswirkung, soferne auch nur die geringste genetische Basis für dieses Verhalten und Erleben existiert. So beruhen wahrscheinlich die bereits bei Babies festzustellenden Geschmackspräferenzen für süß versus bitter, für fett versus fettlos auf einer genetischen Basis. Eine solche kann durch systematische Selektion über Jahrtausende entstehen, also durch eine erhöhte Wahrscheinlichkeit des Überlebens und der Fortpflanzung jener Vorfahren, die für das Überleben günstige Präferenzen aufwiesen.

2. Die Wahrscheinlichkeit, daß ein Mensch seine Gene erfolgreich weitergeben kann, hängt von seiner Strategie bei der Fortpflanzung ab. Im Genpool der heutigen Menschheit sind nur die Gene jener Vorfahren zu finden, die erfolgreiche Strategien der Reproduktion verwendet haben.

3. Ein Mann erzielt den größtmöglichen reproduktiven Erfolg durch Befruchtung möglichst vieler fertiler (fortpflanzungsfähiger) Frauen, d. h. von Frauen, die in für die Fortpflanzung optimalem Alter und gesund sind. Im Genpool der heutigen Menschheit sind also die Gene jener Männer überrepräsentiert, die nicht nur eine Präferenz für junge und gesunde Frauen als Sexualpartnerinnen aufwiesen, sondern die darüberhinaus auch über die körperlichen, psychischen und sozialen Voraussetzungen verfügten, um sexuelle Kontakte mit einer möglichst großen Zahl fertiler Frauen eingehen zu können. Darüberhinaus kann ein Mann auch einen gewissen (zwar geringeren aber dafür sicheren) reproduktiven Erfolg durch die Sorge um den eigenen Nachwuchs erzielen. Das heißt, auch die Gene von bindungsfähigen Männern, die mit ihrer Partnerin die Sorge um die Aufzucht der Kinder teil-

ten und auf diese Weise ihren reproduktiven Erfolg sicherten, sind im Genpool der heutigen Menschheit zu einem erhöhten Anteil vertreten.

4. Der größtmögliche reproduktive Erfolg einer Frau ist allein durch die Sicherung des Überlebens des eigenen Nachwuchses erzielbar. Zu den Genen der heute lebenden Menschen konnten demnach fast ausschließlich Frauen beitragen, denen es gelungen ist, alle nötigen Ressourcen zu mobilisieren, um das Überleben ihrer Kinder zu sichern.

Viele der Unterschiede zwischen Männern und Frauen in bezug auf sexuelle Präferenzen und Motive lassen sich durch diesen evolutionsbiologischen Denkansatz erklären. So läßt sich z. B. erklären, warum Männer stärker an kurzen sexuellen Abenteuern interessiert sind als Frauen, während Frauen dagegen stärker an längerdauernden Partnerschaften interessiert sind und oft auch kurzfristige Affären eher im Hinblick auf die Abschätzung der Möglichkeiten für eine längere Beziehung eingehen. Es läßt sich erklären, warum für Frauen die emotionale Qualität der Beziehung zum Partner wichtiger ist als für Männer, warum Frauen wesentlich wählerischer sind, auch was die Auswahl auch ihrer Kurzzeitpartner betrifft, warum Frauen im Schnitt eine viel längere Dauer der Bekanntschaft benötigen, um zum Geschlechtsverkehr bereit zu sein, während Männer insgesamt promisker sind und mehr Sexualpartner für sich als angemessen empfinden als Frauen. Es wird erklärbar, warum Aussehen und körperliche Attraktivität bei der Partnerwahl für Männer so wichtige Kriterien sind, warum für Frauen hingegen Besitz und sozialer Status des Partners vergleichsweise wichtiger sind als für Männer. Es läßt sich die Präferenz der Männer aller Altersgruppen für junge, «attraktive» Frauen erklären, da die Attribute dieser Attraktivität meist leicht als Indikatoren der Fertilität einer Frau erkennbar sind. Durch den Ansatz wird auch die Tatsache erklärbar, daß auf der ganzen Welt die Ehefrauen im Schnitt jünger sind als die Ehemänner, weil auch relative Jugend der Ehefrau die Wahrscheinlichkeit erhöht, mit ihr (viele) Kinder zu bekommen (hoher reproduktiver Wert) und daraus ein Selektionsvorteil für Männer mit einer Präferenz für jüngere Frauen entsteht. Der umgekehrte Selektionsvorteil kommt dadurch zustande, daß ältere Männer in der Regel auch über mehr Ressourcen verfügen, die in die gemeinsamen Kinder investiert werden können. Der evolutionsbiologische Ansatz kann sogar erklären, warum Männer durch visuelle Reize (d. h. durch den Anblick nackter Frauenkörper) leichter sexuell erregbar sind als Frauen durch vergleichbare Stimuli. Frauen würden durch eine ähnliche visuelle Erregbarkeit nur allzuleicht in ihrer Entscheidungsfreiheit eingeschränkt, d. h. im Falle, daß sie bereits Kinder haben, würde die Sicherung ihres reproduktiven Erfolges dadurch möglicherweise sogar in Frage gestellt werden. Beim Mann dagegen kann sich blitzschnelles Ansprechen auf erotisch vielversprechende visuelle Reize im Prinzip nur förderlich auf seinen reproduktiven Erfolg auswirken.

Mit dem obigen Exkurs zur menschlichen Sexualität wurde allerdings bereits jener Rahmen überschritten, der üblicherweise einer Einführung in die

Entwicklungspsychologie des Kindes- und Jugendalters gesteckt ist. Dies ist hier, am Ende des vorliegenden Textes, aber durchaus erwünscht und sinnvoll, weil dadurch umso klarer wird, daß die menschliche Entwicklung mit dem Ende der Adoleszenz, dem Erreichen des Erwachsenenalters, keineswegs zu Ende ist, sondern sich über die gesamte weitere Lebensspanne fortsetzt. Für eine inhaltliche Fortsetzung der Darstellung seien dem interessierten Leser deshalb Werke zur Entwicklungspsychologie des Erwachsenenalters empfohlen (z. B. Faltermaier, Mayring, Saup & Strehmel, 1992; Hayslip & Panek, 1993; Mietzel, 1992).

12. Literaturverzeichnis

Ahrens, R. (1954). Beitrag zur Entwicklung des Physiognomie- und Mimikerkennens. *Zeitschrift für Experimentelle und Angewandte Psychologie, 3,* 412–495.

Ainsworth, M. D. S. (1977). Attachment theory and its utility in cross-cultural research. In P. H. Leiderman, S. R. Tulkin & A. Rosenfield (Eds.), *Culture and Infancy: Variation in the human experience.* New York: Academic Press.

Ainsworth, M. D. S., Blehar, M. C., Waters, E. & Wall, S. (1978). *Patterns of attachment. A psychological study of the strange situation.* Hillsdale, NJ: Erlbaum.

Ames, R. (1957). Physical maturing among boys as related to adult social behavior: A longitudinal study. *Californian Journal of Educational Research, 8,* 69–75.

Anderson, J. R. (1992). L'outil et le miroir: Leur rôle dans l'étude des processus cognitifs chez les primates non humains. *Psychologie Française, 37,* 81–90.

Antell, S. B. & Keating, D. P. (1983). Perception of numerical invariance in neonates. *Child Development, 54,* 695–701.

Arbinger, R. (1990). Entwicklung der Motorik. In H. Hetzer, E. Todt, I. Seiffge-Krenke & R. Arbinger (Hrsg.), *Angewandte Entwicklungspsychologie des Kindes- und Jugendalters* (2. Aufl., S. 47–76). Heidelberg: Quelle & Meyer.

Baillargeon, R. (1987). Object permanence in 3 1/2 and 4 1/2 month-old infants. *Developmental Psychology, 23,* 655–664.

Beckwith, L. & Parmelee, A. H. (1986). EEG patterns of preterm infants, home environment, and later IQ. *Child Development, 57,* 777–789.

Bee, H. (1992). *The developing child* (6th ed.). New York: Harper Collins.

Bem, S. L. (1989). Genital knowledge and gender constancy in preschool children. *Child Development, 60,* 649–662.

Benbow, C. P. (1988). Sex differences in mathematical reasoning ability in intellectually talented preadolescents: Their nature, effects and possible causes. *Behavioral and Brain Sciences, 11,* 169–183.

Benedict, H. (1979). Early lexical development: Comprehension and production. *Journal of Child Language, 6,* 183–200.

Berenbaum, S. A. & Hines, M. (1992). Early androgens are related to childhood sex-typed toy preferences. *Psychological Science, 3,* 203–206.

Berko, J. (1958). The child's learning of English morphology. *Word, 14,* 150–177.

Bloom, B. S. (1971). *Stabilität und Veränderung menschlicher Merkmale.* Weinheim: Beltz.

Blum, A. & Löser, H. (1995). Diagnose der Alkoholembryopathie. *Deutsche Medizinische Wochenschrift, 120,* 184–189.

Boeger, A. (1994). Sexualität im Jugendalter: Eine Literaturübersicht. *Psychologie in Erziehung und Unterricht, 41,* 161–171.

Bouchard, T. J. & McGue, M. (1981). Familial studies of intelligence: A review. *Science, 212,* 1055–1059.

Bower, T. G. R. (1966). The visual world of infants. *Scientific American, 215,* 80–92.

Bowlby, J. (1969). *Attachment and loss* (Vol. 1: Attachment). New York: Basic Books.

Braunmühl, E. v. (1975). *Antipädagogik.* Weinheim: Beltz.

Breslau, N., Klein, N. & Allen, L. (1988). Very low birthweight: Behavioral sequelae at nine years of age. *Journal of the American Academy of Child and Adolescent Psychiatry, 27,* 605–612.

Brooks-Gunn, J. & Furstenberg, F. F. (1989). Adolescent sexual behavior. *American Psychologist, 44,* 249–257.

Brooks-Gunn, J., Klebanov, P. K., Liaw, P. K. & Spiker, D. (1993). Enhancing the development of low-birthweight premature infants: Changes in cognition and behavior over the first three years. *Child Development, 64,* 736–753.

Brooks-Gunn, J. & Warren, M. P. (1989). Biological contributions to affective expression in young adolescent girls. *Child Development, 60,* 372–385.

Brown, J. V., Sepehr, M. M., Ettlinger, G. & Skreczek, W. (1986). The accuracy of aimed movements to visual targets during development: The role of visual information. *Journal of Experimental Child Psychology, 41,* 443–460.

Brown, R. (1973). *A first language: The early stages.* Cambridge, MA: Harvard University Press.

Bründel, H. & Hurrelmann, K. (1994). *Gewalt macht Schule: Wie gehen wir mit aggressiven Kindern um?* München: Droemer Knaur.

Buss, D. M. & Schmitt, D. P. (1993). Sexual Strategies Theory: An evolutionary perspective on human mating. *Psychological Review, 100,* 204–232.

Capron, C. & Duyme, M. (1989). Assessment of effects of socioeconomic status on IQ in a full cross-fostering study. *Nature, 340,* 552–554.

Carey, S. & Bartlett, E. (1978). Acquiring a single new word. *Papers and Reports on Child Language Development, 15,* 17–29.

Charlton, M. & Neumann-Braun, K. (1992). *Medienkindheit – Medienjugend: Eine Einführung in die aktuelle kommunikationswissenschaftliche Forschung.* München: Quintessenz.

Chess, S. & Thomas, A. (1984). *Origins and evolution of behavior disorders: From infancy to early adult life.* New York: Brunner/Mazel.

Clarke-Stewart, K. A. (1989). Infant day care: Maligned or malignant? *American Psychologist, 44,* 266–273.

Cooper, R. M. & Zubek, J. P. (1958). Effects of enriched and restricted early environments on the learning ability of bright and dull rats. *Canadian Journal of Psychology, 12,* 159–164.

Curtiss, S. R. (1977). *Genie: A linguistic study of a modern day «wild child».* New York: Academic Press.

Darwin, C. (1877) A biological sketch of an infant. *Mind, 2,* 285–294.

Day, R. H. & McKenzie, B. H. (1981) Infant perception of the invariant size of approaching and receding objects. *Developmental Psychology, 17,* 670–677.

Dennis, W. & Dennis, M. G. (1940). The effects of cradling practices upon the onset of walking in Hopi children. *Journal of Genetic Psychology, 56,* 77–86.

deVries, M. W. & deVries, M. R. (1977). Cultural relativity of toilet training readiness: A perspective from East Africa. *Pediatrics, 60,* 170–177.

Dishion, T. J., Patterson, G. R., Stoolmiller, M. & Skinner, M. L. (1991). Family, school, and behavioral antecedents to early adolescent involvement with antisocial peers. *Developmental Psychology, 27,* 172–180.

Dodge, K. A. (1980). Social cognition and children's aggressive behavior. *Child Development, 51,* 162–170.

Donaldson, S. K. & Westerman, M. A. (1986). Development of children's understanding of ambivalence and causal theories of emotions. *Developmental Psychology, 22,* 655–662.

Dreher, E. & Dreher, M. (1985). Entwicklungsaufgaben im Jugendalter: Bedeutsamkeit und Bewältigungskonzepte. In D. Liepmann & A. Stiksrud (Hrsg.), *Entwicklungsaufgaben und Bewältigungsprobleme in der Adoleszenz* (S. 56–70). Göttingen: Hogrefe.

Durkheim, E. (1925). *L'education morale.* Paris: Presse universitaire de France.

Ehrhardt, A. A. & Baker, S. W. (1974). Fetal androgens, human central nervous system differentiation and behavior sex differences. In R. C. Friedman, R. M. Richart & R. L. Van de Wiele (Eds.), *Sex differences in behavior* (pp. 33–51). New York: Wiley.

Elicker, J., Englund, M. & Sroufe, L. A. (1992). Predicting peer competence and peer relationships in childhood from early parent-child relationships. In R. Parke & G. Ladd (Eds.), *Family-peer relationships: Models of linkage* (pp. 77–106). Hillsdale, NJ: Erlbaum.

Emmerich, W., Goldman, K. S., Kirsh, B. & Sharabany, R. (1977). Evidence for a transitional phase in the development of gender constancy. *Child Development, 48,* 930–936.

Erikson, E. H. (1974). *Jugend und Krise.* Stuttgart: Klett-Cotta.

Ernst, C. & Luckner, N. v. (1985). *Stellt die Frühkindheit die Weichen? Eine Kritik an der Lehre von der schicksalhaften Bedeutung erster Erlebnisse.* Stuttgart: Enke.

Eron, D. L. & Huesmann, L. R. (1990). The stability of aggressive behavior – even unto the third generation. In M. Lewis & S. M. Miller (Eds.), *Handbook of developmental psychopathology* (pp. 147–156). New York: Plenum Press.

Faltermaier, T., Mayring, P., Saup, W. & Strehmel, P. (1992). *Entwicklungspsychologie des Erwachsenenalters.* Stuttgart: Kohlhammer.

Fantz, R. L. (1958). Pattern vision in young infants. *Psychological Record, 8,* 43–47.

Field, T. M., Woodson, R., Cohen, D., Greenberg, R., Garcia, R. & Collins, K. (1983). Discrimination and imitation of facial expression by term and preterm neonates. *Infant Behavior and Development, 6,* 485–489.

Fisher, C. B. & Tryon, W. W. (Eds.), (1990). *Ethics in applied developmental psychology: Emerging issues in an emerging field.* Annual advances in applied developmental psychology (Vol. 4). Norwood, N.J.: Ablex Publishing Corporation.

Fischer, H. (1995). *Entwicklung der visuellen Wahrnehmung.* Weinheim: Psychologie Verlags Union.

Flavell, J. H., Beach, D. R. & Chinsky, J. M. (1966). Spontaneous verbal rehearsal in memory task as a function of age. *Child Development, 37,* 283–299.

Föger, M. & Föger, B. (1991). Entwicklung der perinatalen, neonatalen und postneonatalen Mortalität in Österreich und Tirol, unter besonderer Berücksichtigung der Jahre 1979–1988. *Pädiatrie und Pädologie, 26,* 257–262.

Freud, S. (1905). *Drei Abhandlungen zur Sexualtheorie.* Wien: Deuticke.

Freud, S. (1923). *Das Ich und das Es.* Wien: Internationaler Psychoanalytischer Verlag.

Frisch, R. & Revelle, R. (1970). Height and weight at menarche and a hypothesis of critical body weights and adolescent events. *Science, 169,* 397–399.

Gallup, G. G. (1979). Self-recognition in chimpanzees and man: A developmental and comparative perspective. In M. Lewis & L. A. Rosenblum (Eds.), *The child and its family* (pp. 107–126). New York: Plenum.

Gibson, E. J. (1969). *Principles of perceptual learning and development.* Englewood Cliffs: Prentice Hall.

Gibson, E. J. & Walk, R. D. (1960). The «visual cliff». *Scientific American, April,* 64–71.

Gilligan, C. (1984). *Die andere Stimme.* München: Piper.

Gilligan, C. & Attanucci, J. (1988). *Two moral orientations: Gender differences and similarities.* Cambridge, MA: Harvard University Press.

Golombok, S. & Fivush, R. (1994). *Gender development.* Cambridge: Cambridge University Press.

Granrud, C. E., Yonas, A. & Pettersen, L. (1984). A comparison of monocular and binocular depth perception in 5- and 7-month-old infants. *Journal of Experimental Child Psychology, 38,* 19–32.

Grossmann, K. E. & Grossmann, K. (1990). The wider concept of attachment in cross-cultural research. *Human Development, 33,* 31–47.

Hahn, W. K. (1987). Cerebral lateralization of function: From infancy through childhood. *Psychological Bulletin, 101,* 376–392.

Harris, J. R. & Liebert, R. M. (1992). *Infant and child: Development from birth through middle childhood.* Englewood Cliffs, NJ: Prentice Hall.

Hartshorne, H. & May, M. S. (1928–1930). *Studies in the nature of character* (3 Vols.). New York: Macmillan.

Havighurst, R. J. (1972). *Developmental tasks and education* (3rd ed.). New York: McKay.

Hayslip, B. & Panek, P. E. (1993). *Adult development and aging* (2nd ed.). New York: Harper Collins.

Hinde, R. A., Titmus, G., Easton, D. & Tamplin, A. (1985). Incidence of «friendship» and behavior toward strong associates versus nonassociates in preschoolers. *Child Development, 56,* 234–245.

Hofferth, S. L., Kahn, J. R. & Baldwin, W. (1987). Premarital sexual activity among U.S. teenage women over the past three decades. *Family Planning Perspectives, 19,* 46–53.

Holzman, C. & Paneth, N. (1994). Maternal cocaine use during pregnancy and perinatal outcomes. *Epidemiologic Reviews, 16,* 315–334.

Hopkins, B. & Westen, T. (1988). Maternal handling and motor development: An intercultural study. *Genetic Psychology Monographs, 14,* 377–420.

Humphrey, L. L. (1984). Children's self-control in relation to perceived social environment. *Journal of Personality and Social Psychology, 46,* 178–188.

Istvan, J. (1986). Stress, anxiety and birth outcome: A critical review of the evidence. *Psychological Bulletin, 100,* 331–348.

Jensen, L. C., DeGaston, J. F. & Weed, S. E. (1994). Sexual behavior of nonurban students in grades 7 and 8: Implications for public policy and sex education. *Psychological Reports, 75,* 1504–1506.

Jones, M. C. (1957). The later careers of boys who were early or late maturing. *Child Development, 28,* 113–128.

Jones, M. C. (1965). Psychological correlates of somatic development. *Child Development, 36,* 899–911.

Kagan, J., Kearsley, R. B. & Zelazo, P. (1978). *Infancy – its place in human development.* Cambridge, MA: Harvard University Press.

Kaplan, H. & Dove, H. (1987). Infant development among the Ache of Eastern Paraguay. *Developmental Psychology, 23,* 190–198.

Kinsey, A. C., Pomeroy, W. B. & Martin, C. E. (1948). *Sexual behavior in the human male.* Philadelphia: Saunders.

Kinsey, A. C., Pomeroy, W. B., Martin, C. E. & Gebhard, P. H. (1953). *Sexual behavior in the human female.* Philadelphia: Saunders.

Kohlberg, L. (1980). *The meaning and measurement of moral development.* Worcester, MA: Clark University Press.

Kohlberg, L. (1984). *Essays on moral development (Vol. 2): The psychology of moral development.* San Francisco, CA: Harper & Row.

Kupersmidt, J. B. & Coie, J. D. (1990). Preadolescent peer status, aggression, and school adjustment as predictors of externalizing problems in adolescence. *Child Development, 61,* 1350–1362.

Künzel, W. (1994). The birth survey in Germany – education and quality control in perinatology. *European Journal of Obstetrics & Gynecology and Reproductive Biology, 54,* 13–20.

Kvasnicka, J., Kvasnicka, E., Geuer, W., Schnadt, H. & Breckow, J. (1993). Die regionale Verteilung und zeitliche Entwicklung der Säuglingssterblichkeit in der Bundesrepublik Deutschland von 1973–1988. *Gesundheitswesen, 55,* 487–492.

Lenneberg, E. H. (1962). Understanding language without ability to speak: A case report. *Journal of Abnormal and Social Psychology, 65,* 419–425.

Lenneberg, E. H. (1972). *Biologische Grundlagen der Sprache.* Frankfurt/Main: Suhrkamp.

Leung, A. K. C. & Robson, W. L. M. (1993). Childhood masturbation. *Clinical Pediatrics, 32,* 238–241.

Levin, I., Wilkening, F. & Dembo, Y. (1984). Development of time quantification: Integration and nonintegration of beginnings and endings in comparative durations. *Child Development, 55,* 2160–2172.

Lewis, M. & Bendersky, M. (Eds.). (1995). *Mothers, babies, and cocaine.* Hillsdale, NJ: Erlbaum.

Lewis, M. & Brooks, J. (1978). Self-knowledge and emotional development. In M. Lewis & R. A. Rosenblum (Eds.), *The development of affect* (pp. 205–226). New York: Plenum.

Lewis, M., Feiring, C., McGuffog, C. & Jaskir, J. (1984). Predicting psychopathology in six-year-olds from early social relations. *Child Development, 52,* 921–924.

Lobel, M. (1994). Conceptualizations, measurements, and effects of prenatal maternal stress on birth outcomes. *Journal of Behavioral Medicine, 17,* 225–272.

Locke, J. (1699). *Some thoughts concerning education.* London: Churchill.

Loehlin, J. C. (1993). What has behavioral genetics told us about the nature of personality? In T. J. Bouchard & P. Propping (Eds.), *Twins as a tool of behavioral genetics* (pp. 109–119). Chichester: Wiley

Lorenz, K. (1937). Über die Bildung des Instinktbegriffes. *Die Naturwissenschaften, 25,* 289–331.

Lorenz, K. (1943). Die angeborenen Formen möglicher Erfahrung. *Zeitschrift für Tierpsychologie, 5,* 235–409.

Maurer, D. & Maurer, C. (1988). *The world of the newborn.* New York: Basic Books.

McConaghy, N. (1993). *Sexual behavior: Problems and management.* New York: Plenum.

Meltzoff, A. N. & Moore, M. K. (1983). Newborn infants imitate adult facial gestures. *Child Development, 54,* 702–709.

Meyer, H. (1994). *Sexualität und Bindung.* Weinheim: Psychologie Verlags Union.

Meyer-Bahlburg, H. F. L., Ehrhardt, A. A. & Feldman, J. F. (1986). Long-term implications of the prenatal endocrine milieu for sex-dimorphic behavior. In L. Erlenmeyer-Kimling & N. E. Miller (Eds.), *Life-span research on the prediction of psychopathology* (pp. 17–30). Hillsdale, NJ: Erlbaum.

Mietzel, G. (1992). *Wege in die Entwicklungspsychologie: Erwachsenenalter und Lebensende.* München: Quintessenz.

Miller, P. (1993). *Theorien der Entwicklungspsychologie.* Heidelberg: Spektrum Akademischer Verlag.

Miller, S. Z. (1991). Substance-exposed infants: The youngest victims of the drug epidemic. *Child & Family Behavior Therapy, 13,* 63–71.

Montada, L. (1995). Die geistige Entwicklung aus der Sicht Jean Piagets. In R. Oerter & L. Montada (Hrsg.), *Entwicklungspsychologie* (3. Aufl., S. 519–560). Weinheim: Psychologie Verlags Union.

Money, J. & Ehrhardt, A. A. (1975). *Männlich-Weiblich: Die Entstehung der Geschlechtsunterschiede.* Hamburg: Rowohlt.

Moore, S. & Rosenthal, D. (1993). *Sexuality in adolescence.* London: Routledge.

Morrison, D. M. (1985). Adolescent contraceptive behavior: A review. *Psychological Bulletin, 98,* 538–568.

Mosher, F. A. & Hornsby, J. R. (1966). On asking questions. In J. S. Bruner, R. R. Olver & P. M. Greenfield (Eds.), *Studies in cognitive growth* (pp. 68–85). New York: Wiley.

Mussen, P. H., Conger, J. J., Kagan, J. & Huston, A. C. (1993). *Lehrbuch der Kinderpsychologie* (Bd. 2). Stuttgart: Klett-Cotta.

Nakagawa, M., Lamb, M. E. & Miyake, K. (1992). Antecedents and correlates of the Strange Situation behavior of japanese infants. *Journal of Cross-Cultural Psychology, 23,* 300–310.

Needleman, H. L. & Gatsonis, C. A. (1990). Low-level lead exposure and the IQ of children: A meta-analysis of modern studies. *Journal of the American Medical Association, 263,* 673–678.

Neill, A. S. (1969). *Theorie und Praxis der antiautoritären Erziehung.* Reinbek: Rowohlt.

Neimark, E. D. (1984). Die Entwicklung des Denkens beim Heranwachsenden: Theoretische und empirische Aspekte der formalen Operationen. In G. Steiner (Hrsg.), *Kindlers Psychologie des 20. Jahrhunderts: Entwicklungspsychologie* (Bd. 1, S. 155–171). Weinheim: Beltz.

Newcomb, A. F., Bukowski, W. M. & Pattee, L. (1993). Children's peer relations: A meta-analytic review of popular, rejected, neglected, controversial, and average sociometric status. *Psychological Bulletin, 113,* 99–128.

Niessen, K.-H. (Hrsg.), (1993). *Pädiatrie* (3. Aufl.). Weinheim: VCH Verlagsgesellschaft.

Nöstlinger, C. & Wimmer-Puchinger, B. (1994). *Geschützte Liebe: Jugendsexualität und Aids.* Wien: Jugend & Volk.

O'Brien, S. F. & Bierman, K. L. (1988). Conceptions and perceived influence of peer groups: Interviews with preadolescents and adolescents. *Child Development, 59,* 1360–1365.

Oliver, M. B. & Hyde, J. S. (1993). Gender differences in sexuality: A meta-analysis. *Psychological Bulletin, 114*, 29–51.

Patterson, G. R. (1975). *Soziales Lernen in der Familie.* München: Pfeiffer.

Patterson, G. R. (1982). *Coercive family processes.* Eugene, OR: Castalia Press.

Perry, D. G., Perry, L. C. & Boldizar, J. P. (1990). Learning of aggression. In M. Lewis & S. M. Miller (Eds.), *Handbook of developmental psychopathology* (pp. 135–146). New York: Plenum Press.

Perry, D. G., White, A. J. & Perry, L. C. (1984). Does early sex-typing result from children's attempts to match their behavior to sex role stereotypes? *Child Development, 44*, 2114–2121.

Petermann, F. & Essau, C. A. (1995). Störungen der Ausscheidung: Enuresis und Enkopresis. In F. Petermann (Hrsg.), *Lehrbuch der Klinischen Kinderpsychologie: Modelle psychischer Störungen im Kindes- und Jugendalter* (S. 485–514). Göttingen: Hogrefe.

Petermann, F. & Petermann, U. (Hrsg.). (1993a). *Angst und Aggression bei Kindern und Jugendlichen: Ursachen, Förderung und Therapie.* München: Quintessenz.

Petermann, F. & Petermann, U. (1993b). *Training mit aggressiven Kindern* (6. Aufl.). Weinheim: Psychologie Verlags Union.

Petermann, F. & Warschburger, P. (1995). Aggression. In F. Petermann (Hrsg.), *Lehrbuch der Klinischen Kinderpsychologie: Modelle psychischer Störungen im Kindes- und Jugendalter* (S. 127–163). Göttingen: Hogrefe.

Piaget, J. (1932). *Le jugement moral chez l'enfant.* Paris: Alcan. (Deutsche Ausgabe 1954: *Das moralische Urteil beim Kinde.* Zürich: Rascher.)

Piaget, J. (1955). *Die Bildung des Zeitbegriffs beim Kinde.* Zürich: Rascher.

Piaget, J. (1969). *Das Erwachen der Intelligenz beim Kinde.* Stuttgart: Klett.

Pomerantz, S. M., Roy, M. M. & Goy, R. W. (1988). Social and hormonal influences on behavior of adult male, female, and pseudohermaphroditic rhesus monkeys. *Hormones and Behavior, 22*, 219–230.

Prechtl, H. F. R. (1989). Wie entwickelt sich das Verhalten vor der Geburt? In C. Niemitz (Hrsg.), *Erbe und Umwelt. Zur Natur von Anlage und Selbstbestimmung des Menschen* (2. Aufl., S. 141–155). Frankfurt am Main: Suhrkamp.

Preyer, W. (1882). *Die Seele des Kindes.* Leipzig: Grieben.

Propping, P. (1989). *Psychiatrische Genetik: Befunde und Konzepte.* Berlin: Springer.

Rauchfleisch, U. (1993). *Kinderpsychologische Tests: Ein Kompendium für Kinderärzte* (2. Aufl.). Stuttgart: Enke.

Rauh, H. (1974). Entwicklung des Denkens. In F. E. Weinert, C. F. Graumann, H. Heckhausen & M. Hofer (Hrsg.), *Funk-Kolleg Pädagogische Psychologie,* (Bd. 1, S. 211–249). Frankfurt: Fischer.

Rauh, V. A., Achenbach, T. M., Nurcombe, B., Howell, C. T. & Teti, D. M. (1988). Minimizing adverse effects of low birthweight: Four-year results of an early intervention program. *Child Development, 59*, 544–553.

Remschmidt, H. (1992). *Adoleszenz: Entwicklung und Entwicklungskrisen im Jugendalter.* Stuttgart: Thieme.

Rennen-Allhoff, B. & Allhoff, P. (1987). *Entwicklungstests für das Säuglings-, Kleinkind- und Vorschulalter.* Berlin: Springer.

Richards, D. D. & Siegler, R. S. (1986). Children's understandings of the attributes of life. *Journal of Experimental Child Psychology, 42*, 1–22.

Rogge, K. E. (Hrsg.). (1995). *Methodenatlas für Sozialwissenschaftler.* Berlin: Springer.

Rose, R. M., Bernstein, I. S. & Gordon, T. P. (1975). Consequences of social conflict on plasma testosterone levels in rhesus monkeys. *Psychosomatic Medicine, 37*, 50–61.

Rousseau, J. J. (1762). *Émile ou de l'education.* Paris: Naume.

Rutter, M. (1979). Maternal deprivation, 1972–1978: New findings, new concepts, new approaches. *Child Development, 50*, 283–305.

Scharfetter, C. (1995). *Schizophrene Menschen: Diagnostik, Psychopathologie, Forschungsansätze* (4. Aufl.). Weinheim: Psychologie Verlags Union.

Schenk-Danzinger, L. (1990). Zur Bekämpfung des funktionalen Analphabetismus. *Psychologie in Erziehung und Unterricht, 37,* 198–206.

Schmidt-Denter, U. (1988). *Soziale Entwicklung: Ein Lehrbuch über soziale Beziehungen im Laufe des menschlichen Lebens.* München: Psychologie Verlags Union.

Schneider, W. & Sodian, B. (1988). Metamemory – memory behavior relationships in young children: Evidence from a memory-for-location task. *Journal of Experimental Child Psychology, 45,* 209–233.

Schönebeck, H. v. (1982). *Unterstützen statt erziehen. Die neue Eltern-Kind-Beziehung.* München: Kösel.

Schulte, F. J. & Spranger, J. (1993). *Lehrbuch der Kinderheilkunde* (27. Aufl.). Stuttgart: Gustav Fischer Verlag.

Scupin, E. & Scupin, G. (1907). *Bubis erste Kindheit.* Leipzig: Grieben.

Shinn, M. W. (1899). *Notes on the development of a child.* Berkeley: University of California Publications in Education.

Singer, W. (1985). Hirnentwicklung und Umwelt. *Spektrum der Wissenschaft, 3,* 48–61.

Slaby, R. G. & Frey, K. S. (1975). Development of gender constancy and selective attention to same-sex models. *Child Development, 46,* 849–856.

Slater, A. (1992). The visual constancies in early infancy. *Irish Journal of Psychology, 13,* 412–425.

Snarey, J. R. (1985). Cross-cultural universality of social-moral development: A critical review of Kohlbergian research. *Psychological Bulletin, 97,* 202–232.

Sonenstein, F., Pleck, J. & Ku, L. (1989). Sexual activity, condom use and AIDS among adolescent males. *Family Planning Perspectives, 21,* 152–158.

Spitz, R. A. & Wolf, K. M. (1946). The smiling response. *Genetic Psychology Monographs, 34,* 57–125.

Steinhausen, H. C. (1993). *Psychische Störungen bei Kindern und Jugendlichen: Lehrbuch der Kinder- und Jugendpsychiatrie* (2. Aufl.). München: Urban & Schwarzenberg.

Stern, C. & Stern, W. (1907). *Die Kindersprache. Eine psychologische und sprachtheoretische Untersuchung.* Leipzig: Barth.

Stern, M. & Hildebrandt, K. A. (1986). Prematurity stereotyping: Effects on mother-infant interaction. *Child Development, 57,* 308–315.

Suess, G. J., Grossmann, K. E. & Sroufe, L. A. (1992). Effects in infant attachment to mother and father on quality of adaptation in preschool: From dyadic to individual organisation of self. *International Journal of Behavioral Development, 15,* 43–65.

Sydow, K. von (1993). *Lebenslust: Weibliche Sexualität von der frühen Kindheit bis ins hohe Alter.* Bern: Huber.

Szagun, G. (1993). *Sprachentwicklung beim Kind: Eine Einführung* (5. Aufl.). Weinheim: Psychologie Verlags Union.

Tanner, J. M. (1978). *Fetus into man: Physical growth from conception to maturity.* Cambridge, MA: Harvard University Press.

Terman, L. M. & Oden, H. M. (1959). *The gifted groups at mid-life: Thirty-five years follow up of the superior child.* Stanford: Stanford University Press.

Testzentrale des Berufsverbandes Deutscher Psychologen (1996). *Testkatalog 1996/97.* Göttingen: Hogrefe.

Thomas, J. R. & French, K. E. (1985). Gender differences across age in motor performance: A meta analysis. *Psychological Bulletin, 98,* 260–282.

Thompson, R. F. (1992). *Das Gehirn: Von der Nervenzelle zur Verhaltenssteuerung.* Heidelberg: Spektrum Akademischer Verlag.

Tiedemann, D. (1787). *Beobachtungen über die Entwickelung der Seelenfähigkeit der Kinder.* Altenburg: Hessische Beiträge zur Gelehrsamkeit und Kunst.

Tobin-Richards, M. H., Boxer, A. M. & Petersen, A. C. (1983). The psychological significance of pubertal change: Sex differences in perceptions of self during early adolescence. In J. Brooks-

Gunn & A. C. Petersen (Eds.), *Girls at puberty: Biological and psychosocial perspectives* (pp. 127–154). New York: Plenum.

Tomaso, H., Reisinger, E. C., Grasmug, E., Ramschak, H. & Krejs, G. J. (1995). Die Übertragung der HIV-Infektion. *Wiener Klinische Wochenschrift, 107,* 85–90.

Townsend, J.M. & Levy, G. D. (1990). Effects of physical attractiveness and socioeconomic status on sexuality and partner selection. *Archives of Sexual Behavior, 19,* 149–164.

Trautner, H. M. (1991). *Lehrbuch der Entwicklungspsychologie* (Bd. 2: Theorien und Befunde). Göttingen: Hogrefe.

Trautner, H. M. (1992). *Lehrbuch der Entwicklungspsychologie* (Bd. 1: Grundlagen und Methoden, 2. Aufl.). Göttingen: Hogrefe.

Tryon, C. M. (1939). Evaluations of adolescent personality by adolescents. *Monographs of the Society for Research in Child Development, 4,* No. 4.

Tryon, R. C. (1940). Genetic differences in maze learning ability in rats. *Yearbook of the National Society for the Study of Education, 39,* 111–119.

Tsai, W. Y., Goedert, J. J., Orazem, J., Landesman, S. H., Rubinstein, A., Willoughby, A. & Gail, M. H. (1994). A nonparametric analysis of the transmission rate of Human Immunodeficiency Virus from mother to infant. *Biometrics, 50,* 1015–1028.

Walker, L. J. (1984). Sex differences in the development of moral reasoning: A critical review. *Child Development, 55,* 677–691.

Watson, J. D. & Crick, F. H. C. (1953). The structure of DNA. *Cold Spring Harbor Symposium on Quantitative Biology, 17,* 123–131.

Waxman, S. R. & Kosowski, T. D. (1990). Nouns mark category relations: Toddlers' and preschoolers' word-learning biases. *Child Development, 61,* 1461–1473.

Waxman, S. R., Shipley, E. F. & Sheperson, B. (1991). Establishing new subcategories: The role of category labels and existing knowledge. *Child Development, 62,* 127–138.

Wegman, M. E. (1994). Annual summary of vital statistics – 1993. *Pediatrics, 94,* 792–803.

Weiderer, M. (1993). *Das Frauen- und Männerbild im Deutschen Fernsehen. Eine inhaltsanalytische Untersuchung der Programme von ARD, ZDF und RTL plus.* Regensburg: Roderer.

Weisfeld, C. C., Weisfeld, G. E. & Callaghan, J. W. (1982). Female inhibition in mixed-sex competition among young adolescents. *Ethology and Sociobiology, 3,* 29–42.

Whiting, J. W. M. & Child, I. L. (1953). *Child training and personality: A cross cultural study.* New Haven: Yale University Press.

Williams, H. G. (1983). *Perceptual and motor development.* Englewood Cliffs, NJ: Prentice Hall.

Williams, J. E. & Best, D. L. (1990). *Measuring sex stereotypes: A multination study.* Newbury Park, CA: Sage.

Zeller, W. (1952). *Konstitution und Entwicklung.* Göttingen: Hogrefe.

13. Auswahl weiterführender Lehrbücher

Bee, H. (1992). *The developing child* (6th ed.). New York: Harper Collins.

Borkenau, P. (1993). *Anlage und Umwelt: Eine Einführung in die Verhaltensgenetik.* Göttingen: Hogrefe.

Cole, M. & Cole, S. R. (1993). *The development of children* (2nd ed.). New York: Scientific American Books.

Faltermaier, T., Mayring, P., Saup, W. & Strehmel, P. (1992). *Entwicklungspsychologie des Erwachsenenalters.* Stuttgart: Kohlhammer.

Flammer, A. (1988). *Entwicklungstheorien: Psychologische Theorien der menschlichen Entwicklung.* Bern: Huber.

Harris, J. R. & Liebert, R. M. (1992). *Infant and child: Development from birth through middle childhood.* Englewood Cliffs: Prentice Hall.

Hayslip, B. & Panek, P. E. (1993). *Adult development and aging* (2nd ed.). New York: Harper Collins.

Hetzer, H., Todt, E., Seiffge-Krenke, I. & Arbinger, R. (1990). *Angewandte Entwicklungspsychologie des Kindes- und Jugendalters* (2. Aufl.). Heidelberg: Quelle & Meyer.

Mietzel, G. (1989). *Wege in die Entwicklungspsychologie: Kindheit und Jugend.* München: Psychologie Verlags Union.

Mietzel, G. (1992). *Wege in die Entwicklungspsychologie: Erwachsenenalter und Lebensende.* München: Quintessenz.

Miller, P. (1993). *Theorien der Entwicklungspsychologie.* Heidelberg: Spektrum Akademischer Verlag.

Mussen, P. H., Conger, J. J., Kagan, J. & Huston, A. C. (1993). *Lehrbuch der Kinderpsychologie* (Bd. 1 und 2). Stuttgart: Klett-Cotta.

Oerter, R. & Montada, L. (1995). *Entwicklungspsychologie* (3. Aufl.). Weinheim: Psychologie Verlags Union.

Petermann, F. (Hrsg.). (1995). *Lehrbuch der Klinischen Kinderpsychologie: Modelle psychischer Störungen im Kindes- und Jugendalter.* Göttingen: Hogrefe.

Remschmidt, H. (1992). *Adoleszenz: Entwicklung und Entwicklungskrisen im Jugendalter.* Stuttgart: Thieme.

Rosenblith, J. F. (1992). *In the beginning: Development from conception to age two* (2nd ed.). London: Sage.

Steinhausen, H. C. (1993). *Psychische Störungen bei Kindern und Jugendlichen: Lehrbuch der Kinder- und Jugendpsychiatrie* (2. Aufl.). München: Urban & Schwarzenberg.

Trautner, H. M. (1991). *Lehrbuch der Entwicklungspsychologie* (Bd. 2: Theorien und Befunde). Göttingen: Hogrefe.

Trautner, H. M. (1992). *Lehrbuch der Entwicklungspsychologie.* (Bd. 1: Grundlagen und Methoden, 2. Aufl.). Göttingen: Hogrefe.

14. Sachregister